日本留学考试（EJU）标准教材

新发现

日语 ③

主　编　宋衡　[日]横谷千佳　李飒

副主编　王欣　武鑫
　　　　[日]山本沙枝　[日]藤尾喜代子

主　审　徐一平　[日]佐佐木瑞枝

U0367616

上海交通大学出版社
SHANGHAI JIAO TONG UNIVERSITY PRESS

《新发现 日语3》开发与编著委员会

序

《新发现 日语》教材即将出版，这是适应目前中国国内日语教育事业发展和中国赴日本留学生不断增多新形势的又一本具有实用价值的新教材。

近几年来中国国内日语教育事业仍处于不断增长的趋势。设有日语专业的四年制本科大学一直保持在525所左右，非专业日语教育的学校也在不断增加。将日语作为高考外语考试科目的学生人数也在迅猛增长。无论是在大学教育阶段还是在中等教育阶段，日语都是仅次于英语的第二大外语。为适应中国国内日语教育事业的发展，中国教育部于2017年颁布了重新修订的《普通高中日语课程标准（2017年版）》，2022年颁布了重新修订的《义务教育日语课程标准（2022年版）》。对于初高中日语教育的培养目标，提出了通过日语教育，要培养学生形成"语言能力、文化意识、思维品质、学习能力"核心素养的教育理念。

截至2019年，日本外国留学生中，中国大陆留学生占据首位。尽管自2020年开始流行的新冠疫情严重影响了留学生赴海外留学，但是通过网络视频课程方式进行学习的人的数量也越来越多。

近些年来，中国国内各出版社也不断推出适应新形势下日语教学的日语教材。这些教材或体现新的教育理念、教学方法，或侧重于对日语核心素养的培养，都在努力地为满足广大日语学习者的需求编写出更好的日语教材。

正是在这样一种形势下，由日本名校教育集团总策划，中国东北师范大学外国语学院日语系参与合作，中日两国学者、教师共同编写的《新发现 日语》教材得以付梓，成为中日两国日语教育者合作成功的一个典型范例。在此，向中日双方共同参与的所有编者表示衷心的感谢。

本教材具有如下特点：

广泛适应从初级到高级阶段的日语学习者需求。尤其侧重为赴日本留学的中国留学生打下坚实的日语基础。

教材课文以自然的日常会话导入，注重培养学习者的会话能力。特别注重培养学生适应各种会话环境的综合语言运用能力。

通过场景会话、各课的导入短文等形式，帮助学习者加深理解日本社会、日本文化，培养学习者的文化意识和跨文化交际能力。

在语法学习项目中导入"句型"学习，促使学习者更加灵活、完整地理解和运用日语表达方式，培养学习者的真实语感。

课后提供了大量的练习项目，促进学习者日语运用能力的提高和学习能力的提高，培养学习者运用日语分析问题、解决问题的能力。

考虑到目前广大日语学习者对日本的漫画、动漫具有广泛的兴趣和较强的理解能力，课文插图使用了大量生动的漫画形象，可以提高学习者的学习兴趣，促进快乐学习。

考虑到目前网络在线教学越来越普遍，教材为网络在线教学配备了多种在线教学资源，以供教师、学习者使用。

如上所述，《新发现 日语》是一部集针对性、系统性、实践性、趣味性于一身的日语教材。相信这部教材的出版一定会进一步推动中国日语教育事业的发展，一定会对提高中国日语学习者、特别是赴日本留学的广大中国学子的日语学习能力起到巨大的推动作用。

最后，再次向参与本教材编写工作的中日双方全体编者表示衷心的感谢。

中国日语教学研究会名誉会长
北京外国语大学教授
《新发现 日语》主审

徐一平

2023年9月1日

はじめに

　近年、日本語教育は教員が一方的に教える講義形式の授業から、グループワークやグループディスカッションを通して学生の社会参加能力を育てる「アクティブ・ラーニング」が主流になりつつあります。

　本書は初中級レベル（新日本語能力試験N3レベル、CEFR　A2–B1レベル）の日本語を学習する皆さんを対象に、予習型学習（反転授業）を念頭において作成されたテキストです。またオンライン授業にも最適です。

　本書の最大の特徴は、会話文の場面をマンガで示し、QRコードによって気軽に会話の音声を聞くことができる点です。マンガという視覚表現と音声という聴覚表現に接することによって、学習者はいつでも、また世界のどこでも、楽しく、自発的に予習することができます。

　また、日本語の文型や表現についても、着実に学習が積み重ねられるよう配慮され、各課の中で「文法と表現」として丁寧に解説しています。

　中国語学習者のために、テキスト全体に中国語訳がつけられ、周囲が日本語環境にない中でも自然な日本語を学べる工夫があります。

　日本語を指導される先生方にとっても、学習者が自宅でマンガ（視覚）と録音（音声）による予習をして授業に臨むことで、よりアクティブなクラス運営が容易になると思います。「教えやすく」「学びやすい」テキストの実現に向けて、試行錯誤を重ねた結果、本書では、自然な会話、自然に組み込まれた文型、各課の学習・行動目標を設定し、着実に日本語の語彙や文法が身につくように考えられています。

　以下、本書で心がけたこと、クラスで展開していただきたいことについて述べます。
・会話文では自然なイントネーション、および待遇表現を学び、「対話力」を伸ばす。
・会話文では、場面の流れの中で自然に、文型を体系的に積み上げて習得する。
・クラスでは会話文をモデルとして、学習者が本書の登場人物になって会話したり、会話を発展させたりする。
・読解文にもQRコードによって音声がつけられている。音声を聞きながら読んでいくことによって、たとえ未習語彙が含まれていても、読み通していく姿勢を身につけることができる。
・読解文では、音声の手助けによって、スキミング（文章全体を素早く読み通してその趣旨をつかむこと）やスキャニング（ある特定の情報を探しながら文章を読むこと）の能力を伸ばしていくことを目指す。
・「TASK（タスク）」は、クラスでグループワークで行うのに適したものにした。多様な選択肢から答えを選ぶ中で、学習者と教師が「場」を共有しながら授業を進めることができる。
・「日本の文化やマナー」に関する「タスク」も楽しみながら学べる。

　本書が、日本語表現を教室内に閉ざさず、社会へ開いていく切り口を含んでいる点についてもふれておきたいと思います。本書では「インターン」に関する会話と読解文が設定され、初級で触れた「アルバイト」というテーマよりもさらに一歩社会に踏み込み、より専門的な話題を取り扱っています。また、改まった場面で使われる語彙や文型を取り上げ、「基礎段階の言語使用者」から「自立した言語使用者」へのレベルアップを促しています。

　同様に「旅行・外出」に関する課も多く、学習者自身がネットで旅行先を検索するなどデジタル時代に合った言語学習活動を促すことができます。

　学習者の皆さんがこのテキストを通じて「自然な日本語」を身につけ、新しい友だちや先生、仲間に「巡り会う」こと、それが私たちの願いです。

　本書を出版するにあたっては日本で長い進学予備教育の歴史のある「名校教育グループ」の構想が存在します。ここに御礼申し上げます。

武蔵野大学名誉教授
「新発見 日本語」監修
佐々木瑞枝
2023年9月

本書の構成 📖

◆ 学習ロードマップ

POINT 1	POINT 2	POINT 3	POINT 4
ストーリー性のある 身近で楽しい内容	「留学生活」 アカデミックかつ 実践的な場面設定	会話・読解・単語・文法 全て音声付	わかりやすい イラスト

⇒ 説明文

課のテーマに関連した話題について会話をし、本文へのスムーズな導入を促す

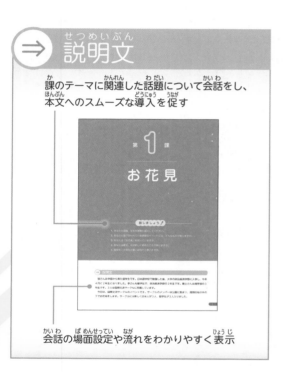

会話の場面設定や流れをわかりやすく表示

💬 会話文

実践的で幅広い場面設定

普通体や丁寧体の使い分け、縮約形の使用など、実際の生活に近い会話

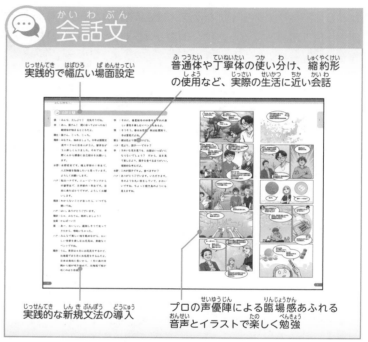

実践的な新規文法の導入

プロの声優陣による臨場感あふれる音声とイラストで楽しく勉強

📖 文法と表現

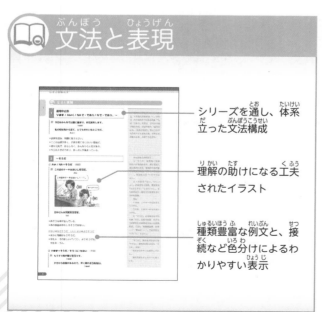

シリーズを通し、体系立った文法構成

理解の助けになる工夫されたイラスト

種類豊富な例文と、接続など色分けによるわかりやすい表示

● 新出語彙

各項目の新出語彙を50音順に記載

読み方、発音記号、品詞、訳など、豊富な情報量

本書は日本語初心者から、大学や専門学校などで学んでいる人、今後学ぼうとしている人を対象としています。文法・文型の基礎固めはもちろん、運用力、アカデミックな日本語に対応できる能力の育成を目指しています。

・本書の漫画はフィクションです。実在の人物や大学、団体などとは一切関係ありません。

POINT 5
「読む」「聞く」「話す」「書く」の総合的な学習

POINT 6
豊富な話題

定着
応用

読解文

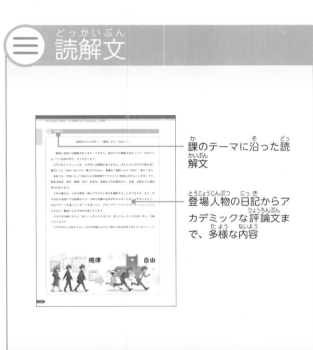

課のテーマに沿った読解文

登場人物の日記からアカデミックな評論文まで、多様な内容

理解度チェック

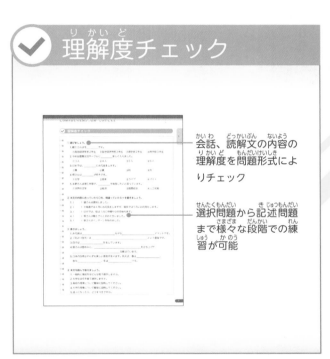

会話、読解文の内容の理解度を問題形式によりチェック

選択問題から記述問題まで様々な段階での練習が可能

タスク&アクティビティー

読む・聞く・話す・書くなど、多くの技能を複合的に使用する実践的なタスク

日本の文化や学校生活など、今後の生活に役立つ情報に触れられる内容

ライティング

日本語の文章を書くための単元講座。実用的な文章から小論文まで対応できる、書くための知識を集約。項目別にわかりやすく解説

第1～18課の 学習内容
（がくしゅうないよう）

标题	语言能力
第1课 お花見（はなみ）	①掌握句子中起中顿作用的"连用中顿形"；②掌握表示样态或预测的【そうだ】的用法；③掌握表示比喻的【ようだ】的用法；④掌握用于忠告或陈述义务的【べきだ/べきではない】的用法；⑤掌握表示频度或分配的"每……"的表达方式；⑥掌握表示"开始……"或"持续……"的动词后缀；⑦掌握疑问句的简体形式作主语或宾语的用法
第2课 交換留学生（こうかんりゅうがくせい）	①掌握表示"有……气味/味道/声音/感觉等"的表达方式；②掌握表示主观决定的表达方式；③掌握表示比喻、举例和推测的【みたいだ】的用法；④掌握表示第三人称的感觉、感情或愿望的表达方式；⑤掌握表示"难于……"或"易于……"的表达方式；⑥掌握表示举例的助词【でも】的用法
第3课 世界の教育環境（せかいきょういくかんきょう）	①掌握表示立场、资格的【として】的用法；②掌握表示情况、原因、手段的【によって】的用法；③掌握表示动作、情感、态度等对象的【に対して】的用法；④掌握表示"对……来说"的【にとって】的用法；⑤掌握表示超出正常限度的【すぎる】的用法；⑥掌握用于举例的【ような/ように】的用法
第4课 インターン面接（めんせつ）	①掌握尊敬语和自谦语的表达方式；②掌握表示委婉和推测的【ようだ】的用法；③掌握对某一名词的内容进行说明的表达方式；④掌握基于某一事实进行解释或导出结论的表达方式；⑤掌握给对方提建议的【たら（どうか）】的用法；⑥掌握名词修饰成分中助词【が】与【の】的交替用法
第5课 京都①（きょうと）	①掌握尊敬语和礼貌语的表达方式；②掌握口语中传闻的表达方式；③掌握表示联想和提出话题的表达方式；④掌握表示所说的事情虽然成立，但是并没有达到某种期待的表达方式；⑤掌握表示推测的【はずだ】的用法；⑥掌握表示事物典型特征的【らしい】的用法；⑦掌握把形容词名词化的后缀【さ】和【み】的用法
第6课 京都②（きょうと）	①掌握表示比较的"与……相比"的表达方式；②掌握表示"不仅……也/还……"的表达方式；③掌握同类事物或性质叠加的【ばかりでなく】的用法；④掌握抒发感慨的【ことだ】的用法；⑤掌握根据传闻或各种客观情况做出推测或判断的【らしい】的用法；⑥掌握对某个词或短语等下定义的表达方式；⑦掌握表示列举的【といった】的用法

1課	2課	3課

4課	5課	6課

交际能力	文化理解	主要语法
①能够在开学后与同学和朋友进行寒暄；②能够与同学和朋友交流假期里做过的事情；③能够叙述高中生活与大学生活的区别	①初步了解日本赏樱花活动的时节和形式；②初步了解不同季节的时令活动，感受四季变化的魅力	1 連用中止形 2 ～そうだ 　①Aい/NA＋そうだ　〈様態〉 　②Vます＋そうだ/そう（に）もない　〈予測〉 3 V普/Nの＋ような/ように/ようだ　〈比喩〉 4 V辞＋べきだ/べきではない　〈当然・勧め〉 5 V辞/N＋ごとに
①能够介绍一本自己喜欢的外国文学作品并说明喜欢的理由；②能够模拟与同学一起去学校食堂就餐的情境；③能够叙述阅读的重要性	①初步了解跨国校际间的交换留学制度；②培养广泛的阅读兴趣，尝试比较分析中外文学作品的差异与融通	1 Nがする　〈感覚〉 2 Nにする　〈意志決定〉 3 普（NAだ/Nだ）＋みたいな/みたいに/みたいだ 4 Aい/NA＋がる/がっている　〈感情・感覚・願望〉 　Vます＋たがる/たがっている　〈願望〉 5 Vます＋やすい/にくい
①能够简单介绍自己国家的外语教育状况；②能够简单陈述世界各国存在教育差距的原因以及自己为缩小教育差距可以做出的努力	①初步了解世界各国儿童的受教育情况；②拓宽国际视角，加深理解本国的教育情况	1 Nとして（は）　〈立場・資格〉 2 Nによって 3 Nに対して　〈対象〉 4 Nにとって　〈立場〉 5 Vます/Aい/NA＋すぎる 6 V普/Nの＋ような/ように　〈例示〉
①能够就自己关心的事情与朋友商量并获取信息；②能够模拟实习面试场景并回答相关提问；③能够仿写面试结果通知邮件的回信	①初步了解大学生参加实习体验的基本情况；②思考在大学期间如何为自己的人生规划做准备	1 尊敬語 2 謙譲語 3 ～というN　〈内容説明〉 4 普（Nだ）＋ということだ 5 V普/A/NAな/Nの＋ような/ように/ようだ
①能够理解和恰当使用不同场合下的一般表达与敬语表达；②能够借助地图等媒介给他人讲解某城市的整体布局	①初步了解长途出行的交通工具；②调查了解日本古城京都，追溯京都与中国长安古城的历史渊源；③尝试思考古迹保护与合理开发利用的办法	1 お＋ⅤⅠ・Ⅱます＋になる　〈尊敬表現〉 　ご＋ⅤⅢする＋になる 2 普（NAだな/Nだな）＋んだって　〈伝聞〉 3 普（NA（だ）/N（だ））＋というと/といえば/といったら 4 普（NAだ/Nだ）＋といえば、普通形＋が 5 普（NAだな/である/Nだの）＋はずだ
①能够给他人讲解某一事物的由来；②能够借助图片或视频等媒介向他人介绍一个特色景观；③能够跟他人讲一讲你对京都的印象	①初步了解京都的传统工艺品；②思考京都为什么既是旅游城市又是高科技产业城市	1 Nに比べて 2 N1も＋V・Aば/NA・Nなら＋N2も 3 普（NAだな・である/Nだ・である）＋ばかりでなく 4 普（NAだ/Nだ）＋らしい 5 Nとは/というのは　〈定義づけ〉

7課　8課　9課

标题	语言能力
第**7**课 奈良 （なら）	①掌握表示同类的事物多或相同事情发生的频度高的助词【ばかり】的用法；②掌握表示征求许可的"请让我……""请允许我……"的表达方式；③掌握让步条件句"即使……也……"的表达方式；④掌握表示在某个期间（内）的【間/間に】的用法；⑤掌握对某个具体名称进行解释的表达方式；⑥掌握表示"代替、取代……"的【にかわって】的用法；⑦掌握表示变化结果的【となる】的用法；
第**8**课 五月祭 （ごがつさい）	①掌握各类动词"使役被动形"的活用规则及用法；②掌握表示"多亏了……"或"都怪……"的表达方式；③掌握表示说话人愿望的【てほしい/ないでほしい】的用法；④掌握表示反事实假设或与事实相反的结果的表达方式；⑤掌握礼貌地拜托对方为自己做某事的表达方式；⑥掌握礼貌地征求许可的表达方式；⑦掌握表示事情发生的频率高或总是处于同样状态的助词【ばかり】、表示动作或状态到达某个极端程度的助词【ほど】、表示逆接的助词【ながら（も）】的用法
第**9**课 インターン初日 （しょにち）	①掌握表示程度最高的表达方式；②掌握表示"要是……就好了"的表达方式；③掌握说明事情起因的"之所以……是因为……"的表达方式；④掌握表示"与其说……不如说……"的表达方式；⑤掌握表示"被视为……""被认为……"的表达方式；⑥掌握副词接【する】表示某种样子、状态的用法
第**10**课 AI人工知能 （じんこうちのう）	①掌握表示动作伴随的否定状态的表达方式；②掌握表示说话人对某种可能性进行否定的表达方式；③掌握表示达到了某种极端的或较高程度的【くらい/ぐらい】的用法；④掌握表示范围限定的【に限って】的用法；⑤掌握表示根据其情况发生相应变化或调整的【に応じて】的用法；⑥掌握表示按照其指示行动的【にしたがって】的用法
第**11**课 北海道 （ほっかいどう）	①掌握前项对某个事物、事情进行部分肯定，后项进行转折的表达方式；②掌握委婉表达自己观点的口语表达方式；③掌握前项表示让步条件，后项表示修正、补充或限定的表达方式；④掌握表示"以……为中心"的表达方式；⑤掌握表示"在……期间里一直……"的【を通して/通じて】的用法；⑥掌握表示"相互……"和表示"刚……"的动词后缀
第**12**课 アイヌ文化 （ぶんか）	①掌握表示理所当然的表达方式；②掌握表示"不见得……""未必……"的表达方式；③掌握根据事实、状况等自然地得出结论的表达方式；④掌握表示"代替……""作为代价（补偿）……"的表达方式；⑤掌握表示"随着……""伴随……"的【にともなって】的用法；⑥掌握表示确认或回想的【っけ】的用法

 **10課**  **11課**  **12課**

交际能力	文化理解	主要语法
①能够给他人讲一讲鉴真东渡的故事；②能够与他人共同调查和讨论日本奈良时期遣唐使的重要作用；③能够完成一份有关日本奈良时期的学习报告	①初步了解中日两国的世界自然与文化遗产；②积极思考如何弘扬鉴真精神，践行中日友好发展使命	1 V辞/A/NAな/N（助词）+ばかり 2 Vた/Nの+結果 3 たとえ～Vて+も/Aいく+ても/NA・Nでも（であっても） 4 V辞/Vている/Vない/A/NAな/Nの+間（は）/間に 5 Nにかわって
①能够向他人介绍自己参加的兴趣小组或学生社团；②能够陈述在日本参加兴趣小组和参加学生社团的区别；③能够向他人介绍一位自己喜欢的作家及其代表作品	①初步了解日本的代表作家及其代表作品；②初步了解东京大学的特色校园节——五月祭	1 動詞使役受身形（V使受） 2 普（NAだな/Nだの）+せいで/せいだ/せいか 3 普（NAだな/Nだの）+おかげで/おかげだ/おかげか 4 Vてほしい/Vないでほしい 5 Vてばかり（いる/だ） 6 Vます/Vない/A/NA/N（NA/Nであり）+ながら（も）
①能够对同伴的离开表达不舍之情；②能够给新加入的成员做介绍；③能够将自己对某项工作的体验记录下来	①初步了解大学生的实习状况；②尝试思考实习经历能为自己带来哪些收获	1 N1くらい/ほど　A/NAなN2は～ない 2 Vば/Vたら+よかった 3 普（NAだな/Nだな）+のは、普+からだ 4 普（NAだ/Nだ）+というより～ 5 普（NA（だ）/N（だ））+とされている
①能够简单陈述你对不同考试形式的看法；②能够与他人共同调查或讨论目前AI技术的应用场合；③能够简单陈述你对AI技术发展的看法	①初步了解大学里的答疑和评价体系；②思考AI技术将会带来怎样的社会变革	1 Vば+いい 2 普（NAだな/である・Nだの/である）+はずがない/はずはない 3 Nに限って　〈限定〉 4 Nに応じて 5 Nにしたがって
①能够借助地图等媒介简单介绍北海道的地理环境；②能够给外地朋友介绍当地的特色美食；③能够给外地朋友制定一份当地游玩的攻略	①初步了解北海道的自然风光及特色美食；②了解本国的地理环境，尝试思考人类活动与地理环境的关系	1 V/A/NA普（NAだな）+ことは+V/A/NA普・丁寧形が/け（れ）ど 2 普（N（だ））+といっても 3 Nを中心に 4 Nを通して/を通じて　〈期間〉 5 Vます+たて
①能够利用博物馆、图书馆、互联网等资源搜集不同民族的历史、文化等信息并归纳整理；②能够将你所了解到的上述信息介绍给他人	①初步了解阿伊努族独特的民族文化；②尝试思考各民族人们在保存并继承本民族传统文化中所做的努力	1 Nはもちろん 2 普（NA（だ）/N（だ））+とは限らない 3 普（NAだな/Nだの・な・である）+わけだ 4 V普/A普/NA普（NAだな）/Nの+かわりに 5 V辞/N+にともなって

标题	语言能力
第**13**课 日本の文化 <ruby>日<rt>に</rt></ruby><ruby>本<rt>ほん</rt></ruby>の<ruby>文<rt>ぶん</rt></ruby><ruby>化<rt>か</rt></ruby>	①掌握表示意外结果或发现的表达方式；②掌握表示"（也）不是不……"的表达方式；③掌握表示机制或功能的【ようになっている】及表示习惯的【ようにしている】的用法；④掌握表示"面向……"及"适合……"的对象的表达方式；⑤掌握表示中介或手段的【を通して/通じて】的用法；⑥掌握表示举例子的助词【なんか/なんて】的用法；⑦掌握语篇中指示词的用法
第**14**课 アメリカの大学 アメリカの<ruby>大<rt>だい</rt></ruby><ruby>学<rt>がく</rt></ruby>	①掌握表示"只要……（就）……"的表达方式；②掌握用来对比两个对立情况的【に対して】的用法；③掌握表示"每当……""每逢……"的表达方式；④掌握用于叙述程度过甚的【あまり】的用法；⑤掌握列举极端示例的助词【さえ】、表示强调的助词【こそ】的用法
第**15**课 外国人の大学受験 <ruby>外<rt>がい</rt></ruby><ruby>国<rt>こく</rt></ruby><ruby>人<rt>じん</rt></ruby>の<ruby>大<rt>だい</rt></ruby><ruby>学<rt>がく</rt></ruby><ruby>受<rt>じゅ</rt></ruby><ruby>験<rt>けん</rt></ruby>	①掌握表示委婉、避免断定的否定疑问句的表达方式；②掌握表示"我认为大概……"的说话人推测的表达方式；③掌握表示原因、理由的【もので/ものだから】的用法；④掌握表示"只不过是……"的表达方式；⑤掌握表示"顺便""捎带"做其他事的表达方式；⑥掌握表示"在……之际""值此……"的时间的表达方式
第**16**课 一人暮らし <ruby>一<rt>ひと</rt></ruby><ruby>人<rt>り</rt></ruby><ruby>暮<rt>ぐ</rt></ruby>らし	①掌握表示部分否定的【（という）わけではない】的用法；②掌握表示说话人主观判断某事没有理由成立的表达方式；③掌握回忆过去或表示事物本来性质或一般社会常识的【ものだ】的用法；④掌握表示实现某事必须具备的条件的表达方式；⑤掌握表示某事进行到一半或即将要发生的动词后缀【かける/かけ】、表示样子、神情等的接尾词【げ】的用法；⑥掌握提示成立可能性较低的事例的助词【でも】、提示程度低的事例的助词【くらい/ぐらい】的用法
第**17**课 お見舞い お<ruby>見<rt>み</rt></ruby><ruby>舞<rt>ま</rt></ruby>い	①掌握表示"（不）那样做不行"的【わけにはいかない】的用法；②掌握表示"差一点儿就……了"的表达方式；③掌握表示刚要、正在做某事时，发生了某事的表达方式；④掌握表示自然而然的结论或推理的表达方式；⑤掌握表示传闻的【とのことだ】的用法；⑥掌握表示极端事例或手段的【てまで/まで（して）】的用法；⑦掌握表示"看作/视作……"的表达方式；⑧掌握表示"在某个关键或特殊的时刻偏偏……"的【に限って】的用法
第**18**课 友人の帰国 <ruby>友<rt>ゆう</rt></ruby><ruby>人<rt>じん</rt></ruby>の<ruby>帰<rt>き</rt></ruby><ruby>国<rt>こく</rt></ruby>	①掌握表示"趁……时"和"在做……期间"的【うちに】的用法；②掌握表示"沿着……、跟着……、按照……"的【に沿って】的用法；③掌握表示与某个话题相关的【に関して/に関する】的用法；④掌握表示随着某个动作或作用的进展而发生变化的【にしたがって】的用法；⑤掌握表示人们普遍观点或评价的表达方式；⑥掌握表示对比的【一方（で）】的用法；⑦掌握某状况一直朝着一个方向不断发展的【一方だ】的用法

交际能力	文化理解	主要语法
①能够简单介绍相扑运动及相扑运动员；②能够向他人介绍自己喜欢的动漫类型并能阐述理由；③能够概述日本新的外交手段——COOL JAPAN	①初步了解日本传统竞技项目——相扑；②尝试思考文化理解与交流的重要性以及文化传播的路径	1 Vた＋ところ 2 Vない/Aくない/NAでない＋ことはない/こともない 3 V辞/Vない＋ようになっている/ようにしている 4 N向けだ/向けに/向けの 　 N向きだ/向きに/向きの 5 Nを通して/を通じて 〈媒介・手段〉
①能够调查并比较不同国家的高等教育体制；②能够将调查结果以图表等形式展示并向他人介绍；③能够举例说明不同语言背景下的文化差异	①初步了解各国高等教育体制的差异并尝试思考存在差异的深层原因；②思考跨文化交际需要具备哪些条件	1 N（助詞）さえ（も） 2 Vます/Aく/NAで/N＋さえ～ば 3 Nに対して 　 普（NAだな・である/Nだな・である）＋のに対して 4 V辞/Nの＋たびに 5 あまりに（も）＋V・A・NA 　 V/A普肯定（NAだな/Nだの）＋あまり
①能够提出有关升学方面的疑问；②能够结合自身学习及应试经验给有困惑的同学提供建议；③能够结合自身兴趣、家庭及社会等阐述自己的目标及行动	①了解升学备考、专业选择和大学生活的相关信息；②尝试思考自己的人生梦想，意识到规划未来的重要性	1 普（NAだな/Nだな）＋のではないか/のではないだろうか 2 普（NAだな/Nだな）＋もので/ものだから 3 普（NAだ・である/Nだ・である）＋にすぎない 4 V辞/Vた/Nの＋ついでに 5 V辞/N＋に際して
①能够向他人介绍一道菜品的制作过程；②能够跟老师或家人汇报自己近期学习或生活状况；③能够简单介绍在日本租房的手续及注意事项	①初步了解日本的房屋租赁制度；②思考和比较中日两国在"住"的问题上存在的异同	1 普（NAだな・である/Nだの・な・である）＋わけではない 　 普（NA（だ）・N（だ））＋というわけではない 2 普（NAだな・である/Nだの・である）＋わけがない/わけはない 3 Vた＋ものだ 4 V辞/Vない/A/NAな＋ものだ・ものではない 〈物事の本質・忠告〉 5 Vて/N＋からでないと/からでなければ
①能够将自己身体的不适状况表述清楚；②能够在他人需要帮助时呼叫救护车并能将基本信息交代清楚；③能够简单概述日本的医疗保险制度	①初步了解日本的医疗卫生体系；②了解一些紧急救护常识	1 V辞/Vない＋わけにはいかない 2 V辞/Vない＋ところだった 3 V普＋ところに/ところへ 4 普＋とのことだ 5 Nに限って 〈不運〉
①能够模拟在机场办理乘机手续的情境；②能够模拟给朋友送行的情境；③能够对自己的未来发展进行规划，并阐述自己的理由及应该做的准备	①了解在机场办理出入境手续的流程；②思考毕业后的发展方向，坚定自己勇于追求梦想的精神	1 ～うちに 2 Nに沿って 3 Nに関して/に関する 4 V辞/N＋にしたがって 5 普（NAだな・である/Nだである）＋一方（で） 〈対比〉 6 V辞/Nの＋一方だ 〈一方向への変化〉

◆ 接続記号

動詞辞書形	V辞
動詞ます形	Vます
動詞ます形（「ます」抜き）	V~~ます~~
動詞て形	Vて
動詞た形	Vた
動詞た形（「た」抜き）	V~~た~~
動詞ない形	Vない
動詞ない形（「ない」抜き）	V~~ない~~
動詞意向形	V意
動詞可能形	V可
動詞使役形	V使
動詞使役受身形	V使受
動詞命令形	V命
動詞ば形	Vば
名詞	N
イ形容詞辞書形	A
イ形容詞語幹	A~~い~~
イ形容詞語幹＋く	A~~い~~く
イ形容詞ば形	Aば
ナ形容詞語幹	NA
ナ形容詞＋な	NAな
普通形	普
各品詞の普通形	普通形
各品詞の丁寧形	丁寧形

◆ 音声・解答について

音声・解答は下記のQRコードから、項目ごとに確認することができます。

音声：［1～18課］
説明文・会話文A/B・読解文・文法と表現・新出語彙・タスク＆アクティビティー

解答：［1～18課］
理解度チェック

xinfaxianjp.mekoedu.cn

▼音声一括ダウンロードページ
xinfaxianjp.mekoedu.cn/audios3

◆ 品詞等の記号

名詞	［名］
代名詞	［代名］
動詞　Ⅰグループ	［動Ⅰ］
動詞　Ⅱグループ	［動Ⅱ］
動詞　Ⅲグループ	［動Ⅲ］
自動詞	［自］

他動詞	［他］
イ形容詞	［イ形］
ナ形容詞	［ナ形］
副詞	［副］
連体詞	［連体］
感動詞	［感］

固有名詞	［固］
接頭語	［接頭］
接尾語	［接尾］
常用表現	［表現］

人物紹介

張 辰宇
留学生。政治経済学部2年生。国際交流サークル

星野 葵
サークルの同級生。帰国子女。国際教養学部

＊李 先佑
学部・サークルの同級生。留学生

桜井 剛士
サークルの先輩。商学部の3年生

小川 陽奈
サークルの同級生。商学部

徐 伊琳
中学時代の同級生。交換留学生

川上 悟
大学の同級生。文学部

水野 宏史
サークルの後輩。理工学部の1年生

ウィリアム・ハナ
サークルの後輩。文学部の1年生

張 詩瑶
張さんの妹。東京大学1年生

トミー
日本語学校時代の友達。大学2年生

オリバー
友達。大学2年生

菊池 結衣
北海道に住む大学2年生

アイシャ
アルバイト先の友達。大学の留学生

ムハンマド
アルバイト先の先輩。大学院の留学生

店長
アルバイト先のコンビニの店長

南先生
日本語学校の先生

林 圭一
インターン先の社員。課長

上野 マヤ
インターン先の社員。張さんの指導係

鈴木 次郎
詩瑶さんのホストファミリー（父）

鈴木 真悠子
詩瑶さんのホストファミリー（母）

鈴木 奈津美
詩瑶さんのホストファミリー（娘）小学校5年生

＊：汉字"李"，作为中国人的姓时在日语中通常念作「り」，作为韩国人的姓时在日语中通常念作「い」。

目次

目　録

新しい春へ ●●●

第 1 課

お花見

話しましょう！

1. あなたの国籍、学年を簡単に紹介してください。

2. あなたの国で行われている季節のイベントには、どんなものがありますか。

3. あなたは「お花見」を知っていますか。

4. あなたは最近、何か新しく始めたことがありますか。

5. 高校生と大学生の違いは何だと思いますか。

⇒ **説明文**

　張さんは中国から来た留学生です。日本語学校で勉強した後、大学の政治経済学部に入学し、今年4月に2年生になりました。李さんも留学生で、政治経済学部の2年生です。剛士さんは商学部の3年生です。3人は国際交流サークルに所属しています。

　今日は、国際交流サークルのイベントです。サークルのメンバーは公園に集まり、満開の桜の木の下でお花見をします。サークルには新しく日本人が3人、留学生が3人入りました。

💬 会話文 Ａ

張　：みんな、久しぶり！　元気そうだね。

李　：あっ、張さん！　間に合ってよかったね！　歓迎会が始まるところだよ。

剛士：張さん、こっち、こっち。

陽奈：みなさん、始めましょう。今年は国際交流サークルに日本人が３人、留学生が３人新しく入りました。それでは、水野くんから順番に自己紹介をお願いします。

水野：水野宏史です。理工学部の１年生で、人工知能を勉強したいと思っています。よろしくお願いします。

ハナ：私はハナです。ニュージーランドからの留学生で、文学部の１年生です。日本に来たばかりですが、よろしくお願いします。

陽奈：わからないことがあったら、いつでも聞いてね。

ハナ：はい。ありがとうございます。

陽奈：じゃ、みなさん、乾杯しましょう！

全員：かんぱーい!!

張　：あー、おいしい。遅刻しそうで走ってきたから、喉乾いちゃった。

ハナ：みんなで美しい桜を眺めながら、おいしい食事を楽しむお花見は、素敵なイベントですね。

陽奈：うん。東京は４月にお花見をするけど、北海道では５月にお花見をするんだよ。日本は南北に長いから、１月に南の沖縄から桜が咲き始めて、北海道で桜が咲くのは５月頃。

李　：それに、春夏秋冬の四季それぞれの美しい景色を楽しむイベントもあるよ。

張　：そうそう。春はお花見、秋は紅葉狩り、冬は雪見だよね。

剛士：僕は花より団子だけどな。

ハナ：花より、団子……ですか？

李　：きれいな花を見ても、お腹はいっぱいにならないでしょう？　だから、花を見て楽しむより、団子を食べるほうがいい。現実的な考えだよ。

水野：これが団子ですよ。食べますか？

ハナ：ありがとうございます。いただきます。月のような丸い形をしていて、かわいいですね。ちょっと焼き鳥のようにも見えますね。

みんな、久しぶり！
元気そうだね。

あっ、張さん！
間に合ってよかったね！
歓迎会が
始まるところだよ。

張さん、
こっち、こっち。

日本は南北に長いから、
1月に南の沖縄から
桜が咲き始めて、
北海道で桜が咲くのは5月頃。

みなさん、始めましょう。
今年は国際交流サークルに
日本人が3人、留学生が3人
新しく入りました。

それでは、水野くんから
順番に自己紹介を
お願いします。

水野宏史です。
理工学部の1年生で、人工知能を
勉強したいと思っています。
よろしくお願いします。

私はハナです。
ニュージーランドからの留学生で、
文学部の1年生です。日本に来た
ばかりですが、
よろしくお願いします。

それに、春夏秋冬の四季
それぞれの美しい景色を
楽しむイベントもあるよ。

僕は花より
団子だけどな。

そうそう。
春はお花見、秋は紅葉狩り、
冬は雪見だよね。

わからないことがあったら、
いつでも聞いてね。

はい。
ありがとうございます。

花より、

団子……ですか？

じゃ、みなさん、
乾杯しましょう！

かんぱ〜い

きれいな花を見ても、
お腹はいっぱいに
ならないでしょう？

だから、花を見て楽しむより、
団子を食べるほうがいい。
現実的な考えだよ。

これが団子ですよ。
食べますか？

ありがとうございます。
いただきます。

あー、おいしい。

遅刻しそうで
走ってきたから、
喉乾いちゃった。

みんなで美しい桜を眺めながら、
おいしい食事を楽しむお花見は、
素敵なイベントですね。

うん。
東京は4月にお花見をするけど、
北海道では5月にお花見を
するんだよ。

月のような
丸い形をしていて、
かわいいですね。
ちょっと
焼き鳥のようにも
見えますね。

💬 会話文 B

張　：あっ、悟さん！　悟さんもお花見？

悟　：うん、桜が満開できれいだね。

張　：そうだね。悟さんはお花見の後、何か
　　　用事がある？　僕たちはこれから大学
　　　に戻って、もう少し話そうと思ってる
　　　んだけど、悟さんも一緒にどう？

悟　：どうしようかな。この後は用事がないから、
　　　行こうかな。

張　：うん、一緒に行こうよ。久しぶりだけど、
　　　元気だった？　春休みは何してたの？

悟　：春休み？　時間があったから、自分の
　　　ウェブサイトを立ち上げたんだよ。

張　：へえ。どんなサイト？

悟　：いろいろな国の文学を読んで、その感
　　　想を書いて載せてるんだ。

張　：いいね。そのサイトは、世界中の文学
　　　を知るきっかけになるね。

悟　：うん。読者からいろんな感想や意見を
　　　もらえるからおもしろいよ。

張　：文学のことを話し出したら止まらない
　　　悟さんには合ってるね。今度、僕も読
　　　んでみよう。

●　●　●　●　●

張　：お、みんな来てる。でも、剛士さんは
　　　まだだね。

悟　：はじめまして、文学部２年の川上悟です。
　　　１年のとき、張さんと李さんと同じ講
　　　義を取っていました。

陽奈：はじめまして。

李　：あっ、剛士さんが来たよ！

剛士：お、みんな集まってるね。何の話をし
　　　てるの？

張　：剛士さん、こちらは友達の悟さんです。
　　　悟さん、こちらは剛士さん。商学部の
　　　３年生。

剛士：桜井剛士です。よろしく。

悟　：川上悟です。よろしくお願いします。文
　　　学部の２年です。

張　：最近、悟さんは自分の好きな文学関係
　　　のウェブサイトを立ち上げたそうですよ。

剛士：すごいね。僕は新しく始めたことはな
　　　いけど、ずっと音楽を頑張っているよ。
　　　今度ライブをやるから、みんな来てく
　　　れたら、うれしいな。

李　：はい、みんなで見に行きますよ。
　　　張さんは、２年生になって何か始めた？

張　：僕は、将来ジャーナリストになるために、
　　　何から始めようか迷ってる……。

陽奈：無理して何かを始めなくてもいいと思う。
　　　張さんはバイトを頑張り続けてるよね。
　　　偉いよ。

張　：ありがとう。でも、そろそろ次のステッ
　　　プに進むべきだと思ってるんだ。

悟　：２年になるとインターンを始める人も
　　　いるよね。
　　　僕の周りにも結構インターンをやって
　　　る友達がいるよ。

張　：インターン？　それはいい勉強になる
　　　かもしれないね。後で調べてみる。

読解文

高校生から大学生へ　「規律」から「自由」へ

　一般的に高校には制服があります。ですから、通学中でも制服を見ることで、ほかの人も「〇〇高校の学生」だとわかります。

　大学ではどうでしょうか。大学生には制服がありません。ほとんどの大学では何を着て通学しても「自由」なのです。服だけではなく、勉強も「規律」から「自由」へ変わります。

　高校では、学校によって決められた時間割でクラスごとに授業を受けることが多いです。授業は国語、数学、物理、化学、世界史、地理などの必修科目と、音楽、芸術などの選択科目があります。

　大学の場合は、自分の興味・関心で学びたい科目を選択することができます。また、学ぶ方法も高校生では教師からの一方的な知識の伝達が行われましたが、大学生になると、自分でテーマを選んでレポートを書いたり、グループワークでプレゼンテーションしたりするなど、勉強にも自主性が必要になります。

　日本では18歳になると「成人」と考えられますが、成人になったら自主的に考え、行動するべきです。

　大学生活でしか味わえない「自由な時間」は人生で最も大切な時間と考えるべきでしょう。

✓ 理解度チェック

① 選びましょう。

1. 剛士さんは今＿＿＿＿＿＿＿です。

　　①政治経済学部２年生　　②政治経済学部３年生　　③商学部２年生　　④商学部３年生

2. 今年は国際交流サークルに＿＿＿＿＿＿＿新しく入りました。

　　①３人　　　　　　　　②４人　　　　　　　　③５人　　　　　　　　④６人

3. 日本では、＿＿＿＿＿＿＿にお花見をします。

　　①春　　　　　　　　　②夏　　　　　　　　　③秋　　　　　　　　　④冬

4. 悟さんは＿＿＿＿＿＿＿が好きです。

　　①文学　　　　　　　　②音楽　　　　　　　　③ライブ　　　　　　　④バイト

5. 水野さんは理工学部で、＿＿＿＿＿＿＿を勉強したいと思っています。

　　①世界の文学　　　　　②経済　　　　　　　　③国際政治　　　　　　④人工知能

② 本文の内容に合っていたら○を、違っていたら×を書きましょう。

1. （　　　）張さんは遅刻しました。

2. （　　　）北海道では４月にお花見をしますが、東京では５月にお花見をします。

3. （　　　）日本では、桜は１月に沖縄から咲き始めます。

4. （　　　）悟さんは剛士さんと初めて会いました。

5. （　　　）張さんはインターンを始めました。

③ 書きましょう。

1. お花見は＿＿＿＿＿＿＿＿＿＿＿＿＿＿＿＿＿ながら＿＿＿＿＿＿＿＿＿＿＿＿＿＿イベントです。

2. 「花より団子」は＿＿＿＿＿＿＿＿＿＿＿＿＿＿＿＿＿＿＿＿＿という意味です。

3. 団子は＿＿＿＿＿＿＿＿＿＿形をしています。

4. 悟さんは春休みに、＿＿＿＿＿＿＿＿＿＿＿＿＿＿＿＿＿を立ち上げて

　　＿＿＿＿＿＿＿＿＿＿＿＿＿＿＿＿＿を載せています。

5. 日本の四季はそれぞれ美しい景色があります。例えば、春は＿＿＿＿＿＿＿＿、

　　秋は＿＿＿＿＿＿＿＿、冬は＿＿＿＿＿＿＿＿です。

④ 本文を読んで答えましょう。

1. 一般的に高校生はどんな服で通学しますか。

2. 大学生は何を着て通学しますか。

3. 高校の授業について簡単に説明してください。

4. 大学の授業について簡単に説明してください。

5. 成人になったら、どうすべきですか。

📖 文法と表現

1 連用中止形
V <del>ます</del> / A <del>い</del> く / NA で・であり / N で・であり、〜

例 今日はみんなで公園に集まり、お花見をします。
　　　　　　　　　　　　V ます

　　私の町は海から近く、とてもきれいなところだ。
　　　　　　　　　　A い く

■ 説明を読み、問題に答えなさい。
■ ここは自然が多く、子供を育てるにはいい環境だ。
■ 彼は元気で、おもしろく、みんなから人気がある。
■ 今日は入学式であり、多くの人が集まっている。

2 〜そうだ

① A <del>い</del> / NA ＋そうだ　〈様態〉

例 この店のケーキはおいしそうだ。
　　　　　　　　　　　A い

この店のケーキはおいしそうだ。

予想

おいしかった！

結果

田中さんは元気そうです。
　　　　　　　NA

■ 高そうな車が並んでいる。
■ あの映画はおもしろそうではない。

※ない➡なさそうだ　いい/よい➡よさそうだ
■ ほかに問題はなさそうだ。
■ 学生Ａ：その新しいパソコン、よさそうだね。
　学生Ｂ：うん。

② V <del>ます</del> ＋そうだ／そう（に）もない　〈予測〉

例 もうすぐ雨が降りそうです。
　　　　　　　　　V ます

　　夕方から会議があるので、早く帰れそうもない。
　　　　　　　　　　　　　　　　　V ます

動词ます形去掉「ます」的形式、イ形容词词尾变成「く」的形式、ナ形容词词干以及名词接「で」或「であり」的形式，在句子中起中顿的作用，日语中称为「連用中止形」（连用中顿形）。语义上表示与后续句子为先后关系、并列关系、因果关系等，多用于书面语中。

该句型表达两种含义：
① 「そうだ」前面接イ形容词和ナ形容词的词干，表示说话人通过看到的状况、事物的外观印象等来推测其性质。可译为"看上去……"。否定形式为「〜そうではない」。
※イ形容词「ない」「いい/よい」的接续形式特殊，需要变成「なさそうだ」「よさそうだ」。该句型不用于一看就可以客观地进行评价的场景。
例如：
× わあ、このケーキは大きそうですね。
〇 わあ、このケーキは大きいですね。
② 「そうだ」接在动词ます形去掉「ます」的形式后面，表示马上就要发生的事情或说话人的预测、预感。可译为"眼看着就要、快要……""看样子……"。否定形式为「そう（に）もない」。

「そうだ」修饰名词的形式为「そうな」，修饰动词的形式为「そうに」。例如：
彼女は泣きそうな顔をしている。
猫は気持ちがよさそうに寝ている。

■今年は、暖かいから、桜が早く咲きそうだ。

■事故で電車が遅れて、授業に間に合いそうにない。

■雨が続いて、野菜の値段が上がりそうです。

■お腹が痛くて、夕食は食べられそうにもありません。

■学生Ａ：天気予報で午後は雨と言ってたよね。

　学生Ｂ：うん。でも降りそうもないね。

3　Ｖ普／Ｎの＋ような／ように／ようだ　〈比喩〉

例　これは月のような丸い形をしている。
　　　　　Ｎの

まだ４月なのに、今日は夏のように暑い。
　　　　　　　　　　　Ｎの

花が風に吹かれて、踊っているようです。
　　　　　　　　　　　Ｖ普

花が風に吹かれて、踊っているようです。

■私は鳥のように空を飛びたい。

■とても好きな歌手に会えて、夢のようです。

■彼女はまるで写真のような絵を描いた。

■Ａ：これが団子ですよ。

　Ｂ：ちょっと焼き鳥のようにも見えますね。

該句型表示比喻，前面接动词句的简体形式、名词加「の」的形式。可译为"像、好像……一样""宛如……"。

「ようだ」与ナ形容词活用时的变形规则相同，修饰名词的形式为「ような」，修饰动词的形式为「ように」。经常与副词「まるで」一起使用。

4　Ｖ辞＋べきだ／べきではない　〈当然・勧め〉

例　そろそろ次のステップに進むべきだ。
　　　　　　　　　　　　Ｖ辞

冗談でも嘘はつくべきではないと思う。
　　　　　　　Ｖ辞

■学生は遊んでいないで、もっと勉強すべきだ。

■交通ルールは守るべきです。

■人を見た目で判断するべきではありません。

■先生：自分の意見はしっかり言うべきだよ。

　学生：わかりました。

該句型表示应该做某事或不应该做某事，前面接动词的基本形，用于说话人忠告对方或认为做某事是一种义务的场合。可译为"应该……""不应该……"。

三类动词「(～)する」接「べきだ」时，有「するべきだ」和「すべきだ」两种形式。

5 | V辞／N＋ごとに

例 人は失敗する**ごとに**成長していく。
        V辞

オリンピックは4年**ごとに**開かれています。
                    N

- 1週間ごとにテストがある。
- 高校では、クラスごとに同じ授業を受けます。
- 運動会の選手は、クラスごとに5人出します。
- 彼女はカラオケに行くごとに、歌がうまくなっている。
- 先生：このクラスでは、3か月ごとにレポートを書いて出します。
  学生：はい、わかりました。

该句型表示频度或分配，前面接动词的基本形或名词。可译为"每……"。

前面接动词的基本形和表示时间长度的名词时，表示频度；前面接其他名词时表示分配。

6 | 疑問詞＋普通形＋か 〈間接疑問文〉

例 授業が何時から始まる**か**、わかりません。

- いつ国に帰るか、留学中の友達に聞きました。
- 家族にどんなお土産を買うか、考えている。
- この店は人気があるから、どのくらい待つかわからない。
- 学生：桜を見たいんですが、どこに行けばいいか教えていただけませんか。
  先生：そうですね。上野や新宿の公園がいいですよ。

疑问词接句子的简体形式（ナ形容词句和名词句去掉「だ」）再接「か」组成一个疑问句，可以放在句中做主语、宾语等。

在口语中，其后面的助词「が」「を」等经常被省略。

7 | V~~ます~~＋始める / V~~ます~~＋出す 〈開始〉

例 1月に南の沖縄から桜が咲き**始めます**。
                            Vます

空が暗くなって、急に雨が降り**出した**。
                        Vます

- 40歳ごろから太り始めた。
- この会社で働き始めて1年経ちました。
- 赤ちゃんが突然泣き出した。
- 犬が急に騒ぎ出したので、びっくりしました。
- 田中：鈴木さんはいつからギターを弾いているの？
  鈴木：高校生のとき、習い始めたんだ。
- 田中：いろいろな国の文学を読んで、その感想を自分のウェブサイトに載せてるんだ。
  鈴木：文学のことを話し出したら止まらない田中さんには合ってるね。

「始める／出す」前面接动词ます形去掉「ます」的形式，表示开始某个动作或某件事。前面不能接「ある」「いる」「できる」等状态动词。

区别：

①「～始める」前面接持续较长时间的动作、事情，可译为"开始……"；「～出す」前面通常与「急に／突然」连用，接表示突然发生的、具有一定气势的自然现象、生理现象、心理现象的动词，可译为"（突然）……起来"。

②「～始める」可以用于「～しなさい／～てください／～つもりだ／～（よ）う」等表示命令、请求、意志的句子；「～出す」则不可以。

8　Vます＋続ける　〈継続〉

例　日本語学校を卒業しても、日本語を勉強し続けます。
　　　　　　　　　　　　　　　　　　Vます

■ 私は友達からの連絡をずっと待ち続けています。
■ 私は先生にもらったペンをずっと使い続けている。
■ 私はこの町が好きなので、ずっとこの町に住み続けるつもりだ。
■ 学生Ａ：この機械動かないよ。
　学生Ｂ：このボタンを押し続けてみて。

「続ける」前面接动词ます形去掉「ます」的形式，表示"持续……"。前面所接动词需为表示持续动作的动词，不能接表示瞬间变化的动词，例如「×消え続ける」。

9　普通形＋かな（あ）　〈疑問〉

例　お花見に行こうかな、どうしようかな。
　　　　V普　　　　　　V普

お花見に行こうかな、どうしようかな。

■ 連絡しても返事がない。何かあったかな。
■ 夏休みに故郷へ帰ろうかなあ。
■ 明日の試験、難しいかな。心配だ。
■ 学生Ａ：この服、似合ってるかなあ。
　学生Ｂ：とても似合ってるよ。

「かな（あ）」用于句末，前面接句子的简体形式，表示自问或疑问，自问时常有怀疑、不确切的语气。

新出語彙

説明文

● 所属◎ [名・自動Ⅲ] 所属、归属
しょぞく

● 満開◎ [名] (花儿)盛开、满开
まんかい

会話文 Ⓐ

● いつでも① [副] 无论何时、任何时候

● それでは③ [接続] 那么、接下来

● 乾く② [自動Ⅰ] 干、干枯
かわ

● 団子◎ [名] 日式团子、圆形点心、丸子
だんご

● 乾杯◎ [名・自動Ⅲ] 干杯
かんぱい

● 眺め③ [名] 眺望;(进入视野的)风景、景致
なが

● 現実的◎ [ナ形] 现实的
げんじつてき

● 焼き鳥◎ [名] 日式烤鸡肉串
や　とり

● 自己紹介③ [名・自動Ⅲ] 自我介绍
じ こ しょうかい

● 雪見③ [名] 赏雪、观雪
ゆきみ

● 春夏秋冬① [名] 春夏秋冬
しゅんかしゅうとう

■ ニュージーランド⑤ [固] 新西兰

● 人工知能⑤ [名] 人工智能
じんこうちのう

● 花より団子 [表現]※
はな　　だんご
与其求虚名、不如重实利;舍华求实;好看不如好吃

● それぞれ②③ [名・副] 各自、每个、分别

会話文 Ⓑ

● インターン③/インターンシップ⑥ [名]

実习、企业实习;实习生

● ステップ② [名・自動Ⅲ] 阶段、步骤;(乘坐交通工具时的)踏板

● ウェブサイト③ [名] 网站

● 立ち上げる◎④ [他動Ⅱ] 发起、创立;启动(电脑)
た　あ

● きっかけ◎ [名] 契机、机会

● 読者① [名] 读者
どくしゃ

● 結構① [副・ナ形] 非常、很;优秀、好
けっこう

● 迷う② [自動Ⅰ] 犹豫、迷茫;迷路
まよ

● サイト◎① [名] 网站、站点;地点、场地

● 用事◎ [名] 要办的事情、需要处理的事情
ようじ

読解文

● 味わう③◎ [他動Ⅰ] 品味、品尝;体会
あじ

● 国語◎ [名] 国语、语文
こくご

● 地理① [名] 地理
ちり

一 一方的◎ [ナ形] 单方面的、片面的
いっぽうてき

● 時間割◎ [名] 时间表、课程表
じ かんわり

● 通学◎ [名・自動Ⅲ] 上下学、走读
つうがく

● 化学① [名] 化学
かがく

● 自主性◎ [名] 自主性
じ しゅせい

● 伝達◎ [名・他動Ⅲ] 传达、转达
でんたつ

● 科目◎ [名] 科目
かもく

● 自主的◎ [ナ形] 自主地、自律地
じ しゅてき

● 必修◎ [名] 必修(课)
ひっしゅう

● 関心◎ [名] 关心、好奇、感兴趣
かんしん

● 人生① [名] 人生
じんせい

● 物理① [名] 物理
ぶつり

● 教師① [名] 教师
きょうし

● 成人◎ [名・自動Ⅲ] 成年、成人
せいじん

● プレゼンテーション⑤ [名] (课堂)发表、提案

● 規律◎ [名] 规律
きりつ

● 世界史②◎ [名] 世界史
せ かいし

● グループワーク⑤ [名] 小组任务、小组作业

● 選択◎ [名・他動Ⅲ] 选择
せんたく

文法と表現

● 上がる◎ [自動Ⅰ] 上升、提高;涨价
あ

● 描く② [他動Ⅰ] 描绘、画;描写
えが

● まるで◎ [副] 仿佛、好像

● 動く② [自動Ⅰ] 动、活动;移动
うご

● 経つ① [自動Ⅰ] (时间)经过、流逝
た

● 夕食◎ [名] 晚餐、晚饭
ゆうしょく

● 嘘① [名] 谎言、谎话
うそ

● 突然◎ [副] 突然
とつぜん

● 上野◎ [固] 上野(日本地名)
うえの

● うまい② [イ形]

"技术等"水平高、拿手;美味;有好处、顺利

● 判断① [名・他動Ⅲ] 判断、判定
はんだん

● 嘘をつく [表現] 撒谎、说谎、骗人
うそ

● 太る② [自動Ⅰ] 胖、发胖
ふと

※:本书中所有的「表現」、「接尾語」、「接頭語」以及一部分「固有名詞」，因为音调会有所变化或无法用单一音调号来标注，所以均未标注音调，请读者参考
配套录音进行学习。另外，部分固有名词的音调按照一般约定俗成进行标注，供参考。

タスク＆アクティビティー

新出語彙

- **行列**⓪ [名] 队伍、行列
  ぎょうれつ
- **食券**⓪ [名] 餐券
  しょっけん
- **なぜなら**① [接続] 因为、原因是
- **年齢**⓪ [名] 年龄
  ねんれい

- **載る**⓪ [自動Ⅰ] 刊登、登载
  の
- **面倒くさい**⑥ [イ形] 费事、麻烦
  めんどう
- **楽**② [ナ形] 轻松；简单；舒适
  らく

---

1 聴解 【 🌀 ✍ 💬 】

高校生（女子学生：山田さん、男子学生：田中さん・鈴木さん）が３人で制服について話しています。会話を聞いて、答えましょう。

1）会話の内容に合っていたら〇を、違っていたら×を書きましょう。

1. （　　　）田中くんは、制服は必要がないと考えている。
2. （　　　）山田さんは、自由な服だと勉強に集中できなくなりそうだと思っている。
3. （　　　）田中くんは、自分で考えることが必要だと考えている。
4. （　　　）2022年の４月から成人年齢は16歳になった。
5. （　　　）鈴木くんは、自由な服のほうがいいと思っている。

2）あなたは制服が必要だと思いますか。必要がないと思いますか。あなたの意見を書きましょう。

　　私は、制服は（　必要だ　・　必要がない　）と思います。

なぜなら、

_____

_____

_____

_____

_____

_____

② 読解・会話 【 ▷ 🖊 💬 】

ペアで会話を読んでみましょう。（　　　）の言葉は、必要なら形を変えてください。

A：Bさん、今度の日曜日に新宿へラーメンを食べに行かない？

B：ラーメン？

A：うん。雑誌に載ってる有名な店があるんだ。

B：へえ、じゃ、予約したほうが（いい→　　　　　）そうだね。

A：うん。でも、予約はできないと書いてあったから、少し早く行こう。

〈日曜日にラーメン屋の近くで〉

B：行列ができているね。向こうの角まで行列が続いているよ。

　　5メートルは（ある→　　　　　）そうだよ。

A：ううん、5メートルは（ない→　　　　　）そうだけど、

　　3メートルはあるかもしれないな。僕たちも並ぼう。

　　店に入るまでに30分ぐらい（かかる→　　　　　　）そうだね。

B：いや、もっとかかるかもしれないよ。

A：じゃあ、ネットでメニューを見て、何を食べるか決めておこう。

〈2人でスマホを見ている。〉

B：あ、このラーメン見て。唐辛子のイラストが5つ描いてあるよ。

　　唐辛子のイラストが多ければ多いほど辛いんだよ。

A：本当だ。（辛い→　　　　　）そうだね。

B：僕は辛いのは苦手だから、このラーメンはちょっと（食べられる→　　　　　　　）そうも

　　ないよ。こっちのラーメンにする。

〈40分後〉

A：まだかな。僕はもうお腹が空いて、（倒れる→　　　　　）そうだよ。もう立っていられないよ。

B：頑張って。もうすぐお店の中に（入れる→はい　　　　　）そうだよ。

A：そうだね。中に入ったら、最初に食券を買ってから、座るんだよね。

　　日本に来て、初めてラーメン屋に行ったとき、よくわからなくて、困ったよ。

B：うん。僕も。

店員：お客様、どうぞ。

〈2人は食券を買う〉

A：何を食べるか決めておいてよかったね。後ろで人が待っているからね。

　　早く買わないと、「早くしてよ」と（言われる→　　　　　　　）そうだよね。

B：ねえ、餃子も（おいしい→　　　　　　）そうだよ。食べたいなあ。

A：じゃ、餃子も食べよう。

第 2 課

交換留学生

1. あなたは交換留学をしたこと、または交換留学生と交流したことがありますか。
2. あなたは読書が好きですか。どんな本をよく読みますか。
3. あなたは外国の小説を読んだことがありますか。どんな小説ですか。
4. あなたは日本の小説を読んだことがありますか。日本の作家の中で誰の作品が好きですか。
5. あなたはよく学食を利用しますか。学食のいい点は何だと思いますか。

⇒ **説明文**

　徐さんは中国の大学からの交換留学生で、1年間、張さんと同じ大学で学びます。張さんと徐さんは中学校のときのクラスメートです。2人は大学の食堂の前で待ち合わせをしました。2人が話していると、そこに李さんが来ました。3人で学食で昼ご飯を食べ、その後「国際文学ライブラリー」に行ってみることにしました。学食のおすすめメニューや、徐さんの好きな小説のことを話して、3人はとても楽しそうです。

会話文A

張：久しぶりだね。何年ぶりかな？

徐：そうだね……、５年ぐらい会ってない気がする。これからよろしくね。

李：あっ、張さん。さっきのガイダンスに出てた？

張：うん。行ったよ。

李：気づかなかった。あれ、張さんの友達？

徐：はじめまして。徐伊琳です。張さんの中学のときのクラスメートです。交換留学で中国から来ました。中国の大学では３年生です。よろしくお願いします。

李：韓国からの留学生で、李先佑です。張さんと同じ政治経済学部の２年生です。こちらこそ、よろしく。徐さんは、いつ日本へ来たんですか。

徐：３日前です。来たばかりで、電車やバスの乗り方もよくわからなくて……。

李：大丈夫、すぐに慣れますよ。いい友達もいるしね。

張：そうだね。あ、もう11時半だよ。３人で昼ご飯でもどう？

李：いいね。お腹空いた。徐さん、学食でいい？

徐：はい。

● ● ● ● ●

徐：何か学食のおすすめがありますか。

李：僕はカツカレー。学食ならカレーだね。ラーメンもおすすめだけど。

張：定食は500円、安くておいしいよ。

徐：何にしようかな。いろいろあって迷っちゃう。私はこれにする。
ねぇ、張さん。もし時間があったら、昼ご飯の後で大学を案内してくれる？

張：いいよ。李さんはどうする？

李：一緒に行く！　張さんは「国際文学ライブラリー」に行ったことある？

張：ううん、まだない。

徐：そこ！　私もその「国際文学ライブラリー」に行きたいと思っていたんだ。この大学に留学するなら、１度は行くべきだと友達に言われて……。小説が好きな友達が行きたがってた。

張：そうなんだ。じゃ、行ってみようか。

李：うん、そうしよう。でも、まずは昼ご飯にしようよ。さっきからお腹がグーグーなってて、もう倒れそうだよ。

徐：あははは……。李さん、子供みたいですね。

💬 **会話文Ⓑ**

徐　　　：ああ、お腹いっぱい！　おいしかった！

張　　　：煮魚定食って、しょうゆ味？

徐　　　：ううん。味噌としょうがの味がした。から揚げやとんかつの定食も500円で、おいしそうだった。学食は安くておいしい最高のレストランだね。

李　　　：今度、カツカレーも食べてみて。350円だから。大学の外では、この値段では食べられないよ。

徐　　　：そうですね。次に学食で食べるときは、カツカレーにします。

張　　　：じゃ、「国際文学ライブラリー」に行ってみようか。

徐　　　：はーい。楽しみ！

李　　　：ちょっとわかりにくいところにあるって聞いたけど、迷わないで行けるといいね。

張　　　：僕に任せて！

　　　　　　● ● ● ● ●

李　　　：もう15分も歩き続けているのに、全然着かないね。あれ？　あそこにいるのはサークルの後輩かな？

張　　　：そうだね。おーい！

後輩たち：こんにちは。

李　　　：みんな、ここで何してるの？

ハナ　　：私たちは、「国際文学ライブラリー」に行ってきたところです。

李　　　：えっ、僕たちもそこに行こうと思っているんだ。

水野　　：すぐそこですよ。あそこを右に曲がると見えますよ。

張　　　：あそこを右だね？　わかった。ありがとう。行ってみる。

李：あっ、あそこだね！

徐：素敵な建物だね。

張：徐さんはよく日本の小説を読むの？

徐：読むよ。私が一番好きな小説は山本有三の『真実一路』。

張：何だか難しそうな本だね。

徐：ううん、そんなことないですよ。文章も読みやすいし、ストーリーもわかりやすいから、読んでみて。

李：どんな内容なの？

徐：ちょっと秘密のある家族の絆を書いた物語ですよ。困難があっても強く生きていくことがテーマになっていて、読み終わったときには勇気や元気がもらえるんです。

張：困難があっても強く生きる……か、いいね。今度読んでみる。

読解文

読書は世界への「窓」

　人間と動物のコミュニケーションの仕方の大きな違いは何でしょうか。それは、「言葉」です。もちろん、動物たちもお互いにコミュニケーションはしていますが、人間ほど複雑な内容ではありません。人間は異なる言語や文化を持つ世界の人々とも「言葉」を使ってコミュニケーションすることができます。

　「言葉」は文字を使って残すことができます。昔から、人々は自分の考えや歴史や物語を文字で残してきました。それが本です。子供の頃から文学に親しんだ人なら、『ファーブル昆虫記』や『ガリバー旅行記』『西遊記』など、いろいろな国の本を読んだことがあるでしょう。小説や専門書の翻訳者は、異文化コミュニケーションの視点を持って、異なる言語や文化を持つ人々に「作品」のメッセージを伝えています。異なる国の作品を読むことは、その内容だけでなく、背景にある文化や環境を知ることになるのです。

　読書は、人間、社会、歴史への「窓」の役目をしているとも言えます。

理解度チェック

1 選びましょう。

1.徐さんは今_____で勉強しています。

　①中国の大学　　　　②中国の高校　　　　③日本の大学　　　　④日本語学校

2.張さんと徐さんは_____のクラスメートです。

　①中学校　　　　　　②高校　　　　　　　③大学　　　　　　　④日本語学校

3.張さんと徐さんは_____ぶりに会いました。

　①3年　　　　　　　②4年　　　　　　　③5年　　　　　　　④6年

4.徐さんは、_____前に日本に来ました。

　①3日　　　　　　　②1週間　　　　　　③1年　　　　　　　④3年

5.徐さんは昼ご飯に、_____を食べました。

　①カツカレー定食　　②ラーメン　　　　　③から揚げ定食　　　④煮魚定食

2 本文の内容に合っていたら〇を、違っていたら×を書きましょう。

1.（　　　）徐さんは1年間留学をします。

2.（　　　）とんかつ定食は350円です。

3.（　　　）張さんたちは昼ご飯の前に「国際文学ライブラリー」に行きました。

4.（　　　）李さんと徐さんは今日初めて会いました。

5.（　　　）徐さんは日本の小説をあまり読みません。

3 書きましょう。

1.徐さんは日本に来たばかりなので、まだ_____がわかりません。

2.李さんは昼ご飯を_____にしました。

3.徐さんが食べた煮魚は_____味がしました。

4.山本有三の『真実一路』は文章も_____し、ストーリーも_____と

　徐さんは考えています。

5.徐さんは自分の友達も「国際文学ライブラリー」に_____と張さんたちに

　言いました。

4 本文を読んで答えましょう。

1.人間と動物のコミュニケーションの仕方の大きな違いは何ですか。

2.人間は異なる言語や文化を持つ世界の人とどのようにコミュニケーションしますか。

3.昔から、人々は自分の考えや歴史や物語をどうやって残してきましたか。

4.異なる国の作品を読むことは、何を知ることになりますか。

5.読書はどんな役目をしていると言えますか。

📖 文法と表現

1　Nがする 〈感覚〉

> 例　**煮魚定食は味噌としょうがの味がした。**
> 　　　　　　　　　　　　　N

- このガムはコーラの味がする。
- 外で大きい音がしたよ。事故かな。
- どこかで動物の鳴き声がします。
- キッチンからいい匂いがしてきました。
- 大学に合格できた。うれしくて、夢を見ているような感じがする。

該句型表示五感。「がする」前面接「味、音、声、におい、感じ」等名词。可译为"有……味道、声音、气味、感觉"。

2　Nにする 〈意志決定〉

> 例　**晩ご飯はカレーにする。**
> 　　　　　　　　N

- 旅行の出発日は2月10日にしよう。
- A：彼女へのプレゼントは何にした？
  B：マフラーにしたよ。
- A：旅行はいつ行くことにした？　　　■ A：何、食べる？
  B：来週にした。　　　　　　　　　　B：ハンバーガーにする。

該句型表示决定。「にする」前面所接名词表示决定的结果。可译为"定为、定在……"。

3　普通形 (NAだ / Nだ) ＋ みたいな / みたいに / みたいだ

① 比喩

> 例　**私の母は明るくて、太陽みたいな人です。**
> 　　　　　　　　　　　　Nだ

- この町は夜でも昼間みたいに明るいです。
- まるで泥棒が入ったみたいに汚い部屋ですね。
- 後輩：どうして野菜を食べないんですか。
  先輩：嫌いなんだ。特にピーマンが嫌い。
  後輩：子供みたいですね。

「みたいだ」前面接句子的简体形式（ナ形容词句和名词句去掉「だ」），可以表示以下三种语义：
　　①表示比喻，可译为"好像……一样"。

まるで泥棒が入ったみたいに汚い部屋ですね。

② 例示

例 **東京や大阪みたいな大都会に住んでみたい。**
　　　　　　Nだ

- 彼女みたいにかわいくなりたいなあ。
- あの人みたいに日本語を上手に話せるようになりたい。
- Ａ：欲しいかばん、どこにも売ってないなあ。
  　Ｂ：デパートみたいな大きな店ならあると思うよ。

③ 推量

例 **頭が痛いし、体も熱いし、風邪みたいです。**
　　　　　　　　　　　　　　Nだ

- あの店は人がたくさん並んでいるし、人気があるみたいです。
- 剛士さんは最近、忙しいみたいだ。
- 彼は絵が得意みたいで、頼むとすぐ描いてくれる。
- Ａ：田中さん、遅いね。
  　Ｂ：電車を間違えたみたい。遅れるって連絡がきた。

4	**A～ / NA ＋がる / がっている**　　〈感情・感覚・願望〉 **V～ます＋たがる / たがっている**　　〈願望〉

例 **弟はすぐ新しい本を欲しがります。**
　　　　　　　　　　　A～

- 剛士さんは階段で転んで、痛がっています。
- 猫は水を嫌がります。
- 学生Ａ：山口さんは？
  　学生Ｂ：今日はアルバイトです。来られなくて、残念がっていました。
- 息子は何でも知りたがる。
- 祖父は孫に会いたがっています。
- 彼は自分のことをあまり話したがりません。

5	**V～ます＋やすい / にくい**

①容易 / 困難（意志動詞）

例 **この靴は歩きやすいです。**
　　　　　Vます

　　外来語は覚えにくいです。
　　　　　Vます

この靴は歩きやすいです。

それは靴なのかな？

この靴は歩きにくいです。

- このお酒は甘くて飲みやすいです。
- この薬は苦くて飲みにくい。

2

②表示举例，可译为"像……那样（的）"。

③表示推测，可译为"好像……""貌似……"。

「みたいだ」与ナ形容词活用时的变形规则相同，通常只用在口语中，并且日常对话中经常省略「だ」，只用「みたい」的形式。

「がる」前面接イ形容词和ナ形容词的词干，构成他动词，表示第三人称的生理感觉、心理情感、愿望。

所接形容词为「痛い」这种表示生理感觉的形容词，「嫌だ」「残念だ」「うれしい」「悲しい」等表示心理情感的形容词以及「欲しい」这种表示愿望的形容词。

「V～ますたい」这个句型中的「たい」也可按照上述形容词的规则变成「V～ますたがる」的形式，用于表示他人的愿望。「たがる」前面所接的动词为他动词时，助词只能使用「を」；前面所接动词为自动词时，助词与未接「がる」时相同。

「やすい / にくい」前面接动词ます形去掉「ます」的形式，具有以下两种用法：

①接意志动词，表示做某事容易或困难。分别可译为"好、容易……""难、不容易……"。

■客　：この鉛筆、少し太いですね。

店員：はい、子供が持ちやすいように、太くなっています。

②傾向（無意志動詞）

例　**この機械は壊れやすいので、気をつけて運んでください。**
　　　　　V ます

　　プラスチックのコップは割れにくい。
　　　　　　　V ます

■運動しない人は風邪をひきやすいそうだ。

■雨の日は洗濯物が乾きにくいです。

■母：雨で道が滑りやすいから、気をつけてね。

子：うん、わかった。

②接非意志动词，表示事物的性质、倾向。可译为"容易……"或"不容易……"。

6　V ~~ます~~＋方　〈方法〉

例　**日本に来たばかりなので、電車やバスの乗り方がわかりません。**
　　　　　　　　　　　　　　　　　　　　　V ます

■日本語の漢字の読み方は難しい。

■レポートの書き方を教えていただけませんか。

■コピー機の使い方を教えてください。

■客　：すみません。チケットの買い方がわからないんですが……。

店員：こちらでチケットの種類を選んでください。それから日にちと時間を選びます。

「方(かた)」前面接动词ます形去掉「ます」的形式，构成名词，表示做某事的方法。

すみません。チケットの買い方がわからないんですが……。

買

方

方法ですね！

7　N（助詞）でも　〈例示〉

例　**お腹がすいたから、パンでも食べよう。**
　　　　　　　　　　　N

■彼が来るまで、テレビでも見て待っていよう。

■風邪でもひいたら大変ですから、早く服を着替えてください。

■コンサートのチケットをもらったから、妹とでも行ってこようと思う。

■A：ちょっとコーヒーでも飲みませんか。

B：いいですね。

■A：今日はどこに行きたい？

B：映画でも見に行こうよ。

助词「でも」前面接名词或名词加助词的形式，在口语中表示举例，同时暗示还有其他相同类型的选择。

接在「Nが／を」的后面时，变成「Nでも」的形式；接在「Nに／と／から」的后面时，变成「Nにでも／とでも／からでも」的形式。

新出語彙

説明文

- おすすめ⓪［名］推荐
- 学食⓪ がくしょく ［名］学校食堂
- クラスメート④［名］同班同学
- 交換留学⑤ こうかんりゅうがく ［名］交换留学
- 待ち合わせ⓪ ま あ ［名］等候、汇合
- ライブラリー①［名］图书馆、图书室

会話文 Ⓐ

- ガイダンス①［名］介绍、指导、说明会
- カツカレー③［名］猪排咖喱
- 気づく② き ［自動Ⅰ］注意到；发觉；察觉；
- グーグー①［副］（肚子饿得）咕咕（响）
- 定食⓪ ていしょく ［名］套餐
- ～ぶり［接尾］时隔‥‥‥
- 気がする き ［表現］觉得、好像、感觉

会話文 Ⓑ

- おーい②［感］喂
- 絆⓪ きずな ［名］（情感）羁绊、纽带；由亲情、友情维系的人际关系
- 後輩⓪ こうはい ［名］后辈、晚辈
- 困難① こんなん ［名・ナ形］困难
- 最高⓪ さいこう ［名・ナ形］（事物状态）最佳、最好；（高度、程度）最高
- しょうが⓪［名］生姜
- しょうゆ⓪［名］酱油
- ストーリー②［名］故事
- とんかつ⓪［名］炸猪排
- 何だか① なん ［副］总觉得；不知为何
- 煮魚②⓪ に ざかな ［名］烧鱼、炖鱼
- 秘密⓪ ひみつ ［名］秘密
- 勇気① ゆうき ［名］勇气
- 『真実一路』 しんじついちろ ［固］《真实一路》（书名）
- 山本有三⓪ やまもとゆうぞう ［固］山本有三（日本作家）

読解文

- お互い⓪ たが ［名］互相、相互
- 言語① げんご ［名］语言、言语
- 異なる③ こと ［自動Ⅰ］不同、不一样
- 仕方⓪ しかた ［名］方法、做法
- 親しむ③ した ［自動Ⅰ］亲近、亲密；接近；喜爱
- 視点⓪ してん ［名］视点、视角
- ～者［接尾］～者、～人 しゃ
- 背景⓪ はいけい ［名］背景
- メッセージ①［名］信息、留言
- 役目③ やくめ ［名］任务、职务、职责
- 『ガリバー旅行記』⑥ りょこうき ［固］《格列佛游记》（书名）
- 『西遊記』③ さいゆうき ［固］《西游记》（书名）
- 『ファーブル昆虫記』⑦ こんちゅうき ［固］《昆虫记》（书名）（作者：法布尔）

文法と表現

- 外来語⓪ がいらいご ［名］外来语
- コーラ①［名］可乐
- コピー機② き ［名］复印机
- 滑る② すべ ［自動Ⅰ］（手、脚）滑、跌滑；滑行、滑动；（考试）不合格、落榜
- 洗濯物⓪ せんたくもの ［名］洗涤物
- 大都会③ だいとかい ［名］大城市、大都会
- 鳴き声③⓪ な ごえ ［名］（动物、鸟虫的）鸣叫声
- 苦い② にが ［イ形］（味道、经历）苦、苦涩
- 晩⓪ ばん ［名］晚上、夜里
- 日にち⓪ ひ ［名］日期、天数
- 孫② まご ［名］孙子、孙女；外孙（女）

タスク＆アクティビティー

1 聴解【 🎧 ✍ 】

1）会話を聞いて、たかしさんが親子丼を作るときに使ったものに〇をつけましょう。

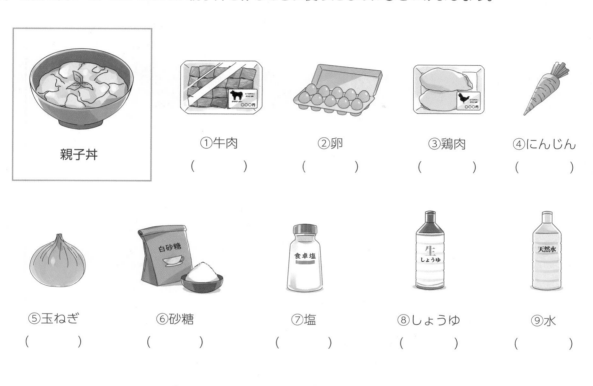

親子丼

① 牛肉　（　　　）　② 卵　（　　　）　③ 鶏肉　（　　　）　④ にんじん　（　　　）

⑤ 玉ねぎ　（　　　）　⑥ 砂糖　（　　　）　⑦ 塩　（　　　）　⑧ しょうゆ　（　　　）　⑨ 水　（　　　）

2）バンさんは、料理の順番をメモしました。順番どおりに並べましょう。

（　　　　）→（　　　　）→（　　　　）→（　　　　）→（　　　　）

ア　火を止めて蓋をして２分待つ

イ　ご飯の上に乗せる

ウ　鶏肉と、玉ねぎを切る

エ　卵を入れる

オ　鶏肉と玉ねぎを砂糖やしょうゆで煮る

3）次の文は、バンさんの日記です。（　　　　）の中から、会話に合っているものを選んで〇をつけましょう。＿＿＿＿＿　には、理由を書きましょう。

　　今日、たかしさんに親子丼の（　食べ方　作り方　かけ方　）を教えてもらった。鶏肉と玉ねぎを砂糖やしょうゆなどで煮て、最後に卵を入れる。日本の料理は砂糖としょうゆを使うものが多い（　味　匂い　気　）がする。私は（　辛い　甘い　熱い　）料理が好きだが、日本の料理を（　食べたかった　見たかった　覚えたかった　）ので教えてもらった。たかしさんが料理をしているところをスマホで撮って、友達のアンさんに送ってあげた。＿＿＿＿＿＿＿＿＿＿＿＿＿＿＿＿＿＿＿＿＿＿＿＿＿　からだ。親子丼は簡単にできて、とてもおいしかった。名前もおもしろかった。＿＿＿＿＿＿＿＿＿＿＿＿
＿＿＿＿＿＿＿＿＿＿＿＿＿＿から、親子丼と言うそうだ。

2 本の紹介【 ✍ 🗨 ⬆ 】

1）あなたの好きな本について表を完成させましょう。
「〜方（生き方、考え方、書き方、見方　など）」や「〜やすい/にくい（わかりやすい/にくい、読みやすい/にくい　など）」が使えたら使いましょう。

例　会話文 B（p.18）にある徐さんの好きな本について

本の名前	『真実一路』
書いた人	山本有三
出てくる人たち	守川家の人々
話の内容（簡単に）	ちょっと秘密のある家族の絆を書いた物語。
好きなところ	困難があっても強く生きていくことがテーマになっていて、読み終わったときには勇気や元気がもらえるところ。
紹介したい理由	文章も読みやすいし、ストーリーもわかりやすいから。

・あなたが好きな本について

本の名前	
書いた人	
出てくる人たち	
話の内容（簡単に）	
好きなところ	
紹介したい理由	

2）好きな本について、表をもとにして発表しましょう。

① 書 き 方 の 基 本

外语的学习过程中离不开"写"的部分。无论是中国国内的高考日语，还是进入日本大学所需参加的日本留学考试（EJU），都有写作部分的考察。日语写作通常需要书写到「原稿用紙」（稿纸）上，因此首先我们需要来学习「原稿用紙」的书写规范。

「原稿用紙」的基本书写规范（横写时）如下（可参考以下具体示例）：

❶每一段开头空一格。

❷汉字、平假名、片假名及片假名的长音符号均占一格。

❸拗音、促音等特殊假名也各占一格，写在格子的左下方。

❹句号和逗号各占一格，写在格内的左下方。引号占一格，一边写在右上方，另一边写在左下方。

❺10以内的阿拉伯数字占一格，10以上的阿拉伯数字一个格里写两个。

❻英文字母大写字母占一格，小写字母两个字母占一格。英文单词和单词之间空一格。

❼标点符号不能出现在一行的开头处，应该与前一行的最后一个字写在同一格内，或紧贴格子写在外侧。

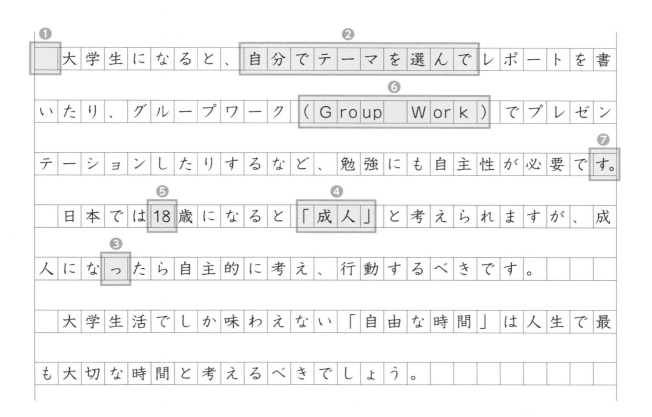

日语写作时的标点符号与中文略有不同，需要多加注意。

① 日语的句号 "。"（「句点 くてん」）与中文的书写方式相同，标在句末，用于表示一个句子的结束。

例：夏休みに軽井沢でサークルの合宿をしました。

② 日语中的逗号 "、"（「読点 とうてん」）书写与中文略有不同，写法类似于中文中的顿号。使用上通常有以下几项原则。

① 一个长句中间出现中顿时，通常要标逗号。

例：軽井沢は高原で、涼しいところです。

② 接续词后一般要标逗号。

例：そして、みんなで将来の話をしました。

③ 句中前后出现假定、转折、因果、结果等内容时，通常要在其中顿处标注逗号，便于体现句子前后的结构关系。

例：昼間は活動しますが、夜にゲームやおしゃべりなどをします。

会議で話し合った結果、新しいプロジェクトの担当者が決まった。

④ 单词或事项并列时中间要标逗号，该用法类似于中文的顿号。

例：コンビニでビールとジュース、パンを買った。

⑤ 为了强调某个单词、短语或短句时，后面可以标逗号。

例：インターネットは、多くの人にさまざまなところで使われている。

⑥ 在关系复杂、易出现歧义的句子中用于明确句子的内部结构关系。

例：トラックが故障して止まっている車に衝突した。（出了故障的是「トラック」还是「車」呢？）

　　→トラックが故障して、止まっている車に衝突した。

　　→トラックが、故障して止まっている車に衝突した。

③ 单引号用 "「 」"（「鍵括弧 かぎかっこ」）表示，通常用于引用或对部分语句的强调或定义、释义。

例：あそこに「ポイ捨て禁止」と書いてある。

④ 双引号用 "『 』"（「二重鍵括弧 にじゅうかぎかっこ」）表示，通常用于单引号 "「 」" 中的进一步引用，同时用于表示作品或书的名字。

例：田中さんは「『紅葉狩り』は山に出かけて紅葉をみることだ」と教えてくれた。

名作の『千と千尋の神隠し』には日本特有の文化を表すものがたくさんあります。

⑤ 括号用 "（ ）"（「括弧 かっこ」）表示，通常用于对单词或句子的解释或说明。

例：大晦日（12月31日）の夜は家族で過ごし、年越しそばを食べます。

⑥ 省略号用 "……"（「リーダー」）表示，通常用于在篇幅较长的文章引用中对部分内容的省略；也可以用于表示沉默或在句末留下某种未完的余韵。

例：行きたいと思いますが……

⑦ 间隔号用 "・"（「中黒 なかぐろ」）表示，通常用于词的并列列举或者外来语、外国人名之间的分隔。

例：論文は序論・本論・結論の３つの部分から構成される。

コンピューター・プログラミングの本をたくさん読んだ。

⑧ 问号 "?"（「疑問符 ぎもんふ、クエスチョン・マーク」）和感叹号 "!"（「感嘆符 かんたんふ、ビックリマーク」）与中文一样，分别表示疑问和感叹，但需要注意的是，文章书写中一般不使用这两个标点符号。

第3課

世界の教育環境

話しましょう！

1. あなたはアルバイトをしたことがありますか。どんなアルバイトですか。

2. あなたは何か国語が話せますか。

3. あなたの国では、どんな言葉が話されていますか。

4. 教育は重要だと思いますか。なぜですか。

5. 世界の教育の格差について知っていることを話してください。

⇒ 説明文

　張さんは、アルバイトをしているコンビニの店長からシンガポールの大学生アイシャさんを紹介されました。アイシャさんは、シンガポールの大学で日本語を勉強し、5か国語が話せます。アイシャさんはアニメが好きです。張さんは、アニメの好きな妹の詩瑶さんを紹介することにしました。

　その後、張さん、アイシャさん、詩瑶さんの3人はファミリーレストランで食事をしながら話しました。特にシンガポールの教育環境について話が盛り上がりました。

💬 **会話文Ⓐ**

店長　：張さん。

張　　：はい。

店長　：こちら、新しく入ったアイシャさん
　　　　です。
　　　　わからないことがあれば、張さんに
　　　　教えてもらうといいよ。

アイシャ：シンガポールからの留学生です。ど
　　　　うぞよろしくお願いします。

張　　：こちらこそ、よろしくお願いします。
　　　　アイシャさんは日本語が上手ですね。
　　　　日本語の勉強の仕方を教えてもらい
　　　　たいです。

アイシャ：私は日本に来たばかりですが、大学
　　　　で日本語の授業を取っていました。
　　　　ほかにもマレー語、中国語、英語、
　　　　スペイン語が話せます。

張　　：じゃ、外国人のお客さんの通訳とし
　　　　て助けてもらえますね。

店長　：張さん、うれしそうだね。では、よ
　　　　ろしく頼むよ。

● ● ● ● ●

張　　：では、まず商品陳列でもしましょうか。
　　　　陳列が終わったら、宅配便や公共料
　　　　金の受付方法、それからファックス
　　　　について教えますね。

アイシャ：覚えることがたくさんあるんですね。

張　　：頑張ってね。

アイシャ：はい！　日本のコンビニにはアニメ
　　　　のコラボグッズがありますよね。私
　　　　はアニメが大好きなんです。だから、
　　　　コンビニでバイトをしようと思った
　　　　んです。

張　　：僕の妹は大学１年生で日本に住んで
　　　　るんだけど、妹もアニメが好きなん
　　　　ですよ。

アイシャ：え、本当ですか。ぜひお友達になり
　　　　たいです。

張　　：詩瑶っていうんです。じゃあ、アイ
　　　　シャさんに妹を紹介しますね。

アイシャ：ぜひよろしくお願いします。
　　　　あ、コーヒーのいい匂いがしますね。

張　　：お客さんがコーヒーを入れていますね。

アイシャ：何だか私もコーヒー飲みたくなっ
　　　　ちゃいました！

張　　：まず仕事頑張りましょう。

💬 **会話文B**

張　　　：このカレーは辛いな。

アイシャ：カレーは国や民族によって味が違いますね。もちろん、店によっても違うと思います。

張　　　：そうだね。僕は辛いカレーが好きなんだけど、ここのカレーは辛すぎる。スパゲッティはどう？

詩瑶　　：スパゲッティはおいしいですよね。アイシャさん。

アイシャ：ええ、とてもおいしいです。

張　　　：ところで、アイシャさん5か国語が話せるって言ってたけど、シンガポールでは、どんな言葉が話されているの？

アイシャ：公用語は英語、マレー語、中国語、タミル語の4つ。中国語は主に北京語ですけど。

張　　　：じゃ、場面によって言語も違うの？ビジネスの場面ではどの言語なのかな。

アイシャ：主に英語ですけど、中国人の張さんに対してはみんな中国語で話してくれますよ。中国語ができる人が多いですから。

詩瑶　　：公用語が4つ！　ちょっと不思議。でもアイシャさん、どうしてシンガポールの人はいくつも言葉が話せるんですか。

アイシャ：マルチリンガル教育に力を入れているからですよ。小学校から英語で勉強するから、先生に対しては英語を使うんです。家では中国語だったり、マレー語だったりします。シンガポール人にとって、いくつかの言葉を使うのは普通のことなんです。4か国語が話せる人もたくさんいますよ。

詩瑶　　：4か国語が話せる人がたくさん?!すごいですね。うらやましい。

アイシャ：それに、言葉を勉強すると、言葉だけじゃなく、文化や考え方もわかるから、とてもおもしろいんです。

詩瑶　　：日本や中国には、公用語が1つしかなくて残念。

張　　　：中国の公用語は1つだけど、上海語、福建語、広東語のように、地域によって使われている言葉が違うよ。日本にも、大阪弁や京都弁とかあるよね。

詩瑶　　：うん。これから大阪弁でも覚えようかな。

アイシャ：頑張って！

3

読解文

世界の教育格差と３つの「できること」

　シンガポールや日本は教育を重視している国で、教育制度も整っています。しかし、そのような国ばかりではありません。世界には、学校に行けない子供がたくさんいる国もあります。

　なぜ、子供が学校に行けないのでしょうか。一番大きな原因は、貧困です。家庭が貧しいことによって、子供は家の手伝いや、小さな子の世話をしなくてはならないのです。子供が働いてお金を稼がないといけない家庭もあります。学校に通うためのお金もないのです。貧しい家庭の子供たちは、学校で学びたくても、学ぶことができません。その結果、将来の仕事が限られ、貧困から抜け出すのがさらに難しくなってしまいます。

　1989年に国連総会は、「子どもの権利条約」を決めました。その条約には、すべての子供が小学校に通えるようにならなければならないと書いてあります。教育を受ける権利は、子供の重要な人権です。教育を受けられないと、現代の社会では、健康で文化的な生活を送ることができません。貧しい家庭の子供は、また貧しい家庭をつくることになってしまいます。

　こうした世界の教育格差を少しでも縮めるために、私たちには何ができるでしょうか。一つは、世界の教育格差の現状とその原因を「知ること」です。本、映画、インターネットなどで、いろいろな情報を得ることができます。二つ目は、自分が知ったこと、考えたことを友達などに「伝えること」です。それによって、格差に気づく人の数が増えます。三つ目は、格差を縮めるために自分ができることを見つけて、それを少しでも「行うこと」です。あなたは、どんなことができるでしょうか。

理解度チェック

1 選びましょう。

1. アイシャさんは今、＿＿＿＿＿で勉強しています。

　①日本の大学　　　②シンガポールの大学　　③日本の高校　　　④シンガポールの高校

2. アイシャさんは＿＿＿＿＿が話せません。

　①中国語　　　　　②マレー語　　　　　③フランス語　　　　④スペイン語

3. アイシャさんは＿＿＿＿＿が好きです。

　①アルバイト　　　②コンビニ　　　　　③アニメ　　　　　　④カレー

4. アイシャさんはアルバイトで、まず＿＿＿＿＿の仕事をしました。

　①公共料金の受付　　②コーヒーの販売　　③お客さんの通訳　　④商品陳列

5. シンガポールでは、ビジネスの場面では主に＿＿＿＿＿を話します。

　①中国語　　　　　②英語　　　　　　　③マレー語　　　　　④タミル語

2 本文の内容に合っていたら〇を、違っていたら×を書きましょう。

1.（　　　）張さんは店長にアイシャさんを紹介しました。

2.（　　　）張さんは詩瑶さんにアイシャさんを紹介しました。

3.（　　　）日本には、大阪弁や京都弁などの公用語がいくつかあります。

4.（　　　）世界では、どの国も教育制度が整っています。

5.（　　　）「子どもの権利条約」には、すべての子供が小学校に通えるようにならなければ
　　　　　　ならないと書いてあります。

3 書きましょう。

1. カレーは＿＿＿＿＿＿によって味が違います。＿＿＿＿＿＿によっても違います。

2. シンガポールの公用語は＿＿＿＿＿＿、＿＿＿＿＿＿、＿＿＿＿＿＿、
　　＿＿＿＿＿＿の４つです。

3. シンガポールでは、先生に対しては＿＿＿＿＿＿語を使います。
　　家では＿＿＿＿＿＿語だったり、＿＿＿＿＿＿語だったりします。

4. 中国の公用語は１つですが、上海語、福建語、広東語のように、＿＿＿＿＿＿
　　＿＿＿＿＿＿が違います。

5. ＿＿＿＿＿＿権利は、子供の重要な人権です。

4 本文を読んで答えましょう。

1. アイシャさんはどうして日本のコンビニでアルバイトをしようと思ったのですか。

2. どうしてシンガポールの人はいくつも言葉が話せるのですか。

3. 世界には、学校に行けない子供がたくさんいる国もありますが、一番大きな原因は何ですか。

4. 現代の社会では、教育を受けられないと、どうなりますか。

5. 世界の教育格差を縮めるために、私たちには何ができますか。

📖 文法と表現

1 Nとして（は）〈立場・資格〉

> 例 彼が学校の代表<u>として</u>スピーチ大会に参加することになりました。
> 　　　　　　　　N

- 絵を描くことはこれからも趣味として続けようと思っている。
- 父親としての意見を聞かせてください。
- 彼は、選手としては高い評価を得ていたが、監督としては評価が得られていない。
- 私としては、その意見には賛成できません。
- 学校としては、学生だけで旅行することは許可できません。

名詞接「として（は）」表示立場、資格。可译为"作为……"。

2 Nによって

① 状況に応じて

> 例 カレーは国や民族<u>によって</u>味が違う。
> 　　　　　　　N

カレーは国や民族によって味が違う。

- 人によって考え方はいろいろあります。
- 荷物を送る地域により、料金が違う。
- 時と場合により、使う言葉を考えなければならない。
- 大学で時代による言葉の意味の違いを研究している。

「によって」（可活用为「により」或「による＋N」的形式）主要有以下三种用法：

①表示根据某种前述情况，后续情况有所不同、差异、变化等。
可译为"根据……（的不同）、……（不同、有差异）"

② 原因・理由

> 例 事故<u>によって</u>、電車は2時間も遅れた。
> 　　　　N

事故によって、電車は2時間も遅れた。

これが原因か！

- この地震による津波の心配はありません。
- 留学を経験したことにより、視野が広がった。
- 犬を飼い始めたことによって、家族の会話が増えました。

②表示原因、理由。
可译为"由于、因为……"

③手段・方法

> 例 アンケート調査<u>によって</u>、学生たちの考え方を知る。
> 　　　　　　　　N

- インターネットによって、世界中の情報をすぐに見られるようになった。
- 未成年がお酒を飲むことは、法律により禁止されている。
- 最近はネット販売による売り上げが増えてきている。

③表示手段、方法。
可译为"通过、利用、依据……"

3 Nに対して〈対象〉

> 例 最近の若者は政治<u>に対して</u>あまり関心がない。
> 　　　　　　　　　　N

名詞接「に対して/対する」表示动作、情感、态度的对象。修饰动词、形容词时用「Nに対して」

■ 彼の意見に対して、反対する人は誰もいなかった。

■ 社会人になったら、仕事に対して責任感を持つべきだ。

■ トミーさんは誰に対しても親切です。

■ 彼女のピアノの演奏に対する評価は非常に高かった。

4 Nに対して 〈立場〉

> 例　私にとって犬は家族です。
> 　　　N

■ 私にとって、家族の幸せが一番大事なことです。

■ 日本人にとって、この料理は少し辛いかもしれません。

■ 留学生にとっては、日本の物価は高いと思います。

■ 誰にとっても、健康が一番大切だ。

5 Vます / A~~い~~ / NA ＋すぎる

> 例　おいしかったので、食べすぎてしまった。
> 　　　Vます
>
> この服は私には小さすぎる。
> 　　　A~~い~~

■ 植物が大きくなりすぎてしまった
ので、少し切ることにした。

おいしかったので、食べすぎてしまった。

食べる

食べすぎる

■ デパートに靴を見に行ったが、高
すぎて買えなかった。

■ 楽しすぎて、時間を忘れて遊んでしまった。

■ 高校生にとって、この問題は簡単すぎます。

■ 日本人：東京の地下鉄はどうですか。

　外国人：いろいろなところに駅があって、使いやすいです。でも、複雑
　　　　　すぎて、乗り換えが難しいです。

6 V普 / Nの＋ような / ように 〈例示〉

> 例　彼女が着ているような洋服が欲しいです。
> 　　　V普
>
> 彼のように日本語が上手に話せるようになりたい。
> 　　　Nの

■ 今、彼が演奏しているような曲が好きです。

■ 人の物を盗むような悪いことは絶対してはいけない。

■ 私は東京のようなにぎやかな町が好きです。

■ 彼女のようにみんなとすぐ仲良くなれるといいな。

■ A：デザートは何にする？

　B：暑いから、アイスクリームのような冷たいものがいいな。

的形式，修饰名词时用「Nに对する」的形式。可译为"对……（的）"。

名词接「にとって」表示判断、评价、观点的立场。可译为"对……来说"。

「すぎる」前面接动词ます形去掉「ます」的形式，イ形容词和ナ形容词的词干，表示超过正常限度。前面接动词时可译为"……多了""……过头了"，前面接形容词时可译为"太、过于……了"。

「ような / ように」前面接动词句的简体形式或名词加「の」的形式，表示举例。后面修饰名词时用「ような」的形式，修饰动词、形容词时用「ように」的形式。可译为"（像）……那样（的）"。

新出語彙

説明文

● 教育⓪[名・他動Ⅲ]教育
きょういく

●ファミリーレストラン⑤[名]家庭餐厅

会話文Ⓐ

●グッズ①[名]商品、货物

●公共料金⑤[名](在日本)水电煤气等费用的总称;生活缴费
こうきょうりょうきん

●コラボ①/コラボレーション④[名]共同合作、联合打造

●宅配便⓪[名]快递
たくはいびん

●陳列⓪[名・他動Ⅲ]陈列、摆列
ちんれつ

●通訳①[名・他動Ⅲ](口头)翻译;口译
つうやく

●ファックス①[名]传真

●マレー語⓪[名]马来语
ご

会話文Ⓑ

●うらやましい⑤[イ形]羡慕

●大阪弁⓪[名]大阪方言
おおさかべん

●主に①[副]主要、以~为主
おも

●~か国[接尾]~个国家
こく

●広東語⓪[名]广东话、粤语
カントンご

●京都弁⓪[名]京都方言
きょうとべん

●公用語⓪[名]公用语、通用语
こうようご

●タミル語⓪[名]泰米尔语
ご

●場面①⓪[名]场面、场景
ばめん

●ビジネス①[名]商务、商业、商贸

●不思議⓪[ナ形]不可思议、奇怪
ふしぎ

●福建語⓪[名]闽南话、福建方言
ふっけんご

●マルチリンガル④[名]说(或用)多种语言的

●力を入れる[表現]倾力;注力;投入
ちから い

読解文

●得る①[他動Ⅱ]获得、得到、收获
え

●限る②[自他動Ⅰ]限制、限定、局限
かぎ

●格差①[名](价格、等级、资格、经济、文化、
かくさ 　　　　　阶层等的)差距、差别

●稼ぐ②[自・他動Ⅰ]挣(钱)、赚取;获取
かせ

●原因⓪[名]原因
げんいん

●現状⓪[名]现状
げんじょう

●現代①[名]现代、当代
げんだい

●権利①[名]权利
けんり

●国連総会⑤[名]联合国大会
こくれんそうかい

●さらに①[副]更加、而且

●条約⓪[名]条约
じょうやく

●人権⓪[名]人权
じんけん

●制度①[名]制度
せいど

●世話②[名・他動Ⅲ]照顾、关照、帮助
せわ

●縮める⓪[他動Ⅱ]缩小、缩短、减少(差距)
ちぢ

●整う③[自動Ⅰ](条件、环境等)完备;(材料
ととの　　　　　　等)齐全;(商谈等)谈妥

●抜け出す③[自動Ⅰ]脱离、摆脱、逃出
ぬ だ

●貧困⓪[名・ナ形]贫困、贫穷、贫乏
ひんこん

●子どもの権利条約[固]儿童权利公约
こ けんりじょうやく

文法と表現

●売り上げ⓪[名]销售额
う あ

●会話⓪[名・自動Ⅲ]会话、对话
かいわ

●飼う①[他動Ⅰ]饲养
か

●監督⓪[名・他動Ⅲ]监督、管理;(影视)导演;(体育类)总教练
かんとく

●視野①[名]视野
しや

●社会人②[名](相对学生而言)步入社会的人、参加工作的人;
しゃかいじん　　　　　　　　　　　　　　　社会成员

●植物②[名]植物
しょくぶつ

●責任感③[名]责任感
せきにんかん

●代表⓪[名・他動Ⅲ]代表
だいひょう

●地下鉄⓪[名]地铁
ちかてつ

●父親⓪[名]父亲
ちちおや

●販売⓪[名・他動Ⅲ]销售、贩卖
はんばい

●広がる⓪[自動Ⅰ]扩散、扩大;展开
ひろ

●物価⓪[名]物价
ぶっか

●洋服⓪[名](口语里)衣服;(相对于传统和服的)西式服装
ようふく

3

✍ タスク＆アクティビティー

新出語彙

- **インタビュー**①［名・自動Ⅲ］采访、访谈；会见
- **ショック**①［名］（精神）打击、冲击
- **数字**⓪［名］数字
　すうじ
- **本日**①［名］今日、本日
　ほんじつ
- **夕飯**⓪［名］晚饭、晚餐
　ゆうはん
- **予習**⓪［名・他動Ⅲ］预习
　よしゅう
- **〜力**［接尾］〜力
　りょく
- **労働**⓪［名・自動Ⅲ］劳动
　ろうどう
- **カンボジア**⓪［固］柬埔寨

---

1 聴解【🎧 ✍】

1）インタビューを聞いて、＿＿＿＿＿＿＿ に言葉を入れましょう。

- 中村さんは、カンボジアで子供に ＿＿＿＿＿＿＿＿＿＿＿＿＿＿＿＿ ボランティアをしている。

- ボランティアを始めた理由

　1. 世界の子供の ＿＿＿＿＿＿＿＿＿＿＿＿＿＿＿＿＿ を知った。

　2. お兄さんが ＿＿＿＿＿＿＿＿＿＿＿＿＿＿＿＿ としてカンボジアに行った。

2）もう1度聞いて ＿＿＿＿＿＿＿ に、【にとって・によって・に対して・として】の中の一つを入れましょう。同じものは2度使えません。

- カンボジアでは、子供は親 ＿＿＿＿＿＿＿＿＿＿＿＿＿ 労働力である。

- 親 ＿＿＿＿＿＿＿＿＿＿＿＿＿ は、子供に家の手伝いや小さい子供の世話をさせたい。

- 山田さんのお兄さんはきれいな水が飲めるように、その地域の人たち ＿＿＿＿＿＿＿＿＿＿ 技術を教えるボランティアをしていた。

- 世界中のボランティアの力 ＿＿＿＿＿＿＿＿＿＿＿＿＿ 子供が教育を受けられる。

② 読解・インタビュー【 ◈ ✍ 🗨 】

1）下の文を読んで、例のように「～すぎる／すぎた」を使って ＿＿＿＿＿ に書きましょう。

《日曜日の日記》

午後11時半。週末ももうすぐ終わる。今日は、起きたのが12時だったので、15時間も寝てしまった。それから、ゲームを4時間もした。動画もたくさん見て目が疲れた。少し外に出ようとスーパーに行ったが、お菓子をたくさん買ってしまった。それに先週はお金をたくさん使ってしまったから、気をつけなきゃと思っていたのに、またたくさん使ってしまった。スペイン語の予習をしようとしたけれど、とても難しくてわからなかったから、友達に電話した。長い時間話してしまった。外を見ると、もう暗かった。日曜は料理をしようと思って、夕飯をたくさん作ってしまった。全部食べてしまったから、太りそうだ。それに肉やご飯、デザートがとても多かった。体にいい野菜は少なかった。明日からは、絶対にこんなことがないようにしよう！

> 例　12時に起きたので、<u>寝すぎた</u>。

・ゲームを ＿＿＿＿＿＿＿＿＿＿＿＿＿＿ 。　・動画を ＿＿＿＿＿＿＿＿＿＿＿＿＿＿ 。

・お菓子を ＿＿＿＿＿＿＿＿＿＿＿＿＿ 。　・お金を ＿＿＿＿＿＿＿＿＿＿＿＿＿＿ 。

・スペイン語は ＿＿＿＿＿＿＿＿＿＿＿ 。　・友達と ＿＿＿＿＿＿＿＿＿＿＿＿＿＿ 。

・夕飯を ＿＿＿＿＿＿＿＿＿＿＿＿＿＿ 。　・＿＿＿＿＿＿＿＿＿＿＿ から、太りそうだ。

・肉・ご飯・デザートが ＿＿＿＿＿＿＿ 。　・野菜は ＿＿＿＿＿＿＿＿＿＿＿＿＿＿ 。

2）AとBでペアになって、◻️◻️◻️ の動詞を使って、会話を練習しましょう。

> ~~働く~~、　勉強する、　飲む、　運動する、　テレビを見る、　ゲームをする、
> 笑う、　歌う、　料理を作る、　遊ぶ、　食べる、　寝る、　歩く

> 例　A：どうしたんですか。
> B：<u>　働きすぎて　</u>、<u>　疲れた　</u>んです。
> A：そうですか。では<u>　今日はたくさん寝た　</u>ほうがいいですよ。
> B：そうですね。そうします。

第 **4** 課

インターン面接

話しましょう！

1. あなたは面接を受けたことがありますか。どんな面接でしたか。
2. 面接のとき、どんな質問をされると思いますか。
3. あなたはどんなところでインターンとして働きたいと思っていますか。それはなぜですか。
4. あなたは将来どんな仕事をしたいですか。なぜですか。
5. あなたの将来の夢は何ですか。それはなぜですか。

⇒ 説明文

　張さんはメキシコ料理の店でトミーさんに会いました。法律事務所でアルバイトをしているトミーさんに話を聞くためです。一緒に来ていたオリバーさんがインターンシップに参加していると知り、詳しい話を聞きました。

　その後、張さんはインターンシップの面接を受けました。面接担当の林さんに志望理由やコンビニでのアルバイトのことなど、さまざまな質問をされましたが、無事に面接は終わりました。その日の夜、面接試験に合格したという電話をもらい、インターンとして働くことになりました。

💬 **会話文Ⓐ**

トミー　：やあ、張さん！　今日張さんと会うって言ったら、オリバーも来ちゃったんだけど……。

オリバー：張さん、いいかな？

張　　　：もちろんだよ。

トミー　：OK！　じゃ、行こうか。メキシコ料理の店までここから歩いて5分ぐらいだよ。

● ● ● ● ●

トミー　：張さん、相談があるって電話で言ってたけど、何？

張　　　：うん。トミーさんは最近法律事務所でアルバイトを始めたんだよね？

トミー　：そうだよ。将来、国際弁護士になりたいと考えているから、その勉強になると思ってしているんだ。

張　　　：実は、僕も将来のためにアルバイトかインターンシップをしたいと考えていて、トミーさんに話を聞きたかったんだ。

トミー　：インターンシップのことなら、オリバーのほうが詳しいよ。

張　　　：えっ！　オリバーさん、インターンシップに参加してるの？

オリバー：うん。バリューワンという金融会社でインターンとして働いているよ。

張　　　：2年生からインターンを始めるというのは早いよね。

オリバー：うん。でも、早くからインターンシップに参加すれば、いろいろ経験できて、将来の目標もはっきりすると考えたんだ。

張　　　：どうしてその会社にしたの？

オリバー：国際的な会社だから、大学の勉強が役に立つと思ったからだよ。

張　　　：つまり、オリバーさんが専攻している国際関係学が役に立つということだね。

オリバー：うん。実際、会社にはいろいろな国の人がいて、国際感覚が自然に身につくだろうし、考えたりまとめたり説明したりすることも多いから、論理的に考える力も高くなると考えたんだ。

トミー　：その会社、ジャーナリストを目指している張さんにとっても、いいんじゃない？　自分の国や日本だけではなく、さまざまな国の人と働くことによって、幅広い考え方を持つことができそうだね。

張　　　：うん、そうだね。インターンとしてどんな仕事をするの？

オリバー：最初はデータ入力とかの簡単な仕事だよ。意欲や能力によって、だんだん難しい仕事もできるようになるよ。僕はまだデータ入力だけどね。ちょうど今、インターンを募集していると思うから、チャレンジしてみたら？

張　　　：じゃあ、頑張ってみる！

やあ、張さん！今日張さんと会うって言ったら、オリバーも来ちゃったんだけど……。

張さん、いいかな？

もちろんだよ。

OK！

じゃ、行こうか。メキシコ料理の店までここから歩いて5分ぐらいだよ。

張さん、相談があるって電話で言ってたけど、何？

うん。トミーさんは最近法律事務所でアルバイトを始めたんだよね？

そうだよ。将来、国際弁護士になりたいと考えているから、その勉強になると思ってしているんだ。

実は、僕も将来のためにアルバイトかインターンシップをしたいと考えていて、トミーさんに話を聞きたかったんだ。

インターンシップのことなら、オリバーのほうが詳しいよ。

えっ！オリバーさん、インターンシップに参加してるの？

2年生からインターンを始めるというのは早いよね。

経験値

うん。バリューワンという金融会社でインターンとして働いているよ。

うん。でも、早くからインターンシップに参加すれば、いろいろ経験できて、将来の目標もはっきりすると考えたんだ。

どうしてその会社にしたの？

国際的な会社だから、大学の勉強が役に立つと思ったからだよ。

つまり、オリバーさんが専攻している国際関係学が役に立つということだね。

うん。実際、会社にはいろいろな国の人がいて、国際感覚が自然に身につくだろうし、考えたりまとめたり説明したりすることも多いから、論理的に考える力も高くなると考えたんだ。

その会社、ジャーナリストを目指している張さんにとっても、いいんじゃない？

自分の国や日本だけではなく、さまざまな国の人と働くことによって、幅広い考え方を持つことができそうだね。

うん、そうだね。インターンとしてどんな仕事をするの？

最初はデータ入力とかの簡単な仕事だよ。意欲や能力によって、だんだん難しい仕事もできるようになるよ。

僕はまだデータ入力だけどね。

ちょうど今、インターンを募集していると思うから、チャレンジしてみたら？

メキシコ料理

じゃあ、頑張ってみる！

会話文 B

張：張辰宇と申します。どうぞよろしくお願いします。

林：どうぞ座ってください。

張：はい、失礼します。

林：それでは、どうして弊社でのインターンシップを志望されているんですか。

張：はい。まず、大学では政治経済学部で勉強しておりますが、経済学や政治学が社会ではどのように活かされているのか見てみたいと思い、多くの業界と接点を持つ金融の会社でインターンシップに参加したいと考えました。また、御社が国際的企業ということに関心を持ちました。いろいろな国の人と出会えて、多様な文化や考え方を知ることができ、視野を広げられると思いました。それに、日本語だけではなく英語も使うので、語学力も向上すると考えたからです。

林：張さんは将来何をしたいですか。何か夢をお持ちですか。

張：私は国際ジャーナリストを目指しております。そのためには、国際社会に対する理解を深める必要があると思っております。

林：履歴書を拝見すると、コンビニでアルバイトをなさっているようですが、そこで一番頑張っていることは何ですか。

張：そうですね。一番心がけているのはよく見てよく考えるということです。店長はいつも、社会の動きや天気や、お客様の買い物を見ながら、商品の仕入れをしたり並べたりしています。私もアルバイトをしながら、自分が店長だったらどうす

るかと考えています。

林：そうですか。わかりました。張さんから何か質問がありますか。なければ、これで面接は終わりです。

張：どうもありがとうございました。

林：結果は後ほど電話でご連絡いたします。

張：わかりました。ご連絡をお待ちしています。どうぞよろしくお願いいたします。

● ● ● ● ●

張：はい、張です。

林：バリューワンの林です。先日の面接の結果、張さんをインターンとして採用することになりました。

張：ありがとうございます。

林：それで、インターンについて詳しく説明したいと思いますので、金曜日の午後1時にもう1度会社に来られますか。

張：はい、金曜日に伺います。どうぞよろしくお願いいたします。

張辰宇と申します。
どうぞよろしくお願いします。

どうぞ座ってください。

はい、失礼します。

それでは、どうして弊社での
インターンシップを
志望されているんですか。

はい。
まず、大学では
政治経済学部で
勉強しておりますが、
経済学や政治学が
社会ではどのように
活かされているのか
見てみたいと思い、
多くの業界と接点を持つ
金融の会社でインターンシップに
参加したいと考えました。

また、御社が国際的企業
ということに関心を持ちました。
いろいろな国の人と出会えて、
多様な文化や考え方を
知ることができ、視野を
広げられると思いました。
それに、日本語だけではなく
英語も使うので、語学力も
向上すると考えたからです。

張さんは将来
何をしたいですか。
何か夢をお持ちですか。

私は国際ジャーナリストを
目指しております。
そのためには、国際社会に
対する理解を深める必要が
あると思っております。

履歴書を拝見すると、
コンビニでアルバイトを
なさっているようですが、
そこで一番
頑張っていることは何ですか。

そうですね。
一番心がけているのは
よく見てよく考える
ということです。

店長はいつも、
社会の動きや天気や、
お客様の買い物を見ながら、
商品の仕入れをしたり
並べたりしています。私もアルバイトをしながら、
自分が店長だったら
どうするかと考えています。

そうですか、わかりました。
張さんから何か質問が
ありますか。なければ、
これで面接は終わりです。

どうもありがとう
ございました。

結果は後ほど
電話でご連絡いたします。

わかりました。ご連絡を
お待ちしています。
どうぞよろしく
お願いいたします。

はい、張です。

バリューワンの林です。
先日の面接の結果、張さんを
インターンとして
採用することになりました。

ありがとうございます。

それで、インターンについて
詳しく説明したいと
思いますので、金曜日の午後1時に
もう1度会社に来られますか。

はい、金曜日に伺います。
どうぞよろしく
お願いいたします。

≡ 読解文

──────── 企業からのインターン参加通知メール ────────

（件名）インターン選考結果のご連絡

張　辰宇様

バリューワンの木村と申します。先日は、弊社のインターンの面接にお越しいただき、ありがとうございました。選考の結果、張辰宇様をインターンとして採用することになりましたので、ご連絡いたします。

ご提出いただく書類を本日お送りしますので、期限までにご返送ください。何かご不明なことがありましたら、人事部　木村（03-1234-****）までお問い合わせください。

どうぞよろしくお願いいたします。

バリューワン人事部　木村和雄

住所：〒1**-1234　東京都◯◯区◯◯町1-2-3

TEL：03-1234-****／FAX：03-1234-****

URL：http://****〜

──────── 学生からの返信（お礼）────────

（件名）インターンシップ採用のお礼（張　辰宇）

バリューワン株式会社

人事部

木村和雄様

メールをいただき、ありがとうございます。

この度は、貴社のインターンシップへの参加を受け入れていただき、ありがとうございます。

これから一生懸命に頑張ります。そして、少しでも多くのことを学びたいと思います。

どうぞよろしくお願いいたします。

張　辰宇（チョウ　シンウ）

TEL：03-****-****

Mail：****@*****.***

理解度チェック

1 選びましょう。

1. _____は最近、法律事務所でアルバイトを始めました。

　　①張さん　　　　　②オリバーさん　　　③トミーさん　　　④李さん

2.オリバーさんはバリューワンという_____でインターンとして働いています。

　　①金融会社　　　　②法律事務所　　　　③コンビニ　　　　④スーパー

3.オリバーさんがインターンシップに参加している会社では_____を募集しています。

　　①アルバイト　　　②ジャーナリスト　　③チャレンジ　　　④インターン

4.張さんは、_____の面接を受けました。

　　①法律事務所　　　②金融会社　　　　　③コンビニ　　　　④国際弁護士

5.面接の担当は、_____という人でした。

　　①林さん　　　　　②木村さん　　　　　③オリバーさん　　④トミーさん

2 本文の内容に合っていたら○を、違っていたら×を書きましょう。

1.（　　　）オリバーさんの専攻は国際関係学です。

2.（　　　）トミーさんは2年生のときからインターンを始めました。

3.（　　　）オリバーさんの仕事はデータ入力のほかに、難しい仕事もあります。

4.（　　　）面接のとき、張さんは志望理由やアルバイトのことなど、さまざまな質問をされました。

5.（　　　）張さんは人事部の木村さんから面接試験に合格したという電話をもらいました。

3 書きましょう。

1.トミーさんは将来_____になりたいと思っているので、

　　_____でアルバイトを始めました。

2.張さんは面接で林さんに「将来_____ですか。

　　何か夢を_____。」と聞かれました。

3.張さんは「国際ジャーナリストを_____。

　　そのためには_____と思っております。」と答えました。

4.張さんがアルバイトをするとき、一番_____のは、

　　_____ということです。

5.面接の人は張さんに「結果は後ほど_____。」と言いました。

　　張さんは「わかりました。ご連絡を_____。どうぞよろしく

　　_____。」と返事しました。

4 本文を読んで答えましょう。

1.オリバーさんは自分のインターンとしての仕事についてどう思っていますか。

2.オリバーさんはどうして2年生のときからインターンを始めたのですか。

3.木村さんは参加通知メールで張さんに何をするように言いましたか。

4.トミーさんは、張さんが金融会社のインターンシップに参加することについて、どう考えていますか。

5.張さんがバリューワンでのインターンシップを志望した理由は3つあります。それは何ですか。

4

📖 文法と表現

1 　尊敬語

① 特別な形

辞書形	尊敬語	
	普通形	丁寧形
行く・いる	いらっしゃる おいでになる	いらっしゃいます おいでになります
来る	いらっしゃる おいでになる お越しになる	いらっしゃいます おいでになります お越しになります
言う	おっしゃる	おっしゃいます
見る	ご覧になる	ご覧になります
する	なさる	なさいます
知っている	ご存じだ	ご存じです
食べる・飲む	召し上がる	召し上がります
くれる	くださる	くださいます

例 島田先生は日本現代史の講義をなさいます。
　　いつ日本へいらっしゃいましたか。

■ 会議の後、社長は６時まで社長室にいらっしゃいます。
■ 先生はレポートの締め切りを延期しないとおっしゃった。
■ 南先生の電話番号をご存じですか。
■ 部長は、食事のとき、お酒を召し上がりますか。

② 「れる・られる」形で敬語表現

例 先生はさっき出かけられました。
　　社長はいつ北京へ出張されますか。

■ もうお花見に行かれましたか。
■ 部長は会議の後、７時に帰られた。

③ お＋ＶⅠ・ＶⅡます＋です
　　ご＋ＶⅢする＋です

例 ご注文はお決まりですか。
　　　　　　ＶⅠます

　　（A、B同一会社の社員）
　　A：社長はいらっしゃいますか。
　　B：社長は用事があってご欠席です。
　　　　　　　　　　　　　ＶⅢする

尊敬语（尊敬語）是对动作或状态的主体表示敬意的语言表达方式，用于需要表示敬意的动作、状态的主体，例如身份、地位比自己高的人。尊敬语一般不用于与说话人关系亲密的人或者说话人一方的人。

本课出现以下四种形式的尊敬语：

①特殊形式

仅有少数动词有特殊形式的尊敬语。特殊形式中的动词均为一类动词，除一部分变形较为特殊外，其余均按照一类动词的变形规则进行活用。「いらっしゃる、おっしゃる、なさる、くださる」为特殊一类动词，ます形不是将词尾的「る」变成「り」，而是变成「い」。「おいでになる、お越しになる、ご覧になる」与「なる」的变形规则相同。

②用「れる・られる」形表示的尊敬语

注意：「できる」「わかる」以及动词的可能形没有这种形式的尊敬语。此类敬语形式的恭敬程度没有①③高。

③「お」接一类、二类动词的ます形去掉「ます」的形式、「ご」接三类动词「～する」去掉「する」的形式接「です」，是「Ⅴています」「Ⅴます」的尊敬语形式。

左侧例句中的「お決まりです」「ご欠席です」「お待ちです」「お探しです」「お忘れです」分别为

■ 山田さん、お客様があちらでお待ちですよ。

■ 何かお探しですか。

■ お客様、携帯をお忘れですよ。

■ A：林さんはいつ出張からお戻りですか。

　　B：水曜日に戻ります。

④ お＋ⅤⅠ・ⅤⅡ**ます**＋ください

　　ご＋ⅤⅢ**する**＋ください

例　こちらの椅子に**お掛けください**。
　　　　　　　　　ⅤⅠ**ます**

　　ぜひ**ご利用ください**。
　　　　　ⅤⅢ**する**

■ そちらのペンをお使いください。

■ チラシはご自由にお持ちください。

■ 滑りやすいので、ご注意ください。

2　謙譲語

① 特別な形

辞書形	謙譲語	
	普通形	丁寧形
行く	伺う 参る	伺います 参ります
来る	参る	参ります
言う	申す	申します
する	いたす	いたします
いる	おる	おります
聞く	伺う	伺います
見る	拝見する	拝見します
食べる・飲む・もらう	いただく	いただきます
知る	存じる	存じます
知っている	存じておる（いる）	存じております
思う	存じる	存じます
会う	お目にかかる	お目にかかります
あげる	差し上げる	差し上げます

例　先生の研究室へ伺います。

　　明日14時に参ります。

■ はじめまして、張と申します。

■ 先生から留学について、お話を伺った。

「決まっています」「欠席していま
す」「待っています」「探していま
す」「忘れています」的尊敬语形式,
「お戻りです」为「戻ります」的
尊敬语形式。

④「お」接一类、二类动词的
ます形去掉「ます」的形式,「ご」
接三类动词「～する」去掉「する」
的形式接「ください」, 是「～て
ください」的尊敬语形式。

自谦语（謙譲語）是通过动作
主体自谦的方式, 对动作的接受者
或者听话人表示敬意的表达方式。

自谦语具有以下几种形式和用
法：

①特殊形式

仅有少数动词具有特殊形式的
自谦语。

■ 私がその資料をコピーいたします。

■ その時間でしたら、だいたい会社におります。

■ 島田先生のお写真を拝見した。

■ 来週インターンシップのご担当者にお目にかかります。

② お＋VⅠ・VⅡ ~~ます~~ ＋する／いたす
　　ご＋VⅢ ~~する~~ ＋する／いたす

> 例　雨ですから、車で　駅まで　**お送りします**よ。
> 　　　　　　　　　　　VⅠ ~~ます~~
>
> **今日の予定をご説明いたします。**
> 　　　　　　　　VⅢ ~~する~~

4

■ お手伝いしましょうか。

■ そちらの荷物をお運びいたします。

③ お＋VⅠ・VⅡ ~~ます~~ ＋いただく
　　ご＋VⅢ ~~する~~ ＋いただく

> 例　申し訳ございませんが、車はあちらに**お止めいただいても**よろしい
> でしょうか。　　　　　　　　　　　　　VⅡ ~~ます~~
>
> **ご連絡いただきまして、**ありがとうございます。
> 　　VⅢ ~~する~~

■ 部長に傘をお貸しいただいた。

■ すみません、これをＡ社へお届けいただけますか。

3　～というN　〈内容説明〉

> 例　<u>入学試験に合格した</u>**という**<u>連絡</u>がきました。
> 　　　　　　　　　　　　　　　N
>
> <u>自然災害が増えている</u>**という**<u>記事</u>を見た。
> 　　　　　　　　　　　　　　N

■ 地震でビルが倒れるという被害があったそうだ。

■ 社長がけがをしたという話を聞きました。

■ 子供たちが仲間と旅をして成長していくという映画を見ました。

■ 彼が有名な音楽家だということは全然知りませんでした。

4　普（Nだ）＋ということだ

> 例　立入禁止と書いてあるから、ここに入ってはいけない**ということだ**。
> 　　　　　　　　　　　　　　　　　　　　　V普
>
> 店員：店長、アルバイトの田中さんから熱があると電話がありました。
> 店長：今日はアルバイトを休む**ということですね**。
> 　　　　　　　　　　V普

② 「お」接一类、二类动词的ます形去掉「ます」的形式，「ご」接三类动词「～する」去掉「する」的形式接「する／いたす」，是自谦语的一种表达方式。通常用于自己为尊敬的对象而做的动作。

③ 「お」接一类、二类动词的ます形去掉「ます」的形式，「ご」接三类动词「～する」去掉「する」的形式接「いただく」，表示「～てもらう」的自谦语。其自谦的程度比「～ていただく」高。

该句型表示对所接名词的内容进行说明。

「という」后面多为「連絡、記事、話、手紙、電話、知らせ」等名词，前面接句子的简体形式。

句子的简体形式（名词句去掉「だ」）接「ということだ」，表示结论或接「ね」表示确认。用于基于某个事实，从而得出某个结论的场合或者向对方进行确认的场合。可译为"也就是说……（是吧）"。

■島田先生の講義はレポートを提出しなければならない。つまり、レポートを出さないと単位がもらえないということだ。

■Ａ：この店は雑誌で紹介されていたよ。
　Ｂ：そうなんですか。じゃあこの店の料理はおいしいということですね。

■Ａ：このノート、５冊で600円だったんだ。
　Ｂ：へぇ。じゃあ、１冊120円ということだね。

■Ａ：こちらはクラスメートの田中さんだよ。
　Ｂ：じゃあ、田中さんも大学２年生ということだね。

5 Ｖ普／Ａ／ＮＡな／Ｎの＋ような／ように／ようだ

① 婉曲

例　お客様、お迎えの方がいらっしゃった**ようです**。
　　　　　　　　　　　　Ｖ普

　　塩を入れた？　このスパゲッティ、味が薄い**ような**気がするよ。
　　　　　　　　　　　　　　　　　　　　　　Ａ

塩を入れた？
このスパゲッティ、味が薄いような気がするよ。
味が薄い
味が薄い
ような
少し柔らかい表現になります。

■みんな集まったようですので、説明を始めます。

■あの……スカートが破れているようですが、大丈夫ですか。

■お金が足りないようなら、貸してあげるよ。

■Ａ：この服、似合いますか。
　Ｂ：ちょっと色が地味なようです。こちらはどうですか。

② 状況からの判断〈推量〉

例　**道路が濡れています。**
　　雨が降ったようです。
　　　　　Ｖ普

道路が濡れています。
雨が降ったようです。

ジョンさんはお寿司を食べないね。魚が苦手な**ようだ**ね。
　　　　　　　　　　　　　　　　　　ＮＡな

句子的簡体形式（ナ形容詞句把「だ」変成「な」，名詞句去掉「だ」接「の」）接「ようだ／ような／ように」，在本課具有委婉和推測两种用法。「ようだ」是基本形，「ような」是修飾名詞的形式，「ように」是修飾動詞和形容詞的形式。

①表示委婉

此种用法是通过非断定的语气来表达意见、陈述事实，从而表示委婉、客气。可译为"好像……"。

②表示推測

多用于根据自己的感觉、观察进行推測的場合，也可单純表示自己的主观感觉、想法。可译为"好像、可能……"。

4

■あれ？　ボタンを押しても動かない。壊れているようだ。

■頭が痛い……。風邪をひいたようだ。

■張さんは教室にいませんから、今日は休みのようです。

6　Vた＋たら（どうか）

例　あなたは数学が得意だから、大学で研究したらどうですか。
　　　　　　　　　　　　　　　　　　　　　　Vた

　　A：卒業後は日本で働きたいと思っています。

　　B：そうですか。じゃあ日本の会社でアルバイトしてみたらいかがでしょう。
　　　　　　　　　　　　　　　　　　　　　　　　　　Vた

■A：就活、まず何をしたらいいかわからないな。

　B：じゃあ、先輩に相談してみたらどうですか。

■A：外国人の友達が欲しいんだ。

　B：国際交流サークルに入ったらどう？

■子：疲れた……。

　母：大丈夫？　今日は早く寝たら？

動詞的た形去掉「た」的形式接「たら（どうか）」，表示提出建议。更加礼貌的表达方式为「〜たらいかがですか」，口语中对关系亲密的人可以表达为「〜たらどう？」，也可以省略为「〜たら？」。可译为"（要是）……，怎么样？""……呢？"。

7　N的（N ➡ NA）

例　私は国際的な企業で働きたいです。
　　　　　　N

　　私は中学校1年生のときから本格的にマラソンを始めた。
　　　　　　　　　　　　　　　　　　　　N

■国で基本的な文法は習ったが、まだうまく話せない。

■彼女は会議で積極的に意見を言った。

■ディスカッションでは客観的に意見を考えることが必要だ。

■もっと具体的に話していただけませんでしょうか。

名词接「的（てき）」变为ナ形容词。通常名词为汉字词。

8　連体修飾節における「が」➡「の」の交替

例　料理が上手な学生 ➡ 料理の上手な学生

　　料理の上手な学生が作り方を教えてくれました。
　　　　　　　　　N

　　葵さんがまとめたノート ➡ 葵さんのまとめたノート

　　葵さんのまとめたノートはとてもわかりやすいです。
　　　　　　　　　　　N

■私は彼の連れて来た人を見て、びっくりしました。

■さっきの授業で先生の話したことを忘れてしまった。

■ケーキの好きな人が多いという結果でした。

■A：この絵本、おもしろいですよ。

　B：へえ、絵のきれいな絵本ですね。

名词的修饰成分中的助词「が」可以变成「の」。需要注意的是名词的修饰成分中不可以出现助词「は」。

4

新出語彙

説明文

- 詳しい③[イ形] 详细
  くわ
- 志望◎[名・他動Ⅲ] 志愿、报考;期望
  しぼう
- 担当◎[名・他動Ⅲ] 担当、担任、负责
  たんとう
- メキシコ◎[固] 墨西哥

会話文Ⓐ

- 意欲①[名] 热情、积极性
  いよく
- 感覚◎[名] 感觉
  かんかく
- 金融◎[名] 金融
  きんゆう
- 実際◎[名・副] 实际、真实;确实
  じっさい
- つまり①[副] 即;总之
- 入力◎[名・他動Ⅲ] 输入
  にゅうりょく
- 幅広い④[イ形] 宽泛、广
  はばひろ
- やあ①[感] 呀、哎呀
- 論理的◎[ナ形] 逻辑性的、合乎逻辑的
  ろんりてき
- 役に立つ[表現] 起作用、有助于……;奏效
  やく た

会話文Ⓑ

- いたす②◎[他動Ⅰ] 「する」的自谦语,做、干
- 伺う◎[自・他動Ⅰ] 「たずねる・聞く」的自谦语,拜访;询问
  うかが
- おる①[自動Ⅰ] 「いる」的自谦语,在;有
- 御社①[名] 贵公司、贵社
  おんしゃ
- 業界◎[名] 业界
  ぎょうかい
- 向上◎[名・自動Ⅲ] 提升、上升
  こうじょう
- 語学①◎[名] 语言学;外语学习
  ごがく
- 心がける⑤[他動Ⅱ] 留心、注意、总放在心上
  こころ
- 採用◎[名・他動Ⅲ] 采用、录用
  さいよう
- 仕入れ◎[名] 购入、采购
  しい
- 接点①[名] 接点、关联
  せってん
- 多様◎[名・ナ形] 多样
  たよう
- 出会う②[自動Ⅰ] 邂逅、相遇;遇到……
  であ
- なさる②[他動Ⅰ] 「する」的尊敬语,做、干
- 後ほど◎[副] 随后、过后、回头
  のち
- 拝見◎[他動Ⅲ] 「見る」的自谦语,见、看
  はいけん
- 弊社①[名] 弊公司
  へいしゃ
- もう◎[副] 再、更加
- 申す①[他動Ⅰ] 「言う」的自谦语,说、叫;表述
  もう

読解文

- 受け入れる④◎[他動Ⅱ] 接受、接纳
  う い
- 株式会社⑤[名] 股份制公司、股份有限公司
  かぶしきがいしゃ
- 機会②①[名] 机会
  きかい
- 期限①[名] 期限
  きげん
- 貴社①②[名] 贵公司
  きしゃ
- 区①[名] 区
  く
- 件名◎[名] 文件名称、邮件名称
  けんめい
- この度②[名] 此次、本次
  たび
- ～様[接尾] (接在人的姓名后,表示敬称,不分性别,中文可译为)～先生、女士
  さま
- 人事部③[名] 人事部
  じんじぶ
- 選考◎[名・他動Ⅲ] 选拔、评选
  せんこう
- 問い合わせる⑤◎[他動Ⅱ] 咨询、询问
  と あ
- 場◎[名] 地方、场所;场合、时候
  ば
- 不明◎[名・ナ形] 不明确、不明白
  ふめい
- 返信◎[名・自動Ⅲ] 回信;答复
  へんしん
- 返送◎[名・他動Ⅲ] 归还;退回;送返
  へんそう

文法と表現

- いらっしゃる④[自動Ⅰ] 「来る・行く・いる」的尊敬语,来;去;在
- おっしゃる③[他動Ⅰ] 「言う」的尊敬语,说
- ～家[接尾] ～家
  か
- 掛ける②[他動Ⅱ] 坐(到椅子上);挂;戴(眼镜)
  か
- 客観的◎[ナ形] 客观的
  きゃっかんてき
- 具体的◎[ナ形] 具体的;实际的
  ぐたいてき
- ご存じ②[名] 「知る」的尊敬语,知道
  ぞん
- 地味②[ナ形] 朴素、素雅;质朴、朴实
  じみ
- 積極的◎[ナ形] 积极的
  せっきょくてき
- 存じる③[自動Ⅱ] 「知る・思う」的自谦语,知道、觉得
  ぞん
- ビル①[名] 大楼、高楼
- 本格的◎[ナ形] 正式的、真正的、正规的
  ほんかくてき
- 参る①[自動Ⅰ] 「行く・来る」的自谦语,来;去
  まい
- マラソン◎[名] 马拉松
- 召し上がる◎④[他動Ⅰ] 「食べる・飲む」的尊敬语,吃、喝
  め あ
- おいでになる[表現] 「来る・行く・いる」的尊敬语,来、去;在
- お越しになる[表現] 「来る」的尊敬语,来
  こ
- お目にかかる[表現] 「会う」的自谦语,遇见;见
  め
- ご覧になる[表現] 「見る」的尊敬语,看;过目
  らん
- 申し訳ない/ございません[表現] "抱歉,对不起"的较正式表达
  もう わけ

ACTIVITY

タスク＆アクティビティー

新出語彙

- 応募◎[名・自動Ⅲ] 应征、应募
おうぼ
- 帰国◎[名・自動Ⅲ] 回国、归国
きこく
- 競争◎[名・自他動Ⅲ] 竞争
きょうそう
- 受賞◎[名・他動Ⅲ] 获奖；入选
じゅしょう
- 出場◎[名・自動Ⅲ] 出场、参加
しゅつじょう
- 出版◎[名・他動Ⅲ] 出版
しゅっぱん
- 新人◎[名] 新人、新成员
しんじん
- 新聞社③[名] 报社
しんぶんしゃ

- 勧める◎[他動Ⅱ] 推荐、引荐
すす
- 全集◎[名] 全集
ぜんしゅう
- 退職◎[名・自動Ⅲ] 退职、退休
たいしょく
- 他社①[名] 其他会社、其他公司
たしゃ
- 入社◎[名・自動Ⅲ] 入职
にゅうしゃ
- ホームページ④[名] 主页
- ～名[接尾] ～名,～名称
めい
- メールアドレス④[名] 邮箱

- メディア①[名] 媒体
- 申し込み◎[名] 申请、报名；预约；提议
もう こ
- 両親①[名] 双亲、父母
りょうしん
- 連載◎[名・他動Ⅲ] 连载
れんさい
- 京都府③[固] 京都府
きょうとふ
- ケニア①[固] 肯尼亚

4

1 聴解【🎧✍️】

香織さんとお兄さんが話しています。会話を聞いて質問に答えましょう。

1）会話の内容に合っていたら〇を、違っていたら✕を書きましょう。

① （　　　）インターンシップに応募する人がたくさんいるので、会社の人がわかりやすいように件名の最後に必ず自分の名前とメールアドレスを書く。

② （　　　）他社の人と話すときは自分の会社を「貴社」と言ったほうがいい。

③ （　　　）香織さんはメールが正しいかどうか心配だ。

④ （　　　）担当者の名前がわからないときは、会社名だけ書く。

2）これは香織さんのメールです。＿＿＿＿＿の部分を敬語に直しましょう。

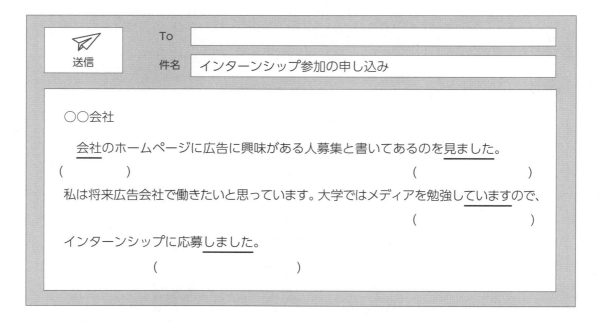

To ＿＿＿＿＿＿＿＿

件名 インターンシップ参加の申し込み

送信

〇〇会社

会社のホームページに広告に興味がある人募集と書いてあるのを見ました。
（　　　　　）　　　　　　　　　　　　　　　　　（　　　　　　　　　）

私は将来広告会社で働きたいと思っています。大学ではメディアを勉強していますので、
　　　　　　　　　　　　　　　　　　　　　　　　（　　　　　　　　　）

インターンシップに応募しました。
（　　　　　　　　　）

56

② 読解・インタビュー【 🔊 🔈 】

雑誌記者が記事を書くために、インタビューしています。

1）Bさんの経歴を読みましょう。

2）インタビューを見て、（　　　）の中で正しいものを選び、
　会話文を完成させましょう。

3）ペアでインタビューする人（A）とインタビューされる人（B）になって会話しましょう。

Bさんの経歴

2004年	北海道で生まれる
2010年	父の転勤でアフリカのケニアに行く
2016年3月	帰国
2016年4月	長野県の中学校に入学
2018年4月	高校入学後、体育の先生に勧められて、マラソンを始める
2020年4月	東京の大学に進学
2023年9月	オリンピックにマラソン代表として出場が決まる

A：はじめまして。〇〇と（　おっしゃいます　・　申します　）。どうぞよろしくお願いいたします。

B：××です。こちらこそよろしくお願いします。

A：マラソン代表に選ばれたそうで、おめでとうございます。

　　××さんの（　ご出身　・　お出身　）はどちらですか。

B：生まれたのは北海道です。父の仕事の関係で、6歳から12歳までアフリカのケニアで育ちました。
　　中学のときに帰国して、高校を卒業するまで長野に（　いらっしゃいました　・　おりました　）。
　　大学で東京に（　いらっしゃいました　・　参りました　）。

A：そうですか。何回もお引っ越しを（　された　・　いたした　）のですね。走ることに興味を
　　（　持たれた　・　お持ちした　）のはいつですか。

B：えっと、走ることに出会ったのはケニアの小学校でした。みなさん（　お存じ　・ご存じ　）の
　　ように、ケニアには有名なマラソン選手が多いですよね。日本人学校の運動会でケニアの子供た
　　ちと競争したのですが、いつも負けていました。それで速く走りたいと思うようになりました。

A：そうですか。マラソンを（　始められた　・　お始めした　）のはいつですか。

B：長野県の高校に入ってからです。私が走るのを見た体育の先生が、「君にはマラソンが合っている
　　よ」って（　おっしゃった　・　申した　）んです。

A：そうですか。高校でマラソンを始めて6年で、日本代表として来年のオリンピックに（　出られる　・
　　出される　）んですね。

B：はい。高校のときの先生に厳しく指導して（　いただいた　・　くださった　）ので、成長する
　　ことができました。

A：そうですか。応援しています。

4) 下の経歴を参考にして、インタビューする人（A）と、される人（B）になって会話しましょう。（A）の人は、敬語を使って下の①～⑤の質問をしてください。他にも自分で考えていろいろ質問してみましょう。

山田　太郎さん（作家）の経歴

1940年	京都府で生まれ、大阪で育つ
1946年	小学校に入学 両親が教師で、家に本がたくさんあったため、4年生頃から本を読むようになる
1955年	高校に入学 海外文学に興味を持つ
1958年3月	高校を卒業
1958年4月	さくら大学文学部に入学
1962年4月	さくら大学を卒業
	毎朝新聞社に入社
1968年10月	高校のクラスメートと結婚
1985年3月	毎朝新聞社を退職
	作家として雑誌Aに連載を始める
1995年4月	新人文学賞を受賞
2000年7月	新人文学賞を受賞した作品が映画になる
2005年12月	今までの小説をまとめた『山田太郎全集』を出版する

インタビューの質問
①出身はどこですか。
②いつからたくさんの本を読むようになりましたか。
③どうしてたくさんの本を読むようになりましたか。
④いつから海外文学に興味を持ちましたか。
⑤何学部に入学しましたか。

② 文体について

　文章根据不同的目的、场合、读者等有各种不同的书写形式。该书写的形式被称为"文体"。日语的"文体"一般可以分为「普通体」(简体)、「丁寧体」(敬体)两种。「普通体」也被称为「だ・である体」，「丁寧体」也被称为「です・ます体」，两者并无优劣之分，但在一篇文章中通常必须统一使用一种文体。

●**普通体 (简体)**：「だ・である体」，句末一般使用「だ」或「である」。
●**丁寧体 (敬体)**：「です・ます体」，句末一般使用「です」、「ます」。

① 普通体（だ・である体）的特征

　　「だ・である体」通常语气坚定、判断性较强，一般用于报纸新闻、杂志、论文、日记、报告当中。句末一般常出现的表达方式为「～だ」「～である」「～だろう」「～ではない」「～ではなかろうか」等。

　　トルコ南部のシリア国境近くを震源とする大地震の発生から200時間以上が経過した14日、両国の死者数は4万1000人を超えた。ただこの日は、10-20代の兄弟やシリア人男性ら生存者9人が、がれきの中から救出された。救助隊員によると、まだ生存者がいる可能性があるという。……（ロイター通信）

（**新聞報道**）

　　私は、将来選べるとしたら、自然の豊かな農村で生活したい。
　　都市での生活は、たしかに便利で快適である。インフラ整備などの基本的なところから、大学や職場へのアクセスのしやすさに至るまで、都市の魅力を数え上げればきりがない。しかし、そのような都市の魅力は、本来全ての国民に与えられるべき権利であると私は思う。……

（**議論文**）

---

② 丁寧体（です・ます体）的特征

　　「です・ます体」一般语气较为柔和、客气，通常用于书信、说明文、儿童读物、口头发表等。句末一般常出现的表达方式为「～です」「～でしょう」「～ます」「～ましょう」「～ません」「～ではありませんか」等。

みなさんは夢がありますか。

　私は、小さい時から絵をかくことや見ることが好きでした。子供のときは漫画家になりたいと思っていました。でも今は、絵や芸術作品などが表している文化や社会を広く学んで、研究したいと思っています。……

（演讲）

田中先生
拝啓

　まだまだ暑い日が続いております。田中先生はいかがお過ごしでしょうか。

　先生には二年間、本当にお世話になりました。勉強においても私生活においても多くのことを教えていただき、多くのことを学ばせていただきました。……

（书信）

「です・ます体」VS「だ・である体」

		です・ます体	だ体	である体
名詞&ナ形容詞		事故です	事故だ	事故である
		事故では（じゃ）ありません	事故ではない	
		事故でした	事故だった	事故であった
		事故ではありませんでした	事故ではなかった	
イ形容詞		おいしいです	おいしい	
		おいしくありません	おいしくない	
		おいしかったです	おいしかった	
		おいしくなかったです	おいしくなかった	
動詞		買います	買う	
		買いません	買わない	
		買いました	買った	
		買いませんでした	買わなかった	
～ています		考えています	考えている	
～んです（のです）		言えるんです／のです	言えるのだ	言えるのである
		言えるのではありませんか	言えるのではないか	
～でしょう		便利でしょう	便利だろう	便利であろう
～のでしょうか		あるのでしょうか	あるのだろうか	あるのであろうか
～ましょう		始めましょう	始めよう	
～ではありませんか		問題ではありませんか	問題ではないか	

※「名詞」和「ナ形容詞」的「普通体」(简体)「だ」、「である」两者皆可。但因为与「だ」相比「である」语气显得更为生硬，所以在一些十分正式、生硬的文章中，如论文等使用「である」就更为合适。

③普通体（简体）的接续表达方式

在一些报告、论文等较为正式、生硬的文章中，除了需要使用上述的「普通体」（简体）形式外，还需要注意用来连接句子和句子的各种接续表达方式。特别需要注意的接续表达方式如下：

	て形接続	連用形接続（連用中止形）
名詞＆ナ形容詞	大事なのは質で、量ではない。	大事なのは質で／であり、量ではない。
	この使い方は簡単で、子供でも利用できる。	この使い方は簡単で／であり、子供でも利用できる。
イ形容詞	新しく発売されたパソコンは軽くて、人気がある。	新しく発売されたパソコンは軽く、人気がある。
	この街は物価が安くて、空気もよくて、とても住みやすい。	この街は物価が安く、空気もよく、とても住みやすい。
動詞	原因を調べて、問題を解決した。 ※例外：原因を調べていて、まだ問題の解決に入っていない。	原因を調べ、問題を解決した。 ※例外：原因を調べており、まだ問題の解決に入っていない。
	電気を消さないで寝てしまいました。	電気を消さずに寝てしまいました。
	家族に会えなくて、寂しい。 ※例外：相談する人がいなくて、悩んでいる学生は多い。	家族に会えず、寂しい。 ※例外：相談する人がおらず、悩んでいる学生は多い。

※「て形接続」和「連用形接続（連用中止形）」无论哪一种形式都可以用于报告、论文。但由于「て形接続」属于口语或是比较轻松随意的书面语，因此需要注意不要过度使用；特别是「イ形容詞・ナ形容詞・名詞」的「～なくて」的形式在较为正式的报告、论文等书面语中一般不使用。正式的文章中通常多使用「連用形接続（連用中止形）」。

第 **5** 課

京都 ①

話しましょう！

1. あなたは京都へ行ったことがありますか。どんなイメージですか。

2. 京都について知っていることを話してください。

3. あなたは旅行したことがありますか。どこに行きましたか。どうでしたか。

4. あなたは日本の新幹線を知っていますか。また、乗ったことがありますか。
   どんなイメージですか。

5. あなたは電車とバスと飛行機のうち、どれが一番好きですか。なぜですか。

⇒ 説明文

　ゴールデンウイークに入り、張さん、詩瑶さん、徐さん、李さん、陽奈さん、剛士さんの6人は新幹線に乗って、京都観光に行きました。東京駅を7時に出発し、9時15分に京都駅に到着する新幹線に乗りました。新幹線の中では、夜行バスやリニアモーターカーなどの日本の交通手段について話しました。

　京都に着き、河原町から鴨川、祇園や花見小路通を観光しました。そして、京都で有名な「川床」で川を見ながら食事をしました。

💬 会話文Ａ

アナウンス：まもなく14番線にのぞみ203号新大阪行きが参ります。黄色い線の内側に下がってお待ちください。

● ● ● ● ●

アナウンス：本日はJR東日本をご利用いただき、ありがとうございます。ご利用の列車は、のぞみ203号新大阪行きです。到着時間は、名古屋8時39分、京都9時15分、終点新大阪9時30分の予定です。

● ● ● ● ●

李　　　：京都まで2時間ちょっとで行けるんだね。速いね。

剛士　　：僕は前に1度京都へ行ったことがあるんだけど、そのときは夜行バスで行ったんだ。7時間ぐらいかかったよ。

陽奈　　：新幹線より安いから、大学生は夜行バスを使う人が多いみたい。

詩瑶　　：安いって、いくらぐらいですか？

陽奈　　：場所によって違うんだけど、東京から京都までだったら5000円ぐらいかな。

詩瑶　　：えっ、安いですね！　今度行くときは夜行バスにします。

陽奈　　：速い乗り物といえば、今リニア中央新幹線の工事をしてるよ。

剛士　　：そうそう。新幹線の約2倍の速さで、開通したら東京から大阪まで1時間ぐらいで行けるようになるんだって。

陽奈　　：でも、大阪まで行けるのは、まだ何年もかかりそうだけどね。

徐　　　：どうして？

陽奈　　：山が多くてトンネルを掘るのが難しいし、環境や山の動物や植物への影響など、いろいろな問題があるからね。

徐　　　：なるほど。

● ● ● ● ●

剛士　　：おっ、車内販売だ。
　　　　　すみません。コーヒーをください。

販売員　：はい。お砂糖とミルクをご利用になりますか。

剛士　　：いいえ、いりません。いくらですか。

販売員　：300円でございます。熱いのでお気をつけください。

李　　　：すみません。トイレはどこですか。

販売員　：あちらです。申し訳ございません。今、ドアの上に使用中のランプがついておりますので、お使いになれません。ランプが消えましたら、お使いになれます。

李　　　：わかりました。ありがとうございます。

● ● ● ● ●

アナウンス：まもなく京都に到着いたします。お忘れ物のないようにご注意ください。ご利用ありがとうございました。

まもなく14番線にのぞみ
203号新大阪行きが参ります。
黄色い線の内側に下がってお待ちください。

本日はJR東日本を
ご利用いただき、
ありがとうございます。
ご利用の列車は、
のぞみ203号新大阪行きです。

到着時間は、名古屋8時39分、
京都9時15分、終点新大阪
9時30分の予定です。

京都まで2時間ちょっとで
行けるんだね。速いね。

僕は前に1度京都へ
行ったことがあるんだけど、
そのときは夜行バスで行ったんだ。
7時間ぐらいかかったよ。

新幹線より安いから、
大学生は夜行バスを
使う人が多いみたい。

安いって、
いくらぐらいですか？

場所によって違うんだけど、
東京から京都までだったら
5000円ぐらいかな。

えっ、安いですね！
今度行くときは
夜行バスにします。

速い乗り物といえば、
今リニア中央新幹線の
工事をしてるよ。

そうそう。新幹線の約
2倍の速さで、開通したら
東京から大阪まで1時間ぐらい
で行けるようになるんだって。

でも、大阪まで行けるのは、
まだ何年もかかりそうだけどね。

どうして？

山が多くてトンネル
を掘るのが難しいし、

環境や山の動物や
植物への影響など、
いろいろな問題があるからね。

なるほど。

おっ、車内販売だ。

すみません。
コーヒーをください。

はい。お砂糖とミルクを
ご利用になりますか。

いいえ、いりません。
いくらですか。

300円でございます。

熱いので
お気をつけください。

すみません。
トイレはどこですか。

あちらです。

申し訳ございません。
今、ドアの上に使用中の
ランプがついておりますので、
お使いになれません。

ランプが消えましたら、
お使いになれます。

わかりました。
ありがとうございます。

まもなく京都に
到着いたします。

お忘れ物のないようにご注意ください。
ご利用ありがとうございました。

5

会話文B

剛士：京都に着いた。

李　：これは地下鉄とバスの路線図だね。京都全体が一目でわかっていいね。

詩瑶：ここが京都駅。あれ、道路が東西と南北にまっすぐに延びてますよ。

陽奈：うん。京都駅のところが八条で、北に行くと七条、六条……二条。南は九条、十条。

剛士：京都の街が作られたのは1200年以上前なんだけど、そのとき、中国の都市をモデルにしたんだって。

張　：聞いたことがある。モデルは唐の長安だよね。

剛士：そう。似てるでしょ？　そして街の東と北と西は山なんだよ。

李　：京都が山に囲まれているって、知らなかった。
　　　ところで、今日は河原町と祇園に行くんだよね。地図で見ると、京都の街を南北に流れているのが鴨川で、河原町は……。

徐　：ここだ！

● ● ● ● ●

陽奈：はい、ここが河原町です。

張　：京都っていうと、神社やお寺があって静かなイメージだけど、ここは人も多いし、にぎやかだね。

陽奈：そうだね。河原町周辺はおしゃれな飲食店や京都らしい街並みがあるから、観光客に人気がある場所だね。

剛士：この道をまっすぐ行くと、鴨川が見えてくるはずだよ。

徐　：鴨川を渡ったら、急に雰囲気が変わったね。京都に来たって感じがする。

陽奈：そうだね。ここが祇園の中で有名な花見小路通だよ。運がよければ舞妓さんに会えるかもしれない。

張　：道の両側に木造の建物が並んでいるね。京都の歴史を感じる。

詩瑶：石でできた素敵な道ですね。

剛士：石畳って言うんだよ。

● ● ● ● ●

剛士：古い街並みもいいけど、京都といえば、やっぱり京料理だよね。

陽奈：そう言うと思って、ここを予約しておいたんです。

李　：さすが陽奈さん！　でも、おもしろいところで料理を食べるんだね。

陽奈：これは川床といって、川の上や横に席を作って川を眺めながら京料理が楽しめるんだよ。5月頃から9月頃までしかやってないんだけど、ちょうど始まったところでよかった。

詩瑶：ラッキーですね。

徐　：鴨川を眺めながら食べる京料理、最高！

5

京都に着いた。

これは地下鉄とバスの路線図だね。京都全体が一目でわかっていいね。

ここが京都駅。あれ、道路が東西と南北にまっすぐに延びてますよ。

うん。京都駅のところが八条で、北に行くと七条、六条……二条。南は九条、十条。

京都の街が作られたのは1200年以上前なんだけど、そのとき、中国の都市をモデルにしたんだって。

そう。似てるでしょ?そして街の東と北と西は山なんだよ。

聞いたことがある。モデルは唐の長安だよね。

京都が山に囲まれているって、知らなかった。

ところで、今日は河原町と祇園に行くんだよね。地図で見ると、京都の街を南北に流れているのが鴨川で、河原町は……。

ここだ!

はい、ここが河原町です。

そうだね。河原町周辺はおしゃれな飲食店や京都らしい街並みがあるから、観光客に人気がある場所だね。

京都っていうと神社やお寺があって静かなイメージだけど、ここは人も多いし、にぎやかだね。

この道をまっすぐ行くと、鴨川が見えてくるはずだよ。

鴨川を渡ったら、急に雰囲気が変わったね。京都に来たって感じがする。

そうだね。ここが祇園の中で有名な花見小路通だよ。運がよければ舞妓さんに会えるかもしれない。

道の両側に木造の建物が並んでいるね。京都の歴史を感じる。

石でできた素敵な道ですね。

石畳って言うんだよ。

古い街並みもいいけど、京都といえば、やっぱり京料理だよね。

そう言うと思って、ここを予約しておいたんです。

さすが陽奈さん!

でも、おもしろいところで料理を食べるんだね。

これは川床といって、川の上や横に席を作って川を眺めながら京料理が楽しめるんだよ。5月頃から9月頃までしかやってないんだけど、ちょうど始まったところでよかった。

ラッキーですね。

鴨川を眺めながら食べる京料理、最高!

5

読解文

京都の街並み

　京都は794年から約1000年間、日本の首都でした。東と北と西の三方を山に囲まれています。時代の流れの中で、禅、武道、華道、能、茶道などの文化が発展してきました。

　1868年に首都が東京に移ってからも、京都は文化や工芸の中心として栄えてきました。歴史のある街並みが今もあちこちに残っています。

　京都には清水寺、東寺などの世界遺産に登録されている歴史的な建物が現代の街並みの中に存在しています。お寺や神社などが2000くらいあり、芸術的な価値の高い場所も多くあります。それは、京都の長い歴史の中で、戦いや火事などによって壊された街並みや建物が何度も造り直されてきたからです。京都には今も「寺大工・宮大工」（寺社を作る専門の大工）や仏師（仏像を作る専門家）などの専門の職人や芸術家がいて、京都の文化を守り続けています。

　京都の街を歩いていると、店の看板がほかの都市と少し違うことに気がつきます。京都には看板の大きさや色についての厳しい決まりがあり、派手な看板などが出せないようになっているからです。また、伝統的な街並みを守るために、電柱を地中に埋める「無電柱化」の計画も進められています。清水寺周辺を歩くと、昔の時代にいるような気がするのは、現代の街並みで当然のように見られる電柱がないからかもしれません。

　こうして昔から続く京都の芸術や文化は、1200年以上経った今も京都の街に生き続けています。

理解度チェック

① 選びましょう。

1. ＿＿＿＿＿＿は以前夜行バスで京都へ行ったことがあります。

　①詩瑶さん　　　②徐さん　　　　　③陽奈さん　　　　④剛士さん

2. 6人は＿＿＿＿＿＿で京都に行きました。

　①新幹線　　　　②夜行バス　　　③リニアモーターカー　④飛行機

3. 京都には＿＿＿＿＿＿に到着しました。

　①7時　　　　　②8時39分　　　③9時15分　　　　④9時30分

4. 京都は山に囲まれていますが、街の＿＿＿＿＿＿は山ではありません。

　①南　　　　　　②北　　　　　　③東　　　　　　④西

5. 6人は＿＿＿＿＿＿で石畳の花見小路通を歩きました。

　①鴨川　　　　　②祇園　　　　　③河原町　　　　④京都駅

② 本文の内容に合っていたら〇を、違っていたら×を書きましょう。

1. （　　　）東京から京都まで夜行バスで2時間ぐらいかかります。

2. （　　　）リニア中央新幹線は今工事中です。

3. （　　　）剛士さんは砂糖とミルクを入れてコーヒーを飲みました。

4. （　　　）京都は神社やお寺があって静かで、人があまり多くないです。

5. （　　　）日本の首都は昔も今も東京です。

③ 書きましょう。

1. ＿＿＿＿＿＿＿＿＿＿＿＿＿＿＿＿＿＿＿から、大学生は夜行バスを使う人が多いです。

2. リニア中央新幹線は新幹線の約2倍の＿＿＿＿＿＿＿＿＿＿で、東京から大阪まで

　＿＿＿＿＿＿＿＿＿＿＿＿＿＿＿＿＿ようになります。

3. 京都の街が作られたのは＿＿＿＿＿＿＿＿＿前で、＿＿＿＿＿＿＿＿をモデルにしました。

4. 河原町周辺は＿＿＿＿＿＿＿＿＿＿＿や＿＿＿＿＿＿＿＿＿＿＿があるので、

　観光客に人気がある場所です。

5. 新幹線のトイレは＿＿＿＿＿＿＿＿＿＿＿＿＿＿＿＿＿ときは使用できません。

④ 本文を読んで答えましょう。

1. リニア中央新幹線が大阪まで行けるようになるまでに何年もかかりそうなのはなぜですか。

2. 京都の道路にはどんな特徴がありますか。

3. 京都で世界遺産に登録されている建物には何がありますか。

4. なぜ、京都には今も歴史のある建物や街並みが残っているのですか。

5. 京都では伝統的な街並みを守るためにどのような工夫がされていますか。

📖 文法と表現

---

1 お＋ＶⅠ・Ⅱ <del>ます</del> ＋になる
ご＋ＶⅢ <del>する</del> ＋になる　　〈尊敬表現〉

例　何時頃お<u>戻り</u>になりますか。
　　　　ＶⅠ<del>ます</del>

　　課長は今夜のパーティーにご<u>出席</u>になりますか。
　　　　　　　　　　　　　　ＶⅢ<del>する</del>

■ 社長はお帰りになりました。
■ 会議室をご利用になる方は受付でお申し込みください。
■ Ａ：普段、どんな本をお読みになりますか。
　　Ｂ：そうですね。小説を読むことが多いです。

> 「お」接一类、二类动词的ます形去掉「ます」的形式、「ご」接三类动词「～する」去掉「する」的形式接「になる」，是尊敬语的表达方式。其尊敬程度比「れる・られる」形所表示的敬语高。

---

2 ～（で）ございます

①「ある」の丁寧語 ➡ ございます

例　エレベーターはあちらの奥にございます。

■ 一部お申し込みになれないサービスがございます。
■ テーブルに資料が置いてございます。
■ 客　：おもちゃ売り場はどこにありますか。
　店員：４階にございます。

②「です」の丁寧語 ➡ でございます

例　こちらは新しいデザインのスマホでございます。

■ ご注文のお飲み物でございます。
■ 営業時間は10時から18時まででございます。
■ 客　：これはいくらですか。
　店員：300円でございます。

> 「ございます」是「ある」的礼貌语，「でございます」是「です」的礼貌语。礼貌语是对听话人表达礼貌的表达方式。
> 例句中的「置いてございます」是「置いてある」的礼貌语形式。

---

3 普通形（NAだな / Nだな）＋んだって　〈伝聞〉

例　彼は結婚したんだって。
　　　　　Ｖ普

　　この店のカレー、とてもおいしいんだって。
　　　　　　　　　　　　　　Ａ普

■ 張さんは春休みで国に帰っているんだって。
■ この映画、とてもおもしろいんだって。

> 句子的简体形式（ナ形容词句和名词句把「だ」变成「な」）接「んだって」，用于口语中的非正式场合，表示传闻。可译为"听说……"。

■この辞書、すごく便利なんだって。

■あの人は昔、英語の先生だったんだって。

■学生Ａ：今度の試験はそんなに簡単じゃないんだって。

　学生Ｂ：じゃあ、しっかり勉強しなきゃね。

４　普通形（NA（だ）/ N（だ））＋というと / といえば / といったら

① 連想

例　**和食というと、お寿司ですね。**
　　　Ｎ

■日本の春といえば、桜です。

■大阪の食べ物といったら、たこ焼きです。

■東京に近くて行きやすい温泉っていうと、箱根だろう。

■アニメっていえば、私はドラえもんが一番好きだ。

■Ａ：先週、フランスへ行ったんだ。これ、お土産。

　Ｂ：ありがとう。フランスへ行ったというと、旅行？

　Ａ：いや、仕事だったんだよ。

■日本人学生：日本で一番やってみたいことっていったら、何？

　留学生　　：そうだな。雪を見たことがないから、スキーをやってみたい。

② 話題提起

例　Ａ：**来月は北海道に旅行に行くんだ。**

　　Ｂ：**いいですね。北海道といえば田中さんは北海道出身ですよ。**
　　　　　　　　　　　　　　Ｎ

■Ａ：もう12月ですね。街もクリスマスの飾りが増えてきて、きれいですね。

　Ｂ：そうですね。クリスマスといえば、今年はみんなでパーティーをし
　　　ませんか。

■Ａ：町田選手、サッカーをやめるそうだね。

　Ｂ：へえ。けがしたからね。やめるといったら、高橋さんが会社をやめ
　　　るらしいね。

句子的简体形式（ナ形容词句和名词句的「だ」通常省略）接「というと / といえば / といったら」表示联想、提出话题。口语中前面的「と」可以变成「って」。

①联想

表示一提到某个话题，立刻就会联想起的事物或事情。

②提出话题

表示以对方所说的内容或者自己突然想起的内容为话题。

■ A：この本、難しくて全然わからない。
　B：そうなんだ。難しいっていえば、昨日見た映画も難しくて、途中で
　　寝ちゃったよ。

5　普通形（NAだ／Nだ）＋といえば、普通形＋が

例　**英語は話せるといえば話せるが、あまり自信がない。**
　　　Ｖ普　　　　　　Ｖ普

■ 富士山に登ったといえば登ったが、車で途中まで行っただけだ。
■ その魚はおいしいといえばおいしいのだが、見た目がよくないので、あ
　まり食べられていない。
■ 試験は簡単といえば簡単だったが、100点は取れないだろう。
■ 私が生まれた町は都会といえば都会だが、やはり東京や大阪とは違う。

6　普通形（NAだな／である／Nだの）＋はずだ

例　**試験は難しいが、毎日勉強したら合格できるはずだ。**
　　　　　　　　　　　　　　　　　　Ｖ普

■ 社長は大阪出張の予定だから、会議に出席しないはずだ。
■ この店は人気があるから、きっとおいしいはずだ。
■ あのパソコンはあまり新しくないから、そんなに高くないはずだ。
■ 悟さんはいつも小説を読んでいるから、本が好きなはずだ。
■ 張さんは確か大学生のはずだ。

7　Nらしい

例　**今日は春らしい天気だ。**
　　　　　　Ｎ

■ うちの犬は散歩が嫌いで、外に出たがらない。本当に犬らしくない犬だ。
■ どうしたんですか。遅刻ですよ。あなたらしくないですね。
■ 自分らしく生きることが大切だ。

8　Aい＋さ／み　〈形容詞の名詞化〉

例　**富士山の高さは3776メートルです。**
　　　　　　Ａい

　　この料理は甘すぎます。もうちょっと辛みが欲しいです。
　　　　　　　　　　　　　　　　　　　　Ａい

■ この箱の重さは２キロです。

■ 京都を歩いていると、歴史の重みを感じます。

■ 教授：あなたの強みは何ですか。

　学生：誰とでもすぐ仲良くなれることです。

しさ」分別表示"高度""重量""強度、堅強程度""深度""親密程度";「辛み」「重み」「強み」「深み」「親しみ」分別表示"辣味""有分量、厚重""強項、長処""(抽象含义)深度、醇厚""親切感、親密感"。

比較　「〜さ」VS「〜み」

「〜さ」：測られる程度を表すものが多い。

「〜み」：その状態から感じる感覚や感情を表すものが多い。

■ このかばんの**重さ**は10キロです。

　重みのある言葉ですね。

■ 彼の意志の**強さ**に驚いた。

　この商品の**強み**を言ってみなさい。

■ この川の**深さ**は何メートルですか？

　このケーキは見た目がすばらしく、味に**深み**があります。

■ 相手との**親しさ**によって、話し方は自然に変わる。

　同じ町の出身だと聞いて、彼に**親しみ**を感じるようになった。

新出語彙

説明文

- 川床⓪[名] 川床、河床(这里特指搭建在河上或岸边的景观餐厅)
  かわゆか
- ゴールデンウイーク⑦[名] 黄金周
- 手段①[名] 方式、手段
  しゅだん
- 到着⓪[名・自動Ⅲ] 到达
  とうちゃく
- 夜行バス④[名] 夜间长途巴士
  やこう
- リニアモーターカー⑥⑧[名] 磁悬浮列车
- 鴨川⓪[固] 鴨川(河名)
  かもがわ
- 河原町③[固] 河原町(京都地名)
  かわらまち
- 祇園⓪[固] 祇園(京都地名)
  ぎおん
- 花見小路通⑦[固] 花見小路通
  はなみ こうじどおり
  (京都街道名)

会話文 Ⓐ

- アナウンス③②[名・他動Ⅲ] 播报、广播
- 影響⓪[名・自動Ⅲ] 影响
  えいきょう
- 開通⓪[名・自他動Ⅲ] 开通、开始运行
  かいつう
- ～号[接尾] ～号
  ごう
- 車内①[名] 车厢内
  しゃない
- 終点⓪[名] 终点
  しゅうてん
- トンネル⓪[名] 隧道
- ～倍[接尾] ～倍
  ばい
- ～番線[接尾] (电车、地铁等)～号线
  ばんせん
- 販売員③[名] 售货员、车厢内售货员
  はんばいいん
- 掘る①[他動Ⅰ] 挖掘、挖、采挖
  ほ
- まもなく②[副] 不久、马上、过一会
- ミルク①[名] 牛奶
- ランプ①[名] 灯；煤油灯
- 列車⓪①[名] 列车、火车
  れっしゃ
- ＪＲ東日本[固] JR东日本(日本铁路公司名)
  ジェイアールひがしにほん
- 新大阪③[固] 新大阪(站)
  しんおおさか
- 名古屋①[固] 名古屋(日本地名)
  なごや
- のぞみ⓪[固] (日本新干线)希望号
- リニア中央新幹線[固] 磁悬浮中央新干线
  ちゅうおうしんかんせん

会話文 Ⓑ

- 石②[名] 石头、石材
  いし
- 石畳③[名] 石板、石板铺设的地
  いしだたみ
- 囲む⓪[他動Ⅰ] 围绕、包围
  かこ
- 京料理③[名] 京都料理
  きょうりょうり
- 周辺⓪[名] 周边、一带
  しゅうへん
- ～条[接尾] ～条
  じょう
- 東西①[名] 东西
  とうざい
- 都市①[名] 都市、城市
  とし
- 眺める③[他動Ⅱ] 眺望、瞭望
  なが
- 南北①[名] 南北
  なんぼく
- 延びる②[自動Ⅱ] 延长、延期、延伸
  の
- 一目②[名] 一眼、一瞥
  ひとめ
- 舞妓⓪[名] 舞姫
  まいこ
- 街②[名] 街、街市
  まち
- 街並み⓪[名] 街道、街景
  まちなみ
- 木造⓪[名] 木制、木造
  もくぞう
- モデル①⓪[名] 模范；模型；模特
- 両側⓪[名] 两侧、两边
  りょうがわ
- 路線図②[名] 线路图
  ろせんず
- 長安①[固] 长安(现西安、中国古代地名)
  ちょうあん
- 唐①[固] 唐朝、唐代
  とう

読解文

- 埋める⓪[他動Ⅱ] 埋(入)、填(平)
  う
- 価値①[名] 价值
  かち
- 決まり⓪[名] 规定、规则；决定
  き
- 工芸⓪[名] 工艺
  こうげい
- こうして⓪[副・接続] 这样、就这样；于是
- 栄える③②[自動Ⅱ] 繁荣、昌盛
  さか
- 三方③[名] 三面、三个方向
  さんぽう
- 寺社①[名] 寺院和神社
  じしゃ
- 職人⓪[名] 手艺人、匠人、工匠
  しょくにん
- 世界遺産④[名] 世界遗产
  せかいいさん
- 禅⓪①[名] 禅
  ぜん
- 存在⓪[名・自動Ⅲ] 存在
  そんざい
- 大工①[名] 木匠
  だいく
- 戦い⓪[名] 战争、争斗
  たたか
- 地中⓪②[名] 地下、地里
  ちちゅう
- 造り直す⑤[他動Ⅰ] 重建、重新制作
  つく なお
- 寺大工③[名] 修建寺院的木匠
  てらだいく
- 電柱⓪[名] 电线杆
  でんちゅう
- 当然⓪[ナ形・副] 理所当然、应当、当然
  とうぜん
- 登録⓪[名・他動Ⅲ] 登录；登记；注册
  とうろく
- 流れ③[名] (水)流；潮流、趋势；推移
  なが
- 能⓪①[名] 能乐(日本传统艺术形式)
  のう
- 発展⓪[名・自動Ⅲ] 发展
  はってん
- 派手②[ナ形] 华丽、艳丽；夸张
  はで
- 仏師①[名] 建造佛像的工匠
  ぶっし
- 仏像⓪[名] 佛像
  ぶつぞう
- 武道①[名] 武道
  ぶどう
- 宮大工③[名] 修建神社的木匠
  みやだいく
- 無電柱化⓪[名・他動Ⅲ] 无电线杆化
  むでんちゅうか
- 清水寺⓪[固] 清水寺(位于京都的世界遗产)
  きよみずでら
- 東寺①[固] 东寺(位于京都的世界遗产)
  とうじ

文法と表現

- ～キロ[接尾] ～千克、～千米
- ございます④⓪[自・特殊型] 「ある」的郑重语
- ～点(点数)[接尾] ～分(分数)
  てん てんすう
- 申し込む④⓪[他動Ⅰ] 申请
  もう こ
- ドラえもん⓪[固] 哆啦A梦

タスク＆アクティビティー

新出語彙

- **かなう**②［自動Ⅰ］実現
- **コート**①［名］球場
- **滝**⓪［名］瀑布
  たき
- **ドラマ**①［名］电视剧
- **～分の～**［表現］～分之～
  ぶん
- **～平方メートル**［接尾］平方米
  へいほう
- **江戸時代**③［固］江户时代
  え ど じ だい
- **清水の舞台**［固］清水寺的舞台
  きよみず ぶ たい
- **ディズニーランド**⑤［固］迪斯尼乐园

---

1 聴解【🎧💬🔊】

1）まず図と下の表を見てください。その後で説明を聞いて表を完成させましょう。

清水寺全体

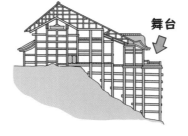

舞台

清水の舞台

音羽の滝

清水寺	どんな所か	京都の有名なお寺
	全体の広さ	約（　　　　　）m² ＝東京ディズニーランドの（　　　　　）ぐらい
清水の舞台	いつ造られたか	江戸時代の初め頃
	広さ	約（　　　　　）m² ＝（　　　　　）より少し狭い
	高さ	約（　　　　　）m ＝ビル（　　　　　）階
音羽の滝	高さ	約（　　　　　）m
	滝の水	飲むと願いがかなう（健康　勉強）

2) あなたの知っている有名な場所や建物のデータ (広さ/高さ/長さなど) を調べて表にして、発表しましょう。

② ペアワーク【🎧 ✍ 💬】

例のようにペアで会話しましょう。A、Bの役を交替してお互いの情報を交換しましょう。

例1　A：ご出身はどちらですか？

B：___京都___です。

A：___京都___というと、___有名なお祭りがたくさんある___そうですね。

B：はい。___特に有名なのは5月の葵祭、7月の祇園祭*、10月の時代祭で、たくさんの人が集まります___よ。ぜひ1度行ってみてください。

*注：祇園祭・葵祭・時代祭：日本の祭りの名前

A：ご出身はどちらですか？

B：＿＿＿＿＿＿＿＿＿＿＿＿＿ です。

A：＿＿＿＿＿＿＿＿＿＿ というと、＿＿＿＿＿＿＿＿＿＿＿＿＿＿ そうですね。

B：はい。＿＿＿＿＿＿＿＿＿＿＿＿＿＿＿＿＿＿＿＿＿＿＿＿＿＿＿ よ。

　　ぜひ1度行ってみてください。

例2　A：どんな___アニメ___が好き？（ゲーム/アニメ/本/作家/歌/歌手/映画/ドラマ など）

B：___ドラえもん___。

A：___ドラえもん___といえば、___新しい映画がでた___んだって。

　　___来月から映画館で見られる___はずだよ。

A：どんな＿＿＿＿＿＿＿＿＿が好き？（ゲーム/アニメ/本/作家/歌/歌手/映画/ドラマ など）

B：＿＿＿＿＿＿＿＿＿＿＿＿ 。

A：＿＿＿＿＿＿＿＿＿＿＿ といえば、＿＿＿＿＿＿＿＿＿＿＿＿＿＿ んだって。

　　＿＿＿＿＿＿＿＿＿＿＿＿＿＿＿＿＿＿＿＿＿＿＿＿ はずだよ。

第 **6** 課

京都 ②

話しましょう！

1. あなたが日本で一番行ってみたいところはどこですか。なぜですか。

2. あなたは京都の有名なお寺を知っていますか。いくつぐらい知っていますか。

3. あなたは京都の歴史についてどれくらい知っていますか。

4. あなたの国の伝統工芸には何がありますか。

5. 日本の伝統工芸について知っていることを話してください。

⇒ 説明文

　剛士さんと李さんと張さんは京都の街を歩きながら、京都の自然環境や世界に進出している企業が多いことについて話しました。どんな企業があるのか、どうして京都にはハイテク企業がたくさんあるのか、剛士さんが説明しました。

　それから、陽奈さん、詩瑶さん、徐さんと6人で東福寺へ行きました。張さんが「吹禅」と書かれた石碑を見つけ、それがどういう意味か、剛士さんが説明しました。その後、6人は北庭を見に行きました。

💬 **会話文Ⓐ**

張 ：やっぱり東京と京都は全然違いますね。京都は、東京に比べると自然との距離が近いように感じます。

剛士：街の中心に京都御所があって、東側には鴨川が流れてる。少し歩くだけでたくさんの自然に出会えるのは、京都のすばらしいところだよね。

李 ：すぐ近くに古い建物もあれば新しい建物もあるのに、新しい建物が京都の風景や雰囲気を壊していません。

剛士：そうだね。個人の店ばかりでなく、チェーン店も看板を京都の街並みに合わせて作っているからね。

張 ：京都といえば、有名な伝統工芸がたくさんありますよね。何百年も伝統を守り続けているのはすごいことですね。例えば、西陣織や清水焼……。高くて買えませんけど。

剛士：お土産用の高くないものもあるよ。ほかには、外国の人が買う京都のお土産としては、手ぬぐいや扇子が多いみたい。

李 ：手ぬぐい、扇子ですか？

剛士：そう。小さくて軽いから荷物にならないし、値段も高くないから人気があるらしいよ。

李 ：そうですか。後でお土産の店に行ってみます。

剛士：うん。でも、京都は伝統工芸ばかりじゃなく、世界的に有名な企業もたくさんあるって知ってる？

李 ：えっ、そうなんですか！ 知りませんでした。

剛士：京都には携帯電話とか電子機器とか、その部品などを作っている企業が多いんだよ。

張 ：つまり、ハイテク企業ですね。

剛士：そう、ノーベル賞をとった人がいる企業もあるんだ。

李 ：でも、どうして京都にはそのような企業が多いんですか。

剛士：もともと京都は伝統工芸が発達していて技術力が高いでしょう。さっき張さんが言ったような清水焼とか。

張 ：はい、今も日本の文化として有名なものがたくさんあります。

剛士：それに、京都は大学もたくさんあって、学問の町としても有名なんだよ。だから、産業と学問がお互いに協力することができたんだ。

李 ：だから、新しい技術も発達したんですか。

剛士：そう。京都には伝統的な産業と、ハイテク産業の、両方の企業が多くあるんだ。

李 ：伝統的なイメージが強かったので意外です。

やっぱり東京と京都は全然違いますね。京都は、東京に比べると自然との距離が近いように感じます。

街の中心に京都御所があって、東側には鴨川が流れてる。少し歩くだけでたくさんの自然に出会えるのは、京都のすばらしいところだよね。

すぐ近くに古い建物もあれば新しい建物もあるのに、新しい建物が京都の風景や雰囲気を壊していません。

そうだね。個人の店ばかりでなく、チェーン店も看板を京都の街並みに合わせて作っているからね。

京都といえば、有名な伝統工芸がたくさんありますよね。何百年も伝統を守り続けているのはすごいことですね。例えば、西陣織や清水焼……。高くて買えませんけど。

そう。小さくて軽いから荷物にならないし、値段も高くないから人気があるらしいよ。

そうですか。後でお土産の店に行ってみます。

お土産用の高くないものもあるよ。ほかには、外国の人が買う京都のお土産としては、手ぬぐいや扇子が多いみたい。

うん。でも、京都は伝統工芸ばかりじゃなく、世界的に有名な企業もたくさんあるって知ってる？

手ぬぐい、扇子ですか？

えっ、そうなんですか！知りませんでした。

京都には携帯電話とか電子機器とか、その部品などを作っている企業が多いんだよ。

つまり、ハイテク企業ですね。

そう、ノーベル賞をとった人がいる企業もあるんだ。

でも、どうして京都にはそのような企業が多いんですか。

もともと京都は伝統工芸が発達していて技術力が高いでしょう。さっき張さんが言ったような清水焼とか。

はい、今も日本の文化として有名なものがたくさんあります。

それに、京都は大学もたくさんあって、学問の町としても有名なんだよ。

だから、産業と学問がお互いに協力することができたんだ。

だから、新しい技術も発達したんですか。

そう。京都には伝統的な産業と、ハイテク産業の、両方の企業が多くあるんだ。

伝統的なイメージが強かったので意外です。

6

💬 会話文B

陽奈：はーい、みなさん。少し説明しますね。ここ東福寺は京都の有名な禅寺です。今、私たちが歩いているこの通天橋は紅葉の名所なんですが、新緑もすばらしいですね。

詩瑶：とってもきれい！

張　：そういえば、さっきあった石碑に「吹禅」て書いてあったけど、どんな意味なのかな？

李　：何かを吹いて禅の修行をするってことかな？

陽奈：ああ、座禅みたいな？　何を吹くんでしょう。

剛士：尺八だよ。「吹禅」とは尺八を吹くことによって禅の修行をするという意味なんだ。

詩瑶：尺八って、中国から日本に伝わったものですよね？

剛士：そうだよ。尺八は楽器としてばかりでなく法器としても使われていたんだ。法器というのは、仏教の行事に使う道具のことだよ。

張　：剛士さん詳しいですね。

剛士：祖父が尺八を吹くんだ。

徐　：へえ、剛士さんも尺八が吹けるんですか？

剛士：うん。小さい頃に祖父に教えてもらったから吹けるよ。

陽奈：うわあ、かっこいい！　剛士さんの尺八を聞きたいです。

剛士：いいよ。今度、時間のあるときに。

詩瑶：ぜひ、お願いします！

陽奈：次は庭園に行きましょう。東西南北にそれぞれ庭園があって、4つの庭園にはそれぞれ特徴があります。禅寺の庭園の中でも特に優れているものとして世界各国に紹介されています。

詩瑶：小さな市松模様の庭があるって聞いたことがあります。

陽奈：北庭だね。これから行ってみましょう！

● ● ● ● ●

詩瑶：わあ、これが市松模様！　かわいいですね。

張　：庭を見ているだけでほっとするね。

剛士：庭園を眺めながら抹茶を飲んで、のんびりできたら最高なんだけどなあ。

陽奈：じゃ、芬陀院に行きますか。庭園を眺めながら抹茶を飲みましょう。

は一い、みなさん。
少し説明しますね。
ここ東福寺は京都の
有名な禅寺です。今、私たちが
歩いているこの通天橋は
紅葉の名所なんですが、
新緑もすばらしいですね。

とってもきれい！

次は庭園に行きましょう。
東西南北にそれぞれ
庭園があって、4つの庭園には
それぞれ特徴があります。

小さな市松模様の庭が
あるって聞いたことが
あります。

禅寺の庭園の中でも
特に優れているものとして
世界各国に紹介されています。

北庭だね。これから
行ってみましょう！

そういえば、
さっきあった石碑に
「吹禅」て書いてあったけど、
どんな意味なのかな？

何かを吹いて禅の修行を
するってことかな？

ああ、座禅みたいな？
何を吹くんでしょう。

尺八だよ。
「吹禅」とは
尺八を吹くことによって
禅の修行をするという
意味なんだ。

尺八って、中国から日本に
伝わったものですよね？

庭を見ているだけで
ほっとするね。

庭園を眺めながら
抹茶を飲んで、のんびり
できたら最高なんだけどなあ。

そうだよ。尺八は楽器として
ばかりでなく
法器としても使われていたんだ。
法器というのは、仏教の
行事に使う道具のことだよ。

わあ、これが市松模様！
かわいいですね。

じゃ、芬陀院に行きますか。
庭園を眺めながら
抹茶を飲みましょう。

剛士さん詳しいですね。

祖父が尺八を吹くんだ。

へえ、剛士さんも
尺八が吹けるんですか？

うん。
小さい頃に祖父に
教えてもらったから吹けるよ。

うわあ、かっこいい！
剛士さんの尺八を
聞きたいです。

いいよ。今度、
時間のあるときに。

ぜひ、
お願いします！

6

読解文

京都は産業都市でもある

「京都は『観光都市』として有名ですが、『産業都市』でもあります」と言うと驚く人が多いかもしれません。

京都は着物の帯などに使われる絹織物の「西陣織」や、「京人形」といった伝統産業で有名です。

平安時代には、天皇や貴族たちの生活で使われるいろいろなものが「工房」で作られていました。京都には専門的な職人たちが集まり、ほかの都市では見られない高い技術を使った工芸品などが生産されていたのです。

その伝統は長い歴史の中で続いてきました。そして、明治時代には「西陣織」の職人たちがフランスやオーストリアに留学して、新しい技術を日本に持ってきました。その技術によって、職人が手作りしていた織物が機械で作れるようになりました。つまり、新しい技術で品質が良いものが速く生産できるようになったのです。

このように西陣織などの伝統産業が近代化する中で、新しい技術を持ったハイテク企業もたくさん生まれてきました。電子機器、医療機器などを生産する有名な企業が多くあります。また、京都は京都大学など多くの大学のある大学都市でもあり、新しい技術を育てるのにいい環境があったと言えます。これからも京都は産業都市として発展していくでしょう。

理解度チェック

① 選びましょう。

1. 張さんは、京都は東京に比べると、＿＿＿＿＿との距離が近いように感じています。

　①自然　　　　　②動物　　　　　③企業　　　　　④ハイテク技術

2. 京都は街の中心に京都御所があって、＿＿＿＿＿には鴨川が流れています。

　①東側　　　　　②西側　　　　　③南側　　　　　④北側

3. 京都といえば、有名な伝統工芸がたくさんあります。例えば、西陣織や＿＿＿＿＿などです。

　①携帯電話　　　②清水焼　　　　③京セラ　　　　④たこ焼き

4. 張さんたちが行った＿＿＿＿＿は、京都の有名な禅寺です。

　①清水寺　　　　②金閣寺　　　　③東福寺　　　　④東寺

5. 通天橋は＿＿＿＿＿の名所です。

　①桜　　　　　　②月見　　　　　③散歩　　　　　④紅葉

② 本文の内容に合っていたら○を、違っていたら×を書きましょう。

1.（　　　　）剛士さんは、京都が素晴らしいのは少し歩くだけで、たくさんの自然に出会える
　　　　　　　ことだと言いました。

2.（　　　　）京都には伝統的な産業とハイテク産業の、両方の企業が多くあります。

3.（　　　　）尺八は日本で生まれた楽器です。

4.（　　　　）剛士さんは尺八が吹けません。

5.（　　　　）東福寺の中にある市松模様がある庭園は北庭です。

③ 書きましょう。

1. 京都は、すぐ近くに＿＿＿＿＿＿＿も＿＿＿＿＿＿＿ば＿＿＿＿＿＿＿も
　＿＿＿＿＿＿＿のに、新しい建物が＿＿＿＿＿＿＿＿＿＿＿＿＿＿＿＿。

2. 京都では、＿＿＿＿＿＿＿ばかりでなく、＿＿＿＿＿＿＿も看板を京都の街並みに
　合わせて作っています。

3. 手ぬぐいや扇子などは小さくて軽いから＿＿＿＿＿＿＿＿＿＿＿＿し、
　＿＿＿＿＿＿＿＿＿＿＿ので、京都の＿＿＿＿＿＿＿として人気があります。

4. 「吹禅」とは＿＿＿＿＿＿＿によって＿＿＿＿＿＿＿という意味です。

5. 尺八は昔、＿＿＿＿＿＿＿ばかりでなく、＿＿＿＿＿＿＿＿＿使われていました。

④ 本文を読んで答えましょう。

1. 京都は観光都市として有名ですが、他にどのような都市だと言えますか。

2. 京都はどんな伝統産業で有名ですか。

3. 明治時代に西陣織の職人が留学して持ち帰った新しい技術によって、「西陣織」はどのよう
　になりましたか。

4. 京都には伝統産業以外に、どんな企業がありますか。

5. 伝統産業の近代化以外に、京都が産業都市として発展してきた理由は何だと言えますか。

📖 文法と表現

1 Nに比べて

> 例 日本は私の国**に比べて**雨が多いです。
> 　　　　　　　N

日本は私の国に比べて雨が多いです。

- 去年の夏に比べて、今年の夏は涼しい。
- 中国語に比べて、日本語は難しいと思います。
- 昔に比べて、今は自然が減ってきている。
- 私は弟に比べて、運動が得意だ。

名词接「に比べて」表示比较。可译为"与……相比"。

2 N1も＋V・Aば/NA・Nなら＋N2も

> 例 店長はレジ打ち**も**すれ**ば**、掃除**も**する。
> 　　　　　　N1　　　Vば　　N2
>
> このスマホは画面**も**大きけれ**ば**、使い方**も**簡単だ。
> 　　　　　　　N1　　　Aば　　　N2

- 私の会社にはアメリカ人もいれば、韓国人もいる。
- 人生には楽しいときもあれば苦しいときもある。
- この会社は給料も安ければ、残業も多い。
- この村はコンビニもなければ、大きい病院もない。
- 私は歌うのも苦手なら、踊るのも下手だ。
- 成功するのも経験なら、失敗するのも経験だ。どんなことでも挑戦したほうがいい。

「N1も～ば～N2も～」表示同类事物、性质的叠加。「N1も」后面接动词、イ形容词的ば形或ナ形容词词干、名词加「なら」的形式。可译为"……也……，……也……"。

3 普通形（NAだな・である/Nだ・である）＋ばかりでなく

> 例 学生は勉強する**ばかりでなく**、ボランティアに参加するなど、社会
> 　　　　　　V普
> と関わることも大事だ。
>
> 中国**ばかりでなく**、世界中の国々も環境問題に関心を持っている。
> 　N

- 今年の夏は気温が低いばかりでなく、台風による被害も多い。
- この機械は使い方が複雑なばかりでなく故障も多いから、とても使いにくい。
- このアニメは子供ばかりでなく、大人にも人気があります。
- 彼は研究者であるばかりでなく、作家でもある。

句子的简体形式（ナ形容词句把「だ」变成「な/である」，名词句把「だ」去掉或变成「である」）接「ばかりでなく」，表示范围的扩大。与「だけでなく」语义基本相同，可译为"不仅……也/还……""不仅……，而且……也……"。

4 A/NAな/（Vた）＋ことだ

> 例 友達が引っ越ししてしまうのは寂しい**ことです**。
> 　　　　　　　　　　　　　　　A
>
> 彼が会社を辞めてしまうのは、本当に残念な**ことだ**。
> 　　　　　　　　　　　　　　　　NAな

イ形容词的基本形、ナ形容词把词尾「だ」变成「な」的形式和动词的た形接「ことだ」，表示感慨、感叹。用于说话人对某个事实抒发

■故障してコピーができないらしい。困ったことだ。

■希望の大学に合格できたのはとてもうれしいことです。

■友達との別れは大変悲しいことだ。

■有名人に会えたなんて、ラッキーなことでした。

感慨的场合。前面通常接表示感情的形容词，也可以接少数表示感情的动词。可译为"真……啊"。

5　普通形（NAだ／Nだ）＋らしい

例　来週大きい台風が来るらしいです。
　　　　　Ｖ普

この映画はおもしろいらしいです。
　　　　　　　　Ａ

来週大きい台風が来るらしいです。

情報

■この小説は若い人に人気があるらしい。

■Ａさんの話によると、Ｂさんは最近仕事が大変らしい。

■天気予報によると明日雨らしいです。

■Ａ：あれ？　あそこ、人がたくさん集まっていますね。

　Ｂ：ああ、さっき事故があったらしいですよ。

句子的简体形式（ナ形容词句和名词句去掉「だ」）接「らしい」，表示根据各种客观情况或传闻做出可能性很高的推测或委婉的判断。可译为"貌似……""好像……"

6　Nとは／というのは　〈定義づけ〉

例　大晦日というのは一年の最後の日のことだ。
　　　Ｎ

■彼にとって友達とはいったい何だろう。

■EJUとは日本留学試験のことだ。

■「歩きスマホ」とは歩きながらスマホを見ることだ。

■中国語の「请多关照」とは「よろしくお願いします」という意味だ。

■Ａ：「マック」って何？

　Ｂ：「マック」というのは「マクドナルド」のことだよ。

该句型表示下定义。「とは／というのは」前面主要接名词，也可以接固定表达、惯用语、谚语等，表示对某个词或短语、惯用语、谚语的定义或语义进行解释。

7　N1＋といった＋N2　〈列挙〉

例　天ぷらやとんかつといった揚げ物が大好きです。
　　　Ｎ1　　　　　　　　Ｎ2

この学校には中国やインドといった国の留学生が多いです。
　　　　　　　　Ｎ1　　　　　　Ｎ2

■私の国ではトヨタやホンダといった日本の車が多い。

■父は料理や掃除といった家事が得意です。

■私は歌舞伎や茶道といった日本文化が大好きだ。

■詩瑶さんはすき焼きや親子丼といった日本料理が作れるようだ。

该句型表示列举。N1表示列举的事例，通常是多个事例；N2表示N1所属的范围、领域等。

6

新出語彙

説明文

- 進出 ⓪ [名・自動Ⅲ] 进入、进驻、进军
  しんしゅつ
- 石碑 ⓪ [名] 石碑
  せきひ
- ハイテク ⓪ / ハイテクノロジー ⑤ [名] 高新技术、高科技

- 東福寺 ① [固] 东福寺(京都寺院)
  とうふくじ
- 北庭 ⓪ [固] 北庭(东福寺里的庭院)
  ほくてい

会話文Ⓐ

- 意外 ⓪ [名・ナ形] 意外
  いがい
- 学問 ② [名] 学问
  がくもん
- 協力 ⓪ [名・自動Ⅲ] 支持、协助
  きょうりょく
- 清水焼 ⓪ [名] 清水陶瓷(京都特
  きよみずやき 　　　　　　　有的陶瓷器)
- 距離 ① [名] 距离
  きょり
- 個人 ① [名] 个人
  こじん

- 産業 ⓪ [名] 产业
  さんぎょう
- チェーン店 ①② [名] 连锁店
  てん
- 手ぬぐい ⓪ [名] 和式手帕、手巾
  て
- 電子機器 ④ [名] 电子器械
  でんしきき
- ところ ③ [名] 点、部分;地方、地点
- 何～ [接頭] 几～
  なん
- 西陣織 ⓪ [名] 西阵锦缎、西阵丝绸(京都特产)
  にしじんおり

- 発達 ⓪ [名・自動Ⅲ] 发达、发展
  はったつ
- 部品 ⓪ [名] 零件、部件
  ぶひん
- もともと ⓪ [副・名・ナ形] 原本、本来
- 両方 ③⓪ [名] 双方、两个方面
  りょうほう
- 京都御所 ④ [固] 京都御所(京都地名)
  きょうとごしょ
- ノーベル賞 ④ [固] 诺贝尔奖
  しょう

会話文Ⓑ

- 市松模様 ⑤ [名] 两色相间的方格(棋盘状)花纹
  いちまつもよう
- 座禅 ⓪② [名] 坐禅、打坐
  ざぜん
- 尺八 ⓪ [名] 古管乐器,因管长一尺八寸而得名。今仍流行于日本,
  しゃくはち 　　　　　形制稍异。也称"箫管"
- 修行 ⓪ [名・自他動Ⅲ] 修行、修炼;学习
  しゅぎょう
- 新緑 ⓪ [名] 新绿
  しんりょく
- 優れる ③ [自動Ⅱ] 优秀、杰出
  すぐ
- 禅寺 ⓪ [名] 禅寺
  ぜんでら

- 庭園 ⓪ [名] 庭园
  ていえん
- のんびり ③ [副] 悠闲自在地、舒舒服服地、无拘无束地
- 法器 ① [名] 法器(佛具)
  ほうき
- 抹茶 ⓪ [名] 抹茶
  まっちゃ
- 名所 ⓪③ [名] 名胜、景点
  めいしょ
- 通天橋 ⓪ [固] 通天桥(东福寺内的廊桥)
  つうてんきょう
- 芬陀院 ③ [固] 芬陀院(京都东福寺的分寺)
  ふんだいん
- ほっとする [表現] 放心、放松

読解文

- 帯 ① [名] 腰带、带子
  おび
- 織物 ⓪②③ [名] 纺织品、织物
  おりもの
- 機器 ①② [名] 器械
  きき
- 貴族 ① [名] 贵族
  きぞく
- 絹織物 ③④ [名] 丝织品、丝绸
  きぬおりもの
- 京人形 ③ [名] 京人偶(京都特产)
  きょうにんぎょう

- 近代化 ⓪ [名・自他動Ⅲ] 现代化、使～现代化
  きんだいか
- 工芸品 ⓪ [名] 工艺品、手工艺品
  こうげいひん
- 工房 ⓪ [名] 工作室、工坊
  こうぼう
- 生産 ⓪ [名・他動Ⅲ] 生产、制作
  せいさん
- 手作り ② [名・他動Ⅲ] 手工制作、自己做
  てづく
- 天皇 ③ [名] 天皇
  てんのう

- 品質 ⓪ [名] 品质
  ひんしつ
- オーストリア ④ [固] 奥地利
- 平安時代 ⑤ [固] 平安时代
  へいあんじだい
- 明治時代 ④ [固] 明治时代
  めいじじだい

文法と表現

- いったい ⓪ [副] 到底、究竟
- 大勢 ③⓪ [名] 众多(的人)、大批(的人)
  おおぜい
- 関わる ③⓪ [自動Ⅰ] 与……相关、涉及到、关系到
  かか
- 家事 ① [名] 家务
  かじ
- 歌舞伎 ⓪ [名] 歌舞伎(日本传统艺术形式)
  かぶき
- 気温 ⓪ [名] 气温
  きおん
- 給料 ① [名] 工资、薪金
  きゅうりょう

- 国々 ② [名] 诸国、很多国家
  くにぐに
- 残業 ⓪ [名・自動Ⅲ] 加班
  ざんぎょう
- 別れ ③ [名] 离别、辞别
  わか
- トヨタ ① [固] 丰田
- 日本留学試験 [固] 日本留学考试
  にほんりゅうがくしけん
- ホンダ ⓪ [固] 本田
- マクドナルド ④ [固] 麦当劳

6

タスク＆アクティビティー

新出語彙

- アップサイクル④［名・他動Ⅲ］上循环（废物再利用的新理念）
- インテリア③［名］室内装饰
- 絹①［名］丝绸、丝织品
  きぬ
- 絹糸⓪［名］丝线
  きぬいと
- 市内①［名］市内
  しない
- 性質⓪［名］性质
  せいしつ
- 注目⓪［名・自他動Ⅲ］注目、注视
  ちゅうもく
- 肌①［名］肌肤、皮肤
  はだ
- 利益①［名］利益
  りえき
- 和服⓪［名］和服
  わふく

---

1 聴解【 🎧 ✍ 】

「おり屋」という会社の社長にインタビューをしています。

インタビューの内容をまとめましょう。＿＿＿＿＿＿ に言葉を入れましょう。

・「おり屋」は市内の ＿＿＿＿＿＿＿＿＿＿＿＿＿＿ 用の絹織物を作っている会社だ。

・最近は以前より和服を ＿＿＿＿＿＿＿＿＿＿＿＿＿＿ が減っている。

・最近、絹が持つ、肌を ＿＿＿＿＿＿＿＿＿＿＿＿＿ 効果に注目して新しい商品を作った。

・それは、帯や着物には ＿＿＿＿＿＿＿＿＿ 絹糸を使った、＿＿＿＿＿＿＿＿＿ 用の商品である。

・アップサイクルとは、＿＿＿＿＿＿＿＿＿＿＿＿ ものを使って新しいものを作ることを言う。

・社長は「企業は ＿＿＿＿＿＿＿＿＿ ばかりでなく、＿＿＿＿＿＿＿＿＿ についても考えなけれ

ばいけない」と言っていた。

2 発表 【 🔊 ✍ 🗣 🔍 】

例の文章を読んで、例のように □□□□□ の文型・表現を使って、自分の知っているところを紹介してみましょう。

文型・表現	〜に比べると	〜もあれば〜も	〜ばかりでなく
	〜は〜ことだ	〜というのは	〜たら

例　私は京都を紹介します。

京都は東京に比べると自然が多いです。

しかし、自然ばかりでなく、古い建物もたくさんあります。

京都にはたくさんのお寺もあれば、神社もあります。

古いお寺が何百年も残っているのはすごいことです。

京都といえば、清水寺です。

清水寺というのは、有名な「清水の舞台」があるお寺です。

私もまだ行ったことがありませんから、行けたらいいなあと思います。

_____

_____

_____

_____

_____

_____

_____

書 き 言 葉

　　口语（「話し言葉」）通常是日常生活口头对话中使用的较为随意、柔和的表达方式。而与其相对应的书面语（「書き言葉」）则通常是商务等正式场合或文章书写时使用的表达方式。日语里口语和书面语在区分使用时，通常有以下一些规则。

①口语中会出现助词省略的情况，而书面语中不可以省略助词。

口语：山田さんいない。	➡	山田さん**は**いない。	
口语：ケーキ食べた。	➡	ケーキ**を**食べた。	
口语：背高いです。	➡	背**が**高いです。	
口语：天気いいから、海行こうよ。	➡	天気**が**いいから、海**に**行こうよ。	

②口语中会使用大量缩略形式，而书面语中则不可以使用缩略形式。

口语中缩略形式	例	书面语	例
～てる	家で待っ**てる**。	～ている	家で待っ**ている**。
～とく	ここに置い**とく**。	～ておく	ここに置い**ておく**。
～ちゃ	病院で携帯を使っ**ちゃ**いけない。	～ては	病院で携帯を使っ**ては**いけない。
～じゃ	子供だけ**じゃ**なくて大人も楽しめる。	～では	子供だけ**では**なくて大人も楽しめる。
～って	EJU**って**いう試験を受ける。	～と・という	EJU**という**試験を受ける。
～なきゃ	明日早く起き**なきゃ**。	～なければ	明日早く起き**なければ**いけない。
～たって・だって	台風が来**たって**旅行に行きます。	～ても・でも	台風が来**ても**旅行に行きます。
～ちゃう・じゃう	娘はケーキを全部食べ**ちゃった**。	～てしまう・でしまう	娘はケーキを全部食べ**てしまった**。

ライティング ▶▶▶

③口语中根据场合及说话人、听话人的关系，会使用相应的敬语及表示授受关系等的表达方式。但在书面语中，除个人书信、邮件往来以外，在一些较为正式、生硬的文章或论文中一般不使用敬语或表示特定单方立场的授受关系表达方式。

口语：みなさんよくご存知のように…　➡　多くの人が知っているように…
口语：結論をご説明する。　➡　結論を述べる。

④口语中根据个人情感会使用相应的感叹词和终助词，但书面语中为表现客观逻辑性，所以一般不使用。

口语：さあ、一位になるだろうか。　➡　一位になるだろうか。
口语：まあ、このやり方がいいだろう。　➡　このやり方がいいだろう。
口语：便利だね。　➡　便利だ。
口语：方法はほかにもあるよ。　➡　方法はほかにもある。

⑤日语里表达同样的意思，口语和书面语的用词有时会有所区别，要注意区分使用。在写文章时尽量选择偏书面语的表达方式。

話し言葉	書き言葉
このような例は<u>あんまり</u>よくない。	このような例は<u>あまり</u>よくない。
その件は、<u>そんなに</u>重要ではない。	その件は、<u>それほど</u>重要ではない。
悪天候が続いたため、野菜の値段が<u>とても／とっても／すごく</u>高くなっている。	悪天候が続いたため、野菜の値段が（<u>非常に／極めて／大変</u>）高くなっている。
震災では、<u>いっぱい／たくさん</u>の人が犠牲になった。 その工場では水が<u>いっぱい／たくさん</u>使用されている。	震災では、{<u>数多く／多数／大勢（人だけに使う）</u>}の人が犠牲になった。 その工場では水が<u>多く／大量</u>に使用されている。
次の試験では、<u>もっと</u>高い点数を期待したい。	次の試験では、（<u>より／さらに</u>）高い点数を期待したい。
今年から物価が<u>ちょっと</u>上昇した。	今年から物価が（<u>やや／すこし</u>）上昇した。
<u>だんだん</u>規制が緩和された。	（<u>次第に／徐々に／緩やかに</u>）規制が緩和された。
日本の人口は<u>だいたい</u>１億２千万人である。	日本の人口は{<u>ほぼ／おおよそ／約（数量に使う）</u>}１億２千万人である。
使用した後は<u>ちゃんと</u>片付けなければならない。	使用した後は<u>きちんと</u>片付けなければならない。
練習を繰り返し行えば、<u>きっと</u>上達するであろう。	練習を繰り返し行えば、（<u>確実に／必ず</u>）上達するであろう

長期間の研究ののち、やっと成果を出すことができた。	長期間の研究ののち、ようやく成果を出すことができた。
野菜の値段が高いのは、たぶん今年の冷夏の影響だろう。	野菜の値段が高いのは、恐らく今年の冷夏の影響だろう。
今年の生産量はもう去年の２倍を超えた。	今年の生産量はすでに去年の２倍を超えた。
世界各地でまだ様々な格差が存在している。	世界各地で（未だに／依然として）様々な格差が存在している。
誤りのない日本語を書くのはやっぱり／やっぱ容易ではない。	誤りのない日本語を書くのはやはり容易ではない。
実験の過程を振り返ってみたが、全然問題はなかった。	実験の過程を振り返ってみたが、まったく問題はなかった。
こんな／こういう（そんな／そういう）意見	このような／こうした（そのような／そうした）意見
いろんな種類がある。	（いろいろな／さまざまな／多様な）種類がある。
なんで／どうして減少したのだろうか。	なぜ減少したのだろうか。
どんな方法があるだろうか。	どのような方法があるだろうか。
どっちのほうがいいだろう。	どちらのほうがいいだろう。
生活は忙しい。でも、充実している。	生活は忙しい。しかし、充実している。
納豆は臭いけど、栄養がある。	納豆は臭いが、栄養がある。
不況になった。だから、輸入は減るだろう。	不況になった。したがって、輸入は減るだろう。
彼は朝から高熱があった。それで、授業を欠席した。	彼は朝から高熱があった。そのため、授業を欠席した。
じゃあ、本題に移ります。	では、本題に移ります。
受験科目を選ばなければならない。	受験科目を選択しなければならない。
就活のためにスーツを購入した。	就職活動のためにスーツを購入した。
日本ではサッカーとか野球とかの人気が高い。	日本ではサッカーや野球などの人気が高い。
いつ大きな地震が起こるかわからないが、どっちにしても、避難訓練をしておくことが重要だ。	いつ大きな地震が起こるかわからないが、いずれにしても／いずれにせよ、避難訓練をしておくことが重要だ。
この店ではタブレットなんかがよく売れている。	この店ではタブレットなどがよく売れている。
今回みたいな問題。温暖化が進んでいるみたいだ。	今回のような問題。温暖化が進んでいるようだ。

第 7 課

奈良

話しましょう！

1. あなたは奈良へ行ったことがありますか。どんなイメージですか。

2. 奈良について知っていることを話してください。

3. 奈良時代（710〜794年）は、あなたの国ではどんな時代ですか。

4. 遣唐使について、何か知っていますか。どんなことですか。

5. あなたの国には世界遺産に登録されているものはありますか。どんなもので
   すか。

⇒ 説明文

　張さん、徐さん、李さん、剛士さん、陽奈さん、詩瑶さんの6人は奈良に来ました。奈良公園に着いた6人は、奈良が昔の首都だったことやその時代の生活、文化について話しました。奈良には世界遺産が多いことや、奈良公園にいる鹿について陽奈さんと剛士さんが説明しました。

　その後 、唐招提寺に行き、そのお寺が中国の唐の時代と深い関係があることを知り、1000年以上もの昔から交流があったことにみんな感動しました。

会話文 Ａ

陽奈：みなさん、奈良公園に着きましたよ。

張　：ここは、歴史的な建物がたくさんあるので、歴史公園と呼ばれているんだって。豊かな自然の中に古いお寺や神社がたくさんあって、時間がゆっくり流れている感じがするね。

詩瑶：奈良は、昔、日本の首都だったところですよね？

剛士：そう。今から1300年ぐらい前の奈良時代の首都だったところで、平城京と呼ばれていたんだよ。

張　：平城京も京都と同じで、唐の長安がモデルですね。

剛士：うん。その頃、日本は勉強のために唐に人を送っていたんだ。その人たちを遣唐使って言うんだけど、彼らがいろいろな文化を日本に持って帰ってきた。だから奈良時代は唐の影響を強く受けている。それに唐はインドや西アジアの国との交流もあったから、日本の文化にもいろいろな国の影響が見られるよ。

李　：奈良は世界遺産も多いんでしょう？

陽奈：うん、たくさんあるよ。東大寺やこれから行く唐招提寺なども世界遺産に登録されているんだって。

張　：奈良は世界遺産だけじゃなくて鹿も多いんだね。

剛士：そうそう。この公園に1000頭以上いるらしいよ。

詩瑶：えっ、1000頭ですか？　すごい！

李　：1000頭もの鹿をここで飼っているの？

剛士：いや、ここの鹿は野生だよ。昔、ここに神様が鹿に乗ってきたという話があって、ずっと大事に保護してきたから、今も多くの鹿がいるんだ。

李　：人間と鹿が仲良く暮らしているんですね。

剛士：でも、鹿にとっていい環境ばかりではないらしいよ。車にはねられたり、人間の食べ物を与えられて病気になってしまったりする鹿がいるんだって。

徐　：野生動物の保護は難しいですね。

張　：中国でも野生のパンダを保護するために、30年ぐらい前から四川省に保護研究センターを作って、パンダを人工的に育てて増やす活動をした結果、最近は少しずつ増えてきているんだ。

陽奈：いつかその保護研究センターに行ってみたいな。

詩瑶：そのときはぜひ私に案内させてください。

7

みなさん、奈良公園に着きましたよ。

ここは、歴史的な建物がたくさんあるので、歴史公園と呼ばれているんだって。

豊かな自然の中に古いお寺や神社がたくさんあって、時間がゆっくり流れている感じがするね。

奈良は、昔、日本の首都だったところですよね？

そう。今から1300年ぐらい前の奈良時代の首都だったところで、平城京と呼ばれていたんだよ。

平城京は京都と同じで、唐の長安がモデルですね。

うん。その頃、日本は勉強のために唐に人を送っていたんだ。その人たちを遣唐使って言うんだけど、彼らがいろいろな文化を日本に持って帰ってきた。
だから奈良時代は唐の影響を強く受けている。

それに唐はインドや西アジアの国との交流もあったから、日本の文化にもいろいろな国の影響が見られるよ。

奈良は世界遺産も多いんでしょう？

うん、たくさんあるよ。東大寺やこれから行く唐招提寺なども世界遺産に登録されているんだって。

奈良は世界遺産だけじゃなくて鹿も多いんだね。

えっ、1000頭ですか？すごい！

1000頭もの鹿をここで飼っているの？

いや、ここの鹿は野生だよ。昔、ここに神様が鹿に乗ってきたという話があって、ずっと大事に保護してきたから、今も多くの鹿がいるんだ。

そうそう。この公園に1000頭以上いるらしいよ。

人間と鹿が仲良く暮らしているんですね。

野生動物の保護は難しいですね。

でも、鹿にとっていい環境ばかりではないらしいよ。車にはねられたり、人間の食べ物を与えられて病気になってしまったりする鹿がいるんだって。

中国でも野生のパンダを保護するために、30年ぐらい前から四川省に保護研究センターを作って、パンダを人工的に育てて増やす活動をした結果、
最近は少しずつ増えてきているんだ。

いつかその保護研究センターに行ってみたいな。

そのときはぜひ私に案内させてください。

7

会話文B

陽奈：ここは世界遺産の一つ、唐招提寺です。

李　：「唐」という中国の古い時代の名前と、「招待する」の「招」の字が使われているから、中国と関係があるお寺なのかな？

張　：そう。ここは「鑑真」という中国のお坊さんが作ったお寺だよ。

李　：外国人のお坊さんがお寺を作ったということ？

剛士：そうだね。ほかの世界遺産、例えば東大寺や薬師寺、興福寺は天皇や当時の力のある人によって建てられたから、唐招提寺はそれとは違う、ちょっと珍しいお寺だよね。

李　：どうして鑑真はお寺を作ったの？

陽奈：まず、どうして鑑真が日本へ来たのか説明するね。鑑真は、正しい仏教を広めてもらうために、唐から招かれたんだ。

李　：そうなんだ。

張　：でも、鑑真は簡単に日本へ来ることができなかった。鑑真はとても偉いお坊さんだったから、遣唐使が鑑真を日本へ連れて来ようとしたとき、危険だからという理由で周りに反対されたらしい。海を船で渡るのに何度も失敗して、6回目でやっと日本に着くことができたという話も有名だよ。

陽奈：そう、鑑真はとても苦労したんだ。5回目のとき、嵐にあって目が見えなくなっちゃったんだって。

徐　：たとえどんな困難があっても、日本に正しい仏教を広めたいという鑑真の強い思いが伝わってくるなあ。

陽奈：うん。じゃあ、さっきの李さんの質問に答えるね。日本に着いた鑑真は、みんなが一緒に生活をしながら仏教を学ぶ場所としてこのお寺を作ったの。

李　：なるほど。勉強する場所だったんだね。

徐　：朝起きてから寝るまで、一緒に勉強したんだ。

張　：仏教は1日や2日で学べるものではなく、長い時間かかるってことだよ。

詩瑶：1000年以上もの昔、ここで鑑真と日本のお坊さんとの交流があったんですね。

ここは世界遺産の一つ、唐招提寺です。

「唐」という中国の古い時代の名前と、「招待する」の「招」の字が使われているから、中国と関係があるお寺なのかな？

そう。ここは「鑑真」という中国のお坊さんが作ったお寺だよ。

外国人のお坊さんがお寺を作ったということ？

そうだね。

ほかの世界遺産、例えば東大寺や薬師寺、興福寺は天皇や当時の力のある人によって建てられたから、唐招提寺はそれとは違う、ちょっと珍しいお寺だよね。

どうして鑑真はお寺を作ったの？

まず、どうして鑑真が日本へ来たのか説明するね。鑑真は、正しい仏教を広めてもらうために、唐から招かれたんだ。

そうなんだ。

でも、鑑真は簡単に日本へ来ることができなかった。

鑑真はとても偉いお坊さんだったから、遣唐使が鑑真を日本へ連れて来ようとしたとき、危険だからという理由で周りに反対されたらしい。

海を船で渡るのに何度も失敗して、6回目でやっと日本に着くことができたという話も有名だよ。

そう、鑑真はとても苦労したんだ。5回目のとき、嵐にあって目が見えなくなっちゃったんだって。

たとえどんな困難があっても、日本に正しい仏教を広めたいという鑑真の強い思いが伝わってくるなあ。

うん。じゃあ、さっきの李さんの質問に答えるね。日本に着いた鑑真は、みんなが一緒に生活をしながら仏教を学ぶ場所としてこのお寺を作ったの。

なるほど。勉強する場所だったんだね。

朝起きてから寝るまで、一緒に勉強したんだ。

仏教は1日や2日で学べるものではなく、長い時間かかるってことだよ。

1000年以上もの昔、ここで鑑真と日本のお坊さんとの交流があったんですね。

読解文

「唐」から制度・文化を輸入した奈良時代

　710年から784年の間、奈良は日本の都でした。この時代には中国の「唐」との交流が盛んに行われました。

　618年、中国では「隋」にかわって「唐」が国を支配するようになりました。唐は非常に国際的な国で、インドや西アジアとも交流していました。唐の文化の影響を受けて、この時代の日本文化はとても国際的だったと言われています。

　630年から894年までの間に、日本から「遣唐使」が十数回送られました。唐の進んだ制度、技術、文化を学ぶため、遣唐使には、留学生や僧なども加わりました。しかし、その頃、船を作る技術が進んでいなかったので、多くの人たちが嵐などによって唐に渡るのに失敗し、亡くなる人もたくさんいました。苦労をして唐に行った人は、唐から薬や仏教の本などたくさんのものを持って帰りました。また、法律や制度も唐をモデルに作られました。「戒律」という仏教の大切な決まりを伝えるために、日本は唐から鑑真和上を招きました。鑑真が日本に来るのはとても大変で、5回も失敗して10年以上かかりました。奈良に来た鑑真は「唐招提寺」を作りました。

　この時代の文化は、仏教中心の文化となり、たくさんの寺が建てられ、多くの仏教彫刻が作られました。また、その頃唐と交流のあったインドや西アジアなどから、ガラスのコップやラクダの模様の楽器などが日本に伝えられました。

✓ 理解度チェック

① 選びましょう。

1. 平城京は＿＿＿＿＿をモデルにして作られました。

　①京都　　　　　　　②奈良　　　　　　　③長安　　　　　　　④四川

2. 奈良には世界遺産が多いことや奈良公園にいる鹿について、＿＿＿＿＿が説明しました。

　①陽奈さんと詩瑶さん　②陽奈さんと剛士さん　③張さんと剛士さん　④張さんと詩瑶さん

3. 鑑真は＿＿＿＿＿です。

　①中国のお坊さん　　②日本のお坊さん　　③遣唐使　　　　　④遣隋使

4. 鑑真は＿＿＿＿＿に海を船で渡るとき、嵐にあって目が見えなくなりました。

　①3回目　　　　　　②4回目　　　　　　③5回目　　　　　④6回目

5. ＿＿＿＿＿は鑑真が建てたお寺です。

　①唐招提寺　　　　　②薬師寺　　　　　　③興福寺　　　　　④東大寺

② 本文の内容に合っていたら〇を、違っていたら×を書きましょう。

1. （　　　）奈良公園では1000頭以上の鹿を飼っています。

2. （　　　）京都も奈良も昔は日本の首都だったことがあります。

3. （　　　）平城京も京都と同じで、唐の長安がモデルです。

4. （　　　）奈良には、昔、神様が鹿に乗ってきたという話があります。

5. （　　　）奈良時代、日本から唐にガラスのコップやラクダの模様の楽器などが伝えられました。

③ 書きましょう。

1. 奈良公園は＿＿＿＿＿＿＿＿＿＿＿＿＿＿＿＿＿＿＿＿ので、歴史公園と呼ばれています。

2. 奈良は今から＿＿＿＿＿＿＿＿＿＿年ぐらい前の＿＿＿＿＿＿＿＿＿＿＿時代の

　首都だったところで、＿＿＿＿＿＿＿＿＿＿＿＿＿＿と呼ばれていました。

3. 遣唐使とは＿＿＿＿＿＿＿＿＿＿＿＿＿＿＿＿＿＿＿＿のことです。

4. 奈良には、＿＿＿＿＿＿＿＿＿＿＿や＿＿＿＿＿＿＿＿＿＿＿など、世界遺産が多いです。

5. 中国では野生のパンダを保護するために、＿＿＿＿＿＿＿＿＿＿を作って、パンダを

　＿＿＿＿＿＿＿＿＿＿＿＿活動をした結果、最近は＿＿＿＿＿＿＿＿＿＿＿＿＿＿。

④ 本文を読んで答えましょう。

1. 奈良時代の日本の文化には、いろいろな国の影響が見られるのはなぜですか。

2. 奈良公園では、なぜ鹿が大事に保護されていますか。

3. 唐招提寺はどんなお寺ですか。

4. 鑑真について、簡単に紹介してください。

5. 奈良時代について、簡単に紹介してください。

📖 文法と表現

1 V辞／A／NAな／N（助詞）＋ばかり

> 例 故郷で大きな地震があった。家族の無事を祈る<mark>ばかり</mark>だ。
>   　　　　　　　　　　　　　　　　　　V辞
>
> おいしいので、最近はこのお菓子<mark>ばかり</mark>食べています。
>   　　　　　　　　　　　　　　　N

■ 事故の説明会場に集まった人々は、社長の話を心配そうに聞いているばかりで、何も話さなかった。

■ あのレストランは高いばかりで、全然おいしくないです。

■ この仕事は大変なばかりで、給料は少ないです。

■ 最近あまり寝ていないので、失敗ばかりです。

■ 最近はうちの中でばかり遊んでいる子供が増えている。

2 Vた／Nの＋結果

> 例 無理をした<mark>結果</mark>、体を壊して入院することになった。
>   　　　Vた
>
> アンケートの<mark>結果</mark>、日本に留学したい人が増えたことがわかった。
>   　　Nの

■ 悩んだ結果、仕事を辞めることにしました。

■ 話し合いの結果、サークルの新しい部長は張さんになった。

■ 先生：進学について、ご両親と相談しましたか。

　学生：はい。相談した結果、経済学部を受験することにしました。

3 ～（さ）せてください

> 例 すみません。ここに荷物を置か<mark>せてください</mark>。
>   　　　　　　　　　　　　　V使て

■ すみません。この資料、コピーさせてください。

■ 先生、次の発表は私にやらせてください。

■ Ａ：すみません、このパソコン、使わせてください。

　Ｂ：ええ、どうぞ。

■ 従業員：店長、すみません。体の調子が悪いので、今日は休ませてください。

　店長　：わかりました。大丈夫ですか。お大事に。

動詞和イ形容詞的基本形、ナ形容詞词尾变成「な」的形式、名词或名词加助词的形式接「ばかり」，表示同类的事物多或者相同事情发生的频度高。可译为"净……、总是……"。多用于负面、消极的事情。

「ばかり」与「だけ」接在名词后所表示的语义有所不同，「ばかり」强调频率高；而「だけ」排除了其他事例。

お菓子ばかり食べています。（总吃点心，但并不排除吃其他东西）

お菓子だけ食べています。（只吃点心，其他的不吃）

动词的た形或者名词加「の」的形式接「結果」，表示客观的结果。可译为"……的结果，……"。

该句型表示征求许可。具体的接续方式为动词使役形た形接「ください」。

该表达方式语气略显生硬。可译为"请让我……""请允许我……"。

4　たとえ〜Vて＋も/Aゖく＋ても/NA・Nでも（であっても）

例　たくさん練習しておけば、たとえ緊張しても質問に答えられると
　　思うよ。
　　　　　　　　　　　　Vて

- たとえ失敗しても、諦めないことが大切だ。
- たとえ便利でも、このスマホは高すぎます。
- たとえ短い時間でも、国に帰る前に友人に会いたい。
- たとえ大雨の日であっても、彼は必ずジョギングをする。
- 学生Ａ：食堂で勉強してて、うるさくない？
　学生Ｂ：図書館が混んでて。たとえうるさくても、集中すれば、大丈夫だよ。

副词「たとえ」接动词て形加「も」、イ形容词词尾的「い」变成「く」加「ても」、ナ形容词词干和名词接「でも」或「であっても」，表示让步条件。可译为"即使……，（也）……"。

5　V辞/Vている/Vない/A/NAな/Nの＋間（は）/間に

① 〜間（は）

例　夏休みの間、ずっと国へ帰っていました。
　　　　　Nの

- 子供が寝ている間、テレビを見ていた。
- 両親が旅行でいない間、料理は自分で作っていた。
- 若い間は、健康についてあまり考えない人が多い。
- お祭りで町がにぎやかな間は、私も楽しい気分になります。
- 授業の間、彼はノートを取っていなかった。

该句型表示在某时间段或某时间范围内。「間（は）/間に」前面接动词的基本形、动词接「ている」的形式、动词ない形、イ形容词的基本形、ナ形容词词尾变成「な」的形式、名词加「の」的形式。
具体用法有以下两种：
①〜間（は）
表示在某时间段持续的动作或事态，后面需要接表示状态的句子或者持续动作、行为的句子。可译为"在……期间、时候"。

夏休みの間、ずっと国へ帰っていました。
ずっとですね
7/31　夏休み　7月31日〜9月20日　9/20

夏休みの間に友達と海へ遊びに行きました。
ずっとではありません
8月1日〜8月7日
夏休み　7月31日〜9月20日

② 〜間に

例　夏休みの間に、友達と海へ遊びに行きました。
　　　　　Nの

- 日本にいる間に、1度高尾山に登ってみたい。
- 出かけている間に、泥棒に入られてしまいました。
- 両親が元気な間に、一緒に海外旅行に行こうと思う。
- 旅行の間に、花が枯れてしまった。
- 店長　　：お客様が少ない間に、食事に行ってください。
　従業員：わかりました。じゃあ、今から行ってきます。

②〜間に
表示在某时间范围内发生的某件事情，后面接一次性的动作、行为、变化等。可译为"趁、在……期间、时候"。

6 　N1というN2 〈名前〉

例　このお寺は6月になると「あじさい」という花がたくさん咲きます。
　　　　　　　　　　　　　　　N1　　　　　　N2

■これは「金閣寺」という世界遺産の写真です。
■「クリケット」というスポーツはファンが世界に25億人もいるが、日本ではあまり知られていない。
■松山は『坊ちゃん』という小説の舞台だ。
■留学生　　　：今度京都に行くんだけど、お土産は何がいい？
　日本人学生：京都なら「八つ橋」という和菓子が有名だよ。

該句型表示对某个具体的名称进行解释。N1为具体的名称，N2为N1所属的范围、领域等。用于说话人认为听话人没有听说过话题中的某个名称的场合。可译为"叫做、名为……的……"。

7 　Nにかわって

例　今日は南先生にかわって、私が授業をします。
　　　　　　　N

■今後はガソリン車にかわって電気自動車に乗る人が多くなるだろう。
■風邪をひいた母にかわって、私が弟の面倒を見た。
■テレビにかわって、スマホやパソコンで動画を見る若者が増えている。

名词接「にかわって」表示代替、取代。用于表示代替、取代某个人物或事物的场合。可译为"代替、取代……"。

8 　Nとなる

例　選挙の結果、彼が大統領となった。
　　　　　　　　　　　N

■夜遅くに、雨は雪となった。
■明日の運動会は雨のため延期となった。
■災害のとき、社長がとった行動が問題となった。
■来月からアメリカに出張することとなった。

名词接「となる」表示变化的结果，在同一场景下比「～になる」略正式。

9 　N1＋助詞＋の（～との/での/からの/までの/への）＋N2

例　家族との旅行は楽しくて、子供の頃のいい思い出です。
　　　N1　　　　N2

■教室での飲食は禁止です。　　　■学校からのお知らせです。
■卒業までの予定を立ててください。■図書館への道はわかりにくいです。

■友達との約束を守ってください。
■学校でのルールをもう1度確認しましょう。
■ホテルまでの行き方を教えてください。
■この活動に参加したい方へのお知らせです。
■A：そのかばん、素敵ですね。
　B：ありがとうございます。両親からの誕生日プレゼントなんです。

N1接助词（と、で、から、まで、へ）修饰N2时，助词后面需要加上「の」。

新出語彙

説明文

- 感動⓪［名・自動Ⅲ］感动
  かんどう
- 鹿⓪②［名］鹿
  しか
- 唐招提寺⑤［固］唐招提寺(奈良寺院)
  とうしょうだいじ

- 奈良①［固］奈良(日本地名)
  なら
- 奈良公園③［固］奈良公園(奈良地名)
  ならこうえん

会話文Ⓐ

- 与える⓪［他動Ⅱ］给予、提供；导致
  あた
- 神①［名］神
  かみ
- 遣唐使③［名］遣唐使
  けんとうし
- 人工的⓪［ナ形］人工的
  じんこうてき
- はねる②［自動Ⅱ］(水等)飞溅；(人、物等)撞飞
- パンダ①［名］熊猫
- 増やす②［他動Ⅰ］增加、增添
  ふ

- 保護①［名・他動Ⅲ］保护
  ほご
- 野生⓪［名・自動Ⅲ］野生
  やせい
- 四川省②［固］四川省(中国地名)
  しせんしょう
- 東大寺①［固］东大寺(奈良寺院)
  とうだいじ
- 奈良時代③［固］奈良时代
  ならじだい
- 西アジア③［固］西亚
  にし
- 平城京⓪［固］平城京(日本古都名。今奈良市。)
  へいじょうきょう

会話文Ⓑ

- あう①［自動Ⅰ］遭遇、碰上
- 嵐①［名］暴风雨、风暴
  あらし
- 当時①［名］当时、那时
  とうじ

- 広める③［他動Ⅱ］扩大、普及、推广
  ひろ
- 坊さん⓪［名］和尚
  ぼう
- 招く②［他動Ⅰ］招待、邀请、招致
  まね

- 鑑真①［固］鉴真
  がんじん
- 興福寺①［固］兴福寺(奈良寺院)
  こうふくじ
- 薬師寺⓪③［固］药师寺(奈良寺院)
  やくしじ

読解文

- 戒律⓪［名］戒律
  かいりつ
- 加わる⓪③［自動Ⅰ］加上、添上、附加
  くわ
- 盛ん⓪［ナ形］繁荣、盛行
  さか
- 支配①②［名・他動Ⅲ］统治、控制、支配、管辖
  しはい

- 僧①［名］僧人、僧侣
  そう
- 彫刻⓪［名・自他動Ⅲ］雕刻
  ちょうこく
- 亡くなる⓪［自動Ⅰ］去世、逝世
  な
- 都⓪［名］都城、首都
  みやこ

- 模様⓪［名］花纹、图案
  もよう
- ラクダ⓪［名］骆驼
- 和上①［名］和尚、高僧
  わじょう
- 隋①［固］隋(中国朝代)
  ずい

文法と表現

- あじさい⓪②［名］绣球花、紫阳花
- 飲食⓪①［名・自他動Ⅲ］饮食
  いんしょく
- うち⓪［名］家、家庭
- お知らせ⓪［名］通知、消息
  し
- ガソリン車③［名］汽油车
  しゃ
- 枯れる⓪［自動Ⅱ］枯萎、枯死
  か
- 気分①［名］心情、情绪、身体状况
  きぶん
- 今後⓪［名］今后、将来
  こんご
- 自動車②⓪［名］汽车
  じどうしゃ
- 選挙①［名・他動Ⅲ］选举
  せんきょ
- 大統領③［名］总统
  だいとうりょう

- 入院⓪［名・自動Ⅲ］住院
  にゅういん
- 話し合い⓪［名］商谈、协商
  はな あ
- ファン①［名］～迷、粉丝
- 友人⓪［名］朋友、友人
  ゆうじん
- 和菓子②［名］和式点心
  わがし
- 金閣寺①［固］金阁寺(京都寺院)
  きんかくじ
- 松山②［固］松山(日本地名)
  まつやま
- お大事に［表現］(对病人说)请保重身体
  だいじ
- 体を壊す［表現］患病、搞坏身体
  からだ こわ
- 面倒を見る［表現］照顾、照料
  めんどう み
- 予定を立てる［表現］制定计划、做准备
  よてい た

🏃 タスク＆アクティビティー

新出語彙

- 医学①［名］医学
  いがく
- 数〜［接頭］多(个)〜、数(个)〜
  すう
- スプーン②［名］匙、勺
- 話し合う④⓪［他動Ⅰ］谈话、对话、商谈
  はな　あ
- 許す②［他動Ⅰ］允许、饶恕、容许
  ゆる

- 関西①［固］关西(日本地区名)
  かんさい
- 関西空港⑤／関西国際空港［固］(大阪)关西机场
  かんさいくうこう　　かんさいこくさいくうこう
- 東北大学⑤［固］东北大学(日本)
  とうほくだいがく
- 『藤野先生』①［固］《藤野先生》(小说名)
  ふじのせんせい
- 魯迅①［固］鲁迅(中国作家)
  ろじん

---

1 聴解【 🎧 💬 ◇ 🔼 】

1) トムさんは山田さんの話を聞いた日の夜、日記を書きました。まず、トムさんと山田さんの会話を聞いて、その後で＿＿＿＿＿ に適当な言葉を入れてトムさんの日記を完成させましょう。

〇月〇日

　今日はクラスメートの山田さんにおもしろい話を聞いた。今から＿＿＿＿＿＿＿＿ ぐらい前に中国に勉強に行った＿＿＿＿＿＿＿＿ がたくさんいたそうだ。＿＿＿＿＿＿＿＿ で行くのはとても＿＿＿＿＿＿＿＿ ので、中国まで行けたのは船に乗った留学生の＿＿＿＿＿＿＿＿ ぐらいだったらしい。それでも中国に行って＿＿＿＿＿＿＿＿ たいと考える学生が多かったそうだ。

　その頃、中国から＿＿＿＿＿＿＿＿ や＿＿＿＿＿＿＿＿ を使う習慣が伝わってきたそうだ。＿＿＿＿＿＿＿＿ を＿＿＿＿＿＿＿＿ いけないという仏教の教えも日本に入ってきたそうだ。

2) 次の日、トムさんはクラスメートのゴさんに話しました。（　　）に入る一番いい言葉を選びましょう。それからペアでトムさんとゴさんになって会話を読んでください。

トム：昨日山田さんからおもしろい話を聞いたんだ。奈良時代にたくさんの留学生が中国に留学したんだって。その話を聞いて、僕も日本に来るときのことを思い出した。両親に「日本に（　行って　行かせて　行かさせて　）ください」って頼んだんだ。それまで僕は１人で生活したことがなかったし、日本には友達が数人しかいなかったから、両親はとても心配して、「知らない人（　しか　だけ　ばかり　）の国で生活するのはとても大変だから、苦労すると思うよ」と反対した。

ゴ　：へえ、そうなんだ。それでも諦めなかったの？

7

トム：うん。「たとえ（　大変なら　　大変だったら　　大変でも　）僕は頑張って勉強する」って何度も

両親に話したんだ。たくさん話し（　合った　　合って　　合う　）結果、両親も許してくれたんだ。

ゴ　：留学できてよかったね。中国から日本（　への　　にの　　までの　）留学生というと、魯迅

（　とか　　という　　として　）作家が有名だよ。留学して東北大学で医学を勉強してい

たんだけど、途中で大学をやめて作家になったんだ。機会があったら、『藤野先生』（　とか

という　　として　）小説を読んでみて。

2 読解・会話【 】

小林さんは旅行会社で働いています。

課長からグループ旅行の予定を聞いて、メモを作りました。会話の内容に合わせて_____ に「助
詞＋の」を書きましょう。

課長：秋の関西旅行だけど、10名のお客様から申し込みがあったよ。

いろいろやってもらいたいことがあるんだ。

小林：はい。

課長：まず、東京から京都まで新幹線の切符を予約しておいて。

それから、参加するお客様と観光する場所の相談をしたほう

がいいと思うんだ。いつがいいか相談する日を決めておいて。

小林：はい。お客様に連絡して、相談する日を決めます。

課長：ホテルはもう予約してあるんだけど、予約ができているかホテルに確認しておいて。

奈良でどこを見るか予定も考えて。奈良の後は京都、大阪を観光してから、帰りは関西空港から飛

行機で帰ることになっているから、チケットを予約しておいて。

ツアー：5月の関西旅行

忘れないように！

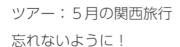

例　京都＿＿までの＿＿新幹線の切符

1.お客様 ＿＿＿＿＿＿＿＿＿＿ 相談の日

2.お客様 ＿＿＿＿＿＿＿＿＿＿ 連絡

3.ホテル ＿＿＿＿＿＿＿＿＿＿ 確認

4.関西空港 ＿＿＿＿＿＿＿＿＿＿ 飛行機の予約

5.奈良 ＿＿＿＿＿＿＿＿＿＿ 予定

第 **8** 課

....

五月祭

話しましょう！

---

1. あなたの学校では文化祭がありますか。どんなことをしますか。

2. あなたの国で有名な大学はどの大学ですか。

3. 日本の東京大学を聞いたことがありますか。どんなイメージですか。

4. あなたは将来どんな大学に入りたいですか。それはなぜですか。

5. あなたの知っている日本の代表的な作家は誰ですか。

⇒ 説明文

　張さんたちは、詩瑶さんの通う東京大学の五月祭（大学祭）を見に行きました。詩瑶さんはダンスサークルのステージですばらしいパフォーマンスを見せました。

　パフォーマンスの後、6人は五月祭のいろいろなものを見て回り、疲れたのでステージ横の三四郎池で休憩することにしました。三四郎池は夏目漱石の小説『三四郎』に出てくる場所で、緑が多くて普段は静かです。休憩しているとき、サークル活動のことが話題になりました。

会話文 A

徐 ：みんなで記念写真を撮ろう。

剛士：いいね。

李 ：それより、早く詩瑶ちゃんのダンスパフォーマンスを見に行こう。

徐 ：詩瑶ちゃんは、どこで何時にダンスをするの？

張 ：ちょっとパンフレットを見せてもらえる？　ええと、セントラルステージで10時からだって。

李 ：えっ、10時？　早く行かないと始まってしまうよ。

剛士：まだ20分もあるよ。何か食べ物を買ってから行こうよ。

李 ：時間大丈夫ですか。買い物したせいで、いい席が取れなくなるかもしれません。

徐 ：じゃ、私と剛士さんが買い物してくるから、みんなは先に行って。私たちの席も取っておいてね。

張 ：了解！

● ● ● ● ●

張 ：詩瑶！

詩瑶：わあ、みなさん、本当に見に来てくれたんですね。ありがとうございます。どうでしたか？　感想を聞かせてほしいんですが……。

徐 ：とてもすばらしかったよ。私も詩瑶ちゃんみたいにダンスができれば一緒に踊れるのに、私はダンスが苦手だから残念。

詩瑶：簡単なダンスもありますから、今度一緒に踊りましょう。

李 ：詩瑶ちゃんは、どのくらいダンスをしているの？

詩瑶：小学生のときにダンス教室に通い始めてから、10年以上になります。

李 ：10年以上も！　勉強もダンスも頑張っていてすごいね。

陽奈：勉強とスポーツの両方頑張ることを「文武両道」って言うんだよ。詩瑶ちゃんは文武両道だね。

張 ：たくさん練習したから、今日は最高のパフォーマンスだったんじゃない？

詩瑶：うん。ダンスサークルに入ってから踊ってばかりいましたからね。自分でも驚くほど上達しました。それに、今日はサークルのみんなと一緒だったから、いいパフォーマンスを見せることができました。みんなで一つの目標に向かって頑張るすばらしさを知ることができたのも、サークルのみんなのおかげだと思ってます。

8

💬 会話文Ｂ

徐　：大学祭でいろいろ見るのは楽しいけど、あちこち歩き回って疲れたね。

剛士：もう一歩も歩けない。ちょっと休憩しようよ。

張　：そうですね。詩瑶にたくさん歩かされましたからね……。

詩瑶：たくさん歩かせてすみません。見てもらいたいものがいろいろあったから。じゃ、最後に三四郎池に案内させてもらえますか。私のお気に入りの場所なんです。実は、さっきのステージの近くなんですけど。

剛士：えっ！　また戻るの？

李　：行きましょう！　剛士さん、もう少し頑張ってください。

詩瑶：そこでゆっくり休みましょう。

● ● ● ● ●

徐　：こんなところもあるんだ。

張　：三四郎池は、夏目漱石の小説『三四郎』と関係があるんだよね？

詩瑶：そう。ここは江戸時代に作られた池で、夏目漱石の小説の影響で「三四郎池」と呼ばれるようになったらしいですよ。

李　：小説『三四郎』の主人公が、この池で初めてヒロインに出会ったんだよね。

詩瑶：李さん、詳しいですね。

李　：『三四郎』は読んだことがあるので。

徐　：ここは緑も多いから、疲れた体と心を休ませるのにいいですね。

剛士：そう、学生には休みが必要なんだよ。

張　：勉強ばかりでなく、休む時間を作ることも大切ですね。

詩瑶：日本の大学にはたくさんのサークルや部活があって、いろいろな活動に参加している学生が多いことにびっくりしました。

陽奈：スポーツや音楽だけじゃなくて、歌舞伎鑑賞や将棋などの伝統文化を楽しむサークルもあるし、折り紙やラーメンを研究するユニークなサークルもあるからね。

剛士：弁論部とか新聞部とか、ちょっと難しそうなことをしているところもあるよ。

徐　：部活とサークル活動って何が違うの？

陽奈：部活は、大会などでの優勝を目指して毎日厳しい練習をしているような感じかな。大学によって違うと思うけど、部活だったら、大学内のグラウンドを自由に使えたり、合宿などの費用を援助してもらえたりするメリットがある。サークルに入っている人は、厳しさより楽しさを求めているんだと思う。同じ趣味を持つ人たちが集まって楽しむ感じだから、活動の時間や内容も自由なことが多いんじゃないかな。

徐　：私も国際交流サークルに入って楽しんでいるよ。

陽奈：それはよかった。

詩瑶：サークルや部活は、新しいことにチャレンジできるすばらしい場所だと思います。あ、もうこんな時間！　次のパフォーマンスが始まるから、私はそろそろ戻らないと。

李　：詩瑶ちゃん、もう行っちゃうの……？

大学祭でいろいろ見るのは楽しいけど、あちこち歩き回って疲れたね。

もう一歩も歩けない。ちょっと休憩しようよ。

そうですね。詩瑶にたくさん歩かされましたからね……。

たくさん歩かせてすみません。見てもらいたいものがいろいろあったから。

じゃ、最後に三四郎池に案内させてもらえますか。私のお気に入りの場所なんです。実は、さっきのステージの近くなんですけど。

えっ！ また戻るの？

行きましょう！ 剛士さん、もう少し頑張ってください。

そこでゆっくり休みましょう。

こんなところもあるんだ。

三四郎池は、夏目漱石の小説『三四郎』と関係があるんだよね？

そう。ここは江戸時代に作られた池で、夏目漱石の小説の影響で「三四郎池」と呼ばれるようになったらしいですよ。

小説『三四郎』の主人公が、この池で初めてヒロインに出会ったんだよね。

李さん、詳しいですね。

『三四郎』は読んだことがあるので。

ここは緑も多いから、疲れた体と心を休ませるのにいいですね。

そう、学生には休みが必要なんだよ。

勉強ばかりでなく、休む時間を作ることも大切ですね。

日本の大学にはたくさんのサークルや部活があって、いろいろな活動に参加している学生が多いことにびっくりしました。

スポーツや音楽だけじゃなくて、歌舞伎鑑賞や将棋などの伝統文化を楽しむサークルもあるし、折り紙やラーメンを研究するユニークなサークルもあるからね。

弁論部とか新聞部とか、ちょっと難しそうなことをしているところもあるよ。

部活は、大会などでの優勝を目指して毎日厳しい練習をしているような感じかな。

大学によって違うと思うけど、部活だったら、大学内のグラウンドを自由に使えたり、合宿などの費用を援助してもらえたりするメリットがある。

サークルに入っている人は、厳しさより楽しさを求めているんだと思う。同じ趣味を持つ人たちが集まって楽しむ感じだから、活動の時間や内容も自由なことが多いんじゃないかな。

部活とサークル活動って何が違うの？

私も国際交流サークルに入って楽しんでいるよ。

それはよかった。

サークルや部活は、新しいことにチャレンジできるすばらしい場所だと思います。

あ、もうこんな時間！ 次のパフォーマンスが始まるから、私はそろそろ戻らないと。

詩瑶ちゃん、もう行っちゃうの……？

読解文

夏目漱石『吾輩は猫である』

　日本の代表的な作家というと、夏目漱石、芥川龍之介、太宰治、川端康成、宮沢賢治、谷崎潤一郎などの名前が挙げられる。中でも、特に有名なのは夏目漱石だ。

　漱石は1867年に東京で生まれた。生まれてすぐの頃からほかの家で育てられ、9歳まで本当の家族と離れて暮らしていた。小学校、中学校も何回か転校した。その後、東京大学に入学し、卒業後は英語教師になった。33歳から3年間イギリスに留学したが、ストレスで体調を崩して帰国した。

　1905年、38歳のときに『吾輩は猫である』という最初の作品を書いた。この作品には、猫から見た人間社会がおもしろく描かれている。物語は「吾輩は猫である。名前はまだ無い。どこで生まれたかとんと見当がつかぬ（全然わからない）」で始まる。これは、生まれてすぐにほかの家に預けられた漱石自身の人生と似ている。

　猫は自分を「吾輩」と言っている。「私」「俺」「僕」などではなく「吾輩」と言うのは、ちょっとユーモアがありながら偉そうな感じがする。「吾輩」は人間の生活や生き方を鋭く観察したり、哲学的なことを考えたりする。猫でありながら、人間が心の中で考えていることがわかるのは、「吾輩」が漱石自身であるからだろう。漱石は、「吾輩」という猫の視点を使って、人間関係や社会に対する自分の考えを書いているのだ。

　40歳のとき、東京大学の教師の仕事を辞めて新聞社に入り、本格的に作家としての活動を始めた。そして、次々と名作を発表した。『吾輩は猫である』のほかに、代表的な作品として『坊っちゃん』『三四郎』『それから』『こころ』『明暗』などがある。

8

✓ 理解度チェック

1 選びましょう。

1. 東京大学の大学祭は、_____と呼ばれています。

①五月祭 ②七夕祭り ③雛祭り ④祇園祭

2. 勉強とスポーツの両方を頑張ることを日本語で、「_____」と言います。

①文武双全 ②文武両道 ③文武両立 ④文武双道

3. 詩瑶さんの_____パフォーマンスはセントラルステージで10時からです。

①スピーチ ②テニス ③ダンス ④バンド

4. 夏目漱石の最初の作品は_____です。

①こころ ②三四郎 ③坊ちゃん ④吾輩は猫である

5. 夏目漱石は東京大学を卒業した後、3年間_____をしたことがあります。

①イギリス留学 ②英語教師 ③ドイツ留学 ④新聞記者

2 本文の内容に合っていたら〇を、違っていたら×を書きましょう。

1. (　　　) 詩瑶さんは小学生のときからダンスを10年以上続けています。

2. (　　　) 徐さんも詩瑶さんのようにダンスが上手です。

3. (　　　) 詩瑶さんは日本の大学にたくさんのサークルや部活があって、いろいろな活動に
参加している学生が多いことにびっくりしました。

4. (　　　) 「三四郎池」は夏目漱石によって作られた池で、とても有名です。

5. (　　　) 詩瑶さんはサークルや部活は、新しいことにチャレンジできるすばらしい活動だ
と思っています。

3 書きましょう。

1. 詩瑶：みなさん、来てくれてありがとう。_____てほしいんですが……。

2. 詩瑶：私はダンスサークルに入ってから_____いましたから、
自分でも_____上達しました。

3. 詩瑶：みんなで_____すばらしさを知ることができたのも、
サークルのみんなの_____と思ってます。

4. 詩瑶：みなさん、たくさん_____てすみません。_____もの
がいろいろあったから。最後に三四郎池に_____もらえますか。

5. _____ながら、人間が_____がわかるのは、
「吾輩」が漱石自身であるからだろう。

4 本文を読んで答えましょう。

1. 日本の大学のサークル活動はどんなものがありますか。

2. 三四郎池はなぜ「三四郎池」と呼ばれるようになりましたか。

3. 夏目漱石はいつから本格的に作家活動を始めましたか。

4. 夏目漱石の代表作品にはどんなものがありますか。

5. 夏目漱石は『吾輩は猫である』で、猫の視点を使ってどのようなことを書きましたか。

8

📖 文法と表現

1 動詞使役受身形（V使受）

	辞書形	使役受身形	
		長い形	短い形
Ⅰグループ	買う	買わせられる	買わされる
	書く	書かせられる	書かされる
	話す	話させられる	—
	待つ	待たせられる	待たされる
	飲む	飲ませられる	飲まされる
	帰る	帰らせられる	帰らされる
Ⅱグループ	食べる	食べさせられる	
	いる	いさせられる	
	捨てる	捨てさせられる	
	辞める	辞めさせられる	
Ⅲグループ	する	させられる	
	勉強する	勉強させられる	
	来る	来させられる	
	連れて来る	連れて来させられる	

① 強制

> 例 **私は、母に苦い薬を飲まされました。**
> V使受

- 私は姉に荷物を運ばされました。
- 私は両親に嫌いな野菜を食べさせられました。
- 私は運動が嫌いなのに、父に運動させられました。
- A：子供のとき、両親に難しい本を読まされました。
  B：それは大変でしたね。

私は、母に苦い薬を飲まされました。

されました

② 自発

> 例 **私たちは、よく剛士さんにびっくりさせられます。**
> V使受

- よく手伝いをする子供に感心させられました。
- 昨日読んだ本は、人生について深く考えさせられる内容だった。
- その親切な人の話には感動させられた。

2 普通形 (NAだな/Nだの)＋せいで/せいだ/せいか

例 雨が降ったせいで、バーベキューは中止になりました。
  V普

  体調が悪かったせいで、試験に集中できなかった。
  A普

- 甘い物を食べすぎたせいで、虫歯になってしまった。
- 昨日は隣がうるさかったせいで、全然眠れませんでした。
- 試験では、部屋が静かなせいかとても緊張してしまった。
- 試合に出られなかったのは、けがのせいだ。
- 私のせいで、パソコンが壊れてしまった。

該句型表示责任的归属。「せい」前面接动词句、イ形容词句的简体形式、ナ形容词词尾「だ」变成「な」的形式、名词加「の」的形式。多用于结果不好的事情，带有主观的判断，含有抱怨、责备的语气。通常可译为"都怪……"。

「せいで」用于句中，「せいだ」用于句末，「せいか」用于不确定责任归属的场合。

3 普通形 (NAだな/Nだの)＋おかげで/おかげだ/おかげか

例 一生懸命勉強したおかげで、いい会社に就職することができました。
  V普

  早く作業が終わったのは、友達のおかげだ。
  Nの

- 薬を飲んだおかげで、病気が治りました。
- 成績がよかったおかげで、奨学金をもらえました。
- 部屋が静かなおかげか、昨日はよく寝られた。
- 先生のおかげで、私は入りたい大学に合格しました。
- 田中さんが遅刻したおかげで、飛行機に乗れませんでした。

該句型表示好的结果的原因。「おかげ」前面接动词句、イ形容词句的简体形式、ナ形容词词尾「だ」变成「な」的形式、名词加「の」的形式。

通常用于结果好的事情，含有感激的语气。可译为"多亏了……"。也具有反语的用法，在开玩笑或讽刺时，用于不好的事情，例如例句中的「遅刻したおかげで」。

「おかげで」用于句中，「おかげだ」用于句末，「おかげか」用于不确定原因的场合。

4 Vてほしい/Vないでほしい

① 他者への願望

例 張さんには餃子を作ってほしい。
  Vて

  教室にごみを捨てないでほしい。
  Vない

- この仕事は1人でできないので、誰かに手伝ってほしい。
- 健康のために、父にお酒をやめてほしい。
- 私の日記を読まないでほしい。
- 子供には、危ないところに行かないでほしい。

動词て形接「ほしい」表示愿望，动词ない形接「で」再接「ほしい」表示否定的愿望。具体有以下两种用法：

① 说话人希望别人做某事或者希望别人不做某事。

② 事態実現への願望

例 早く夏休みになってほしい。
  Vて

  台風が来ないでほしいなあ。
  Vない

- 早く涼しくなってほしい。
- 雨が止んでほしいなあ。

② 说话人希望事态成立或者不成立。通常用于说话人决定不了的事情和自然现象。

8

5 Vば／Vなければ／Vていれば／Aいければ／Aいくなければ／NA・Nなら／NA・Nでなければ、～（のに／だけど／だが）

例 よく問題を読めば、答えがわかったのに。
    Vば

宿題がなければ、もっと夏休みを楽しめるのに。
    Aい

■ 彼が試合に出ていれば、勝てただろう。

■ 暑くなければ、歩いて出かけたんだけど。

■ 日本語が上手なら、試験にも合格できたのに。

■ 今日はこどもの日だ。子供なら、プレゼントをもらえたのに。

■ 駅から遠くて不便でなければ、あの部屋を借りたのに。

■ A：この間はイベントに行けなくて、ごめんね。

  B：気にしないで。でも、Aさんが参加していればもっと楽しかったのに。

动词、イ形容词、ナ形容词、名词肯定或否定形式的ば形以及「Vている」接「ば」的形式，表示反事实假设以及与事实相反的结果。经常采用「～ば、～のに」的形式，表达遗憾、后悔的心情。可译为"要是……就……了""如果……就……了"。

6 Vてばかり（いる／だ）

例 仕事が終わらなくて、
最近残業してばかりいる。
    Vて

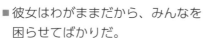

仕事が終わらなくて、最近残業してばかりいる。

ばっかり

■ 彼女はわがままだから、みんなを
困らせてばかりだ。

■ 迷子の子は泣いてばかりで、名前も言わない。

■ あの学生は勉強してばかりいて、おもしろみがない。

■ 母はいつも怒ってばかりいる。

动词て形接「ばかりだ／ばかりいる」表示反复发生，相同事情发生的频率高。可译为"光是……，总是……，净……"。「Vてばかりだ」一般可以用于人和物，但「Vてばかりいる」通常只用于人。

7 V辞／Vない／A／NAな＋ほど

例 山登りで、歩けないほど疲れました。
    Vない

事故で子供を失ったご両親の気持ちは痛いほどよくわかる。
                               A

■ 次の日声が出なくなるほどカラオケで歌った。

■ デパートで見かけた着物は、びっくりするほど値段が高かった。

■ 1日では終わらないほど多くの宿題が出た。

■ 昨日の地震はかなり揺れたので、泣きたいほど怖かった。

动词基本形或ない形、イ形容词基本形、ナ形容词词尾「だ」变成「な」的形式接「ほど」，表示到达某个极端的程度。可译为"……得（到了）……（的程度）"，如"累得（到了）走不动（的程度）"。

8 Vて＋もらいたい／いただきたい

例 A：どうしたら緊張しないで話せるか、教えてもらいたいです。
                                      Vて

  B：友達の前で何回も練習するのが一番いいと思います。

动词て形接「もらいたい／いただきたい」表示拜托对方为自己做某事，比用「Vてください」请求时礼貌。可译为"我想拜托或请您（你）（帮我）……"。

例 学生：先生、すみません。お時間があったら、この書類を確認して
　　　　いただきたいです。　　　　　　　　　　　　　　Vて

　　先生：ええ、いいですよ。

■ A：Bさん、すみません。明日ちょっと用事ができてしまって、仕事を
　　　代わってもらいたいんですが。

　B：いいですよ。

■ A：鉛筆、貸してもらいたいんだ。忘れちゃって……。

　B：いいよ。

■ A：Bさん、去年の大学祭の資料を見せていただきたいです。

　B：はい、こちらに入れてありますよ。

■ 学生：先生、一緒に写真を撮っていただきたいんですが。

　　先生：ええ、撮りましょう。

9　～（さ）せて　もらう／いただく

例 A：私もボランティアに参加させてもらえますか。
　　　　　　　　　V使て

　B：はい。ぜひ、お願いします。

　今日は担当者がいないので、明日の朝
　こちらから連絡させていただきます。
　　　V使て

私もボランティアに参加させてもらえますか。

■ みなさん、明日の会議は9時から10時に変更させていただきます。

■ 後輩：先輩、次の会議の司会、私にやらせてもらえますか。

　先輩：そうだね。そろそろ、経験したほうがいいね。

■ 客　：すみません、来週の予約、キャンセルさせていただきたいんですが。

　店員：かしこまりました。

10　Vます／Vない／A／NA／N（NA／Nであり）＋ながら（も）

例 日本へ来たばかりの学生たちは、まだ日本語が上手に使えないなが
　らも、一生懸命授業を受けている。　　　　　　　　Vない

　彼は小学生ながらも、大人に負けない英語力を持っている。
　　　N

■ 大島へ行きたいと思いながらも、まだ行ったことがない。

■ 彼は若いながらも、200人の社員が働く会社の社長だ。

■ 残念ながら、結婚式には出席できそうもありません。

■ このスマホは小型でありながら、カメラの性能がいい。

　　该句型表示征求许可或对自己动作的郑重表达。具体的接续方式为动词使役形的て形接「もらう／いただく」。

　　具体有以下两种用法：

　　①表示礼貌地请求对方允许自己做某事。多使用「～（さ）せてもらえませんか／いただけませんか」的形式。

　　②郑重语用法，用于正式场合说话人自身意志决定的行为和动作，表示对听话人的尊敬。使用「～（さ）せていただきます」的形式。例如：

　　では、今日の講演会を始めさせていただきます。

　　では、ごあいさつさせていただきます。

　　动词ます形去掉「ます」的形式、动词ない形、イ形容词基本形、ナ形容词词干、名词（名词和ナ形容词词干也可以接「であり」）接「ながら（も）」，表示转折。「も」可以省略。

　　用于后面所述的事情与前面的事情不相称的场合。可译为"尽管……还……，虽然……却……"。

新出語彙

説明文

● 回る⓪［自動Ⅰ］转、走遍、绕道
　まわ

● 五月祭③［固］五月祭(日本东京大学的校园节)
　ごがつさい

● 『三四郎』⓪［固］《三四郎》(小说名)
　さんしろう

● 三四郎池④［固］三四郎池(位于东京大学校园内)
　さんしろういけ

● 夏目漱石④［固］夏目漱石(日本作家)
　なつめそうせき

会話文Ⓐ

● セントラル①［造］※ 中央的、中心的、集中的

● ダンス教室④［名］舞蹈班
　　　 きょうしつ

● パンフレット①④［名］(宣传用的)小册子

● 了解⓪［名・他動Ⅲ］理解、明白、领会
　りょうかい

● 文武両道［表現］能文能武
　ぶんぶりょうどう

会話文Ⓑ

● 歩き回る⑤［自動Ⅰ］四处走走、到处(奔)走
　ある まわ

● 援助①［名・他動Ⅲ］援助、支援
　えんじょ

● お気に入り⓪［名］喜欢的、中意的(人或物)
　　き

● 折り紙②［名］折纸
　お がみ

● 鑑賞⓪［名・他動Ⅲ］鉴赏、欣赏
　かんしょう

● ～内(場所)［接尾］～内、～里
　　ない ばしょ

● 費用①［名］费用
　ひよう

● ヒロイン②［名］女主人公

● 部活⓪［名］(日本学校里)课外兴趣
　ぶかつ 　　　　活动、社团活动

● 弁論⓪［名・自動Ⅲ］演讲、辩论
　べんろん

● ～歩［接尾］～步
　　ほ/ぽ

● メリット①［名］优点、好处、价值

● 求める③［他動Ⅱ］追求、寻求
　もと

● ユニーク②［ナ形］独特的、独一无二的

読解文

● 挙げる⓪［他動Ⅱ］举、举出;举起、抬起;提高、增加
　あ

● 俺⓪［代名］(男性)俺、我
　おれ

● 観察⓪［名・他動Ⅲ］观察、仔细察看
　かんさつ

● 崩す②［他動Ⅰ］弄垮、弄乱、拆散
　くず

● 自身①［名］自己、自身
　じしん

● ストレス②［名］(精神)压力、紧张

● 鋭い③［イ形］敏锐、锐利、尖锐
　するど

● 次々②［副］接二连三、络绎不绝、陆续
　つぎつぎ

● 哲学②［名］哲学
　てつがく

● 転校⓪［名・自動Ⅲ］转校、转学
　てんこう

● 吾輩⓪［代名］(男性)我、俺;我们
　わがはい

● 芥川龍之介［固］芥川龙之介(日本作家)
　あくたがわりゅうのすけ

● 川端康成［固］川端康成(日本作家)
　かわばたやすなり

● 『こころ』②［固］《心》(小说名)

● 『それから』⓪［固］《后来的事》、《从此以后》(小说名)

● 太宰治［固］太宰治(日本作家)
　だざいおさむ

● 谷崎潤一郎［固］谷崎润一郎(日本作家)
　たにざきじゅんいちろう

● 『坊っちゃん』①［固］《哥儿》、《少爷》(小说名)
　ぼ

● 宮沢賢治⑤［固］宫泽贤治(日本作家)
　みやざわけんじ

● 『明暗』⓪［固］《明暗》(小说名)
　めいあん

● 『吾輩は猫である』［固］《我是猫》(小说名)
　わがはい　　ねこ

文法と表現

● 失う⓪［他動Ⅰ］丢失、失去
　うしな

● かなり①［副、ナ形］颇、相当、很、非常

● 代わる⓪［自他動Ⅰ］换、更换、代替
　か

● 感心⓪［名・ナ形・自動Ⅲ］佩服、钦佩
　かんしん

● キャンセル①［名・他動Ⅲ］取消

● 小型⓪［名］小型
　こがた

● この間⓪［名］前几天、上次、最近
　　あいだ

● 作業①［名］工作、操作、劳动
　さぎょう

● 司会⓪［名・自動Ⅲ］会议主持人、
　しかい 　　　　 司仪;主持(会议)

● 奨学金⓪［名］奖学金
　しょうがくきん

● 変更⓪［名・他動Ⅲ］变更、更改
　へんこう

● 迷子①［名］走失的孩子、迷路(的人)
　まいご

● 見かける⓪③［他動Ⅱ］看到、(偶然)看见
　み

● 虫歯⓪［名］蛀牙、龋齿
　むしば

● 山登り③［名］登山、爬山
　やまのぼ

● わがまま③④［名・ナ形］任性、恣意

● かしこまりました［表現］知道了、遵命

● 気にする［表現］在意、在乎、介意
　き

※：「セントラル」属于造词成分，一般与其他词一起组成复合词，表示"中央的、中心的"。如「セントラルパーク」（中央公园）、「セントラルステージ」（中央舞台）等。

タスク＆アクティビティー

新出語彙

- 知り合う③［自他動Ⅰ］认识、相识
  し あ
- （宛名）へ ～亲启、收
  あてな
- （差出人）より① ～呈上、书
  さしだしにん

- リーダー① ［名］领导人、领袖、指挥者
- お元気で ［表現］保重（一般用于告别）
  げんき

---

① **聴解【 🄳 ✍ ✎ 】**

これは香織さんが先輩の由美子さんに書いた手紙です。会話を聞いて、_____ に言葉を書きましょう。

由美子さんへ

　大学祭での最後のパフォーマンス、お疲れさまでした！今日は先輩にお礼が言いたくて、手紙を書きました。

　先輩、2年間ありがとうございました。私は1年生のとき、上手に _____ 悩んでいました。3年生に _____ ばかりいたし、私が _____ せいで、ほかのメンバーも踊らされて申し訳ないと思っていました。でも、そのとき由美子先輩が「もっとダンスを _____」と言ってくれたんです。

　私は先輩の _____ のおかげで、ダンスが楽しめるようになりました。先輩、本当にありがとうございました。私は次のリーダーになります。これから私も _____ ながら、ダンスを続けようと思います。先輩も暇なときには、遊びに来てくださいね。

　では、お体に気をつけて。

香織より

② ペアワーク【✍ 🔀 🗣】

1）留学して仲良くなった友達が帰国します。友達との思い出やこれからのことについて手紙を書きましょう。□□□の中の言葉を使ってみましょう。

> 「……のとき（頃）、～に～させられた」　「～せいで／～おかげで」　「～ばよかったのに」
> 「～てばかりいた／～てばかりいないで」　「～てほしい／ないでほしい」

_____ さん

　来週帰国するそうですね。寂しくなります。_____ さんと知り合ったのは日本に留学してからですが、いろいろなことがありましたね。

_____

_____

_____

_____

_____

_____

_____

_____

　またいつか会える日を楽しみにしています。では、お元気で。さようなら。

_____ より

2）ペアの手紙を読んで、よかったところを話しましょう。

接 続 詞

用日语写作时，为了表示前后两个句子之间的关系，多使用接续词。接续词是独立使用的，一般位于两句话的中间，起到连接作用。合理地使用接续词，可以让文章读起来更加通顺、逻辑关系更加清晰。通常使用的接续词可以分为以下9个种类。

① 表示原因、理由的接续词

だから	因此，所以	冬は寒いからお客さんが少ない。**だから**、海の家は夏限定の店が多い。 冬天冷所以客人少。因此，"海之家"有许多店铺都只限定在夏季营业。
それで	因此，所以	詩瑶さんはスピーチコンテストに参加します。**それで**、張さんは詩瑶さんのホストファミリーと一緒に詩瑶さんの応援に行くことにしました。 诗瑶要参加演讲比赛。所以，小张决定和诗瑶寄宿家庭的家人们一起去为诗瑶加油。
そのため	因此，因而	日本は地震が多い。**そのため**、建物が頑丈に作られている。 日本地震很多，所以建筑物都造得很牢固。
したがって	因而，所以	30分後に始まる会議の会場まで、ここから20分かかる。**したがって**、10分以内に出発しなければならない。 30分钟后会议就要开始，从这里到会场需要20分钟。因此必须在十分钟之内出发。
なぜなら	为什么呢？ 原因是……	彼は今日の面接に自信があった。**なぜなら**、昨日はよく寝て、調子がよかったからである。 他对今天的面试很有自信。为什么呢？是因为昨晚睡得好，发挥得很棒。
というのは	原因是……	僕は勝てるかどうかについて心配していない。**というのは**、このチームのメンバーは全員優秀だからだ。 我对能否获胜毫不担心。因为我们所有的队员都很优秀。

2 表示时间、条件的接续词

それから	然后，其次	最初に手を洗います。**それから**、料理を始めます。 首先洗手，然后再开始做饭。
すると	于是，于是乎	外から人の声が聞こえたのでドアを開けた。**すると**、知らない女がドアの前に立っていた。 因为听到外面有人的声音所以就把门打开了。于是发现门外站了一个不认识的女人。
そこで	于是，所以	この問題を解決する方法はまだなかった。**そこで**、私たちのグループは頑張って研究して、方法を見つけた。 迄今为止无人提出解决这个问题的办法。于是我们团队努力研究，最终找到了方法。

3 表示逆接的接续词

しかし	但是，可是	高尾山は599メートルで、あまり高くない山です。**しかし**、登山客が世界で一番多いです。 高尾山仅599米，海拔并不高。但却是世界上登山客最多的山。
だけど	但是，然而	伊豆大島はあまり大きくない。**だけど**、海があって自然が豊かで、それに火山もあるから、景色が特別だ。 伊豆大岛并不大。但是因为有海，自然资源丰富，而且有火山，所以风景极为独特。
けれども	然而，但是	英語を読んだり書いたりするのはできる。**けれども**、話すことができない。 英语我会读也会写，就是不会说。
だが	但是，可是	期末テストは終わった。**だが**、大学受験を目指す勉強は、これからが本番だ。 虽然期末考试结束了，但以大学入学考试为目标的学习此刻才正式开始。
それなのに	尽管那样但……	みんなで一緒に行くと約束した。**それなのに**、あの人は待っても来なかった。 尽管大家约好了一起去，但等了半天那个人还是没来。
それでも	尽管……但……	失敗するのは怖い。**それでも**、挑戦しつづけることが大切だ。 尽管失败很可怕，但不断挑战很重要。
それにもかかわらず	尽管如此但是……	大学祭までの時間は短い。**それにもかかわらず**、学生たちはそれをやり遂げた。 离大学祭开幕已经时间很紧了，但尽管如此学生们还是顺利完成了所有准备工作。

④表示对比的接续词

一方	且说，另一方面	福井県はカニなどの海の幸が豊かだ。**一方**、長野県は山の幸が豊かだ。 福井县盛产螃蟹等海产品，而另一方面长野县则是山货的盛产之地。
それに対して	与此不同的是	○○新聞は、経済について多くのページを使っている。**それに対して**、□□新聞は、社会問題に関する記事が多い。 ○○报纸对经济形势进行了长达数页的报道。与此不同，□□报纸更多集中在对社会问题的报道。
逆に	相反	北海道の夏は涼しく過ごしやすい。**逆に**、冬は非常に寒くて辛い。 北海道夏季凉爽舒适，相反冬季则及其严寒，非常痛苦。

⑤表示添加、递进、附加的接续词

そして	然后，另外	日本の電車はとてもきれいです。**そして**、便利です。 日本电车非常干净，另外也非常方便。
それに	而且，再加上	この部屋は広くてきれいだ。**それに**、駅に近い。 这间出租房既宽敞又干净，而且离车站也很近。
そのうえ	加之，并且	風邪で頭が痛い。**そのうえ**、熱まで出てきた。 感冒头痛，而且还发烧。
それから	还有，而且	彼女はピアノが弾けます。**それから**、ギターもとても上手です。 她不但会弹钢琴，而且吉他也弹得很好。
あと	另外	からあげを一つ。**あと**、ビールもお願いします。 请给我一份炸鸡块，另外麻烦再来一杯啤酒。
しかも	并且，而且	試験に合格しました。**しかも**、成績はクラスの中で一番です。 考试合格了。而且成绩是班里的第一名。

⑥表示选择的接续词

それとも	还是	テニスのサークルに入ろうか、**それとも**音楽のサークルに入ろうか迷っています。 是参加网球社团呢，还是参加音乐社团，有点犹豫。
あるいは	或者，或是	京都へは新幹線、**あるいは**夜行バスで行けます。 到京都可以乘新干线，也可以坐夜行巴士。
または	或者	電話**または**メールで連絡してください。 请用电话或邮件跟我联系。

7 表示补充说明的接续词

ただし	但是，可是	試験中に話をしてはいけません。**ただし**、質問がある人は手をあげてください。先生が聞きに行きますから。 考试过程中不准说话。但是，如果有问题可以举手，老师会过去询问。
なお	另外，再有	明日から大学は休みです。**なお**、研究室も休みです。 明天开始大学就放假了。另外研究室也休息。

8 表示话题转换的接续词

ところで	可是，对了	トミーさん、法律の資格の勉強頑張ってください！**ところで**、今日、おしゃれですね。 汤米你好好加油准备你的法律资格证考试。对了，你今天穿得很时尚么！
そういえば	那么说来， 那么一说	後で父と母に電話します。**そういえば**、父が鈴木さんと話をしたいと言っていたから、電話するとき一緒にいてくださいませんか。 等下我会跟父母通电话。这么一说我父亲之前就说想要跟您聊聊，等下打电话的时候可以请您也一起在旁边吗？

9 表示换言的接续词

つまり	也就是说	携帯電話とか電子機器とかその部品などを作っている企業が多い。**つまり**、ハイテク企業が集まっている。 这里有很多制造手机、电器及其零部件的企业。也就是说众多高科技企业聚集于此。
すなわち	即、亦是	**教育、すなわち**教えて育てることは大切で、重視すべきものである。 教育，即教之并育之，乃重要之事，务必重视。
要するに	总之，总而言之	外国語を学ぶには、映画を見たり音楽を聞いたり、そのせりふや歌詞を口で話したりするのがいい。**要するに**、外国語は耳と口で覚えるものなのだ。 学习外语时，看电影、听音乐，并且自己练习说里面的台词或歌词是很有效的练习方法。总而言之，外语是通过耳朵和嘴巴进行学习的。

第9課

インターン初日

話しましょう！

1. あなたは送別会に参加したことがありますか。それは誰の送別会ですか。

2. あなたはインターンに参加してみたいですか。それはなぜですか。

3. あなたは新しく何かを始める予定がありますか。それはどんなことですか。

4. アルバイトとインターンの違う点は何だと思いますか。

5. あなたは将来、どんなところで働きたいですか。それはなぜですか。

⇒ 説明文

　今日は張さんが働いているコンビニでのアルバイトの最後の日です。張さんは店長やアルバイト仲間にあいさつをしました。アイシャさんも来て、今度みんなで送別会を開くことになりました。

　アルバイトが終わって、インターンが始まりました。インターン初日、上司の林さんが張さんをみんなに紹介しました。社員の上野さんが張さんに仕事を教えることになりました。インターンの先輩のオリバーさんと近藤さんが自分で考えて働いているのを見て、張さんは驚きました。

💬 会話文 Ａ

店長　　　：張さん、今日はアルバイト最後の日だね。

張　　　　：はい。店長には仕事ばかりでなく、いろいろなことを教えていただきました。本当にありがとうございました。

店長　　　：張さんぐらい熱心でまじめなアルバイトはいないから、張さんが辞めてしまうのは本当に残念だな。でも、これから新しい環境で頑張る張さんを応援するよ。

張　　　　：ありがとうございます。今日も頑張って働きますので、よろしくお願いします。

●　●　●　●　●

張　　　　：ムハンマドさん、お疲れさまです。

ムハンマド：張さん、お疲れさま。張さんが辞めるという話を聞いて驚いたよ。もっと一緒に働きたかったな。

張　　　　：すみません……。

ムハンマド：僕も大学院を卒業したら、ここのアルバイトを辞めて、バングラデシュに戻る予定なんだ。

張　　　　：帰国するんですか。寂しいです。

アイシャ　：張さん、こんにちは！

張　　　　：あれっ、アイシャさん!?　今日、休みのはずだよね。

アイシャ　：そうなんですけど、張さんに「さようなら」を言いたくて、来たんです。

張　　　　：僕のために来てくれたんだ！

アイシャ　：張さんが辞めると、寂しくなります。もっといろいろ話しておけばよかったです。でも、どうして辞めるんですか。

張　　　　：ここのアルバイトを辞めるのは、インターンシップに参加するからなんだ。

アイシャ　：へぇ、すごいです。２年生から始めるのは早いですよね。

張　　　　：うん。卒業までに仕事のスキルをたくさん身につけたいと思って、２年生から始めることにした。

アイシャ　：そうですか。もしこの後で予定がなかったら、インターンのことも聞きたいので、ご飯でも食べに行きませんか。ムハンマドさんも一緒にどうですか。

張　　　　：行きたいけど、僕たち、今日は深夜まで仕事だから無理かな。

ムハンマド：じゃ、今度、張さんの送別会をしよう。

アイシャ　：いいですね！　そうしましょう。

張　　　　：ありがとうございます。

9

💬 会話文B

林　：みんな、ちょっと集まって。
　　　紹介します。インターンとして今日から働くことになった張辰宇さんです。みなさん、よろしく。

張　：大学２年生の張辰宇と申します。インターンは初めてでわからないことばかりですが、一生懸命頑張りますので、どうぞよろしくお願いします。

林　：張さんの指導は上野さんにお願いします。

上野：はい。張さん、上野マヤです。どうぞよろしく。

張　：よろしくお願いします。

林　：張さん、上野さんに仕事を教えてもらってください。

上野：わからないことがあったら、遠慮しないで何でも聞いてください。

張　：はい、ありがとうございます。

林　：張さんのほかにインターンが２人いるんだけど、オリバーさんとは知り合いだよね。

張　：はい。

林　：こちらは、もう１人のインターンの近藤さん。近藤さんは大学４年生で、オリバーさんと同じ頃に入ったんだ。

近藤：どうぞよろしくお願いします。

● ● ● ● ●

上野：張さんは、ここに座って。

張　：はい！　何をすればよろしいでしょうか。

上野：まずは、このファイルのデータをグラフにしてみて。

張　：わかりました。

オリバー：林さん、頼まれていたレポートを作成したので、確認していただきたいんですが。

林　：OK！　送って。

近藤：こちらの資料ですが、佐藤さんに聞けばもっと詳しいことがわかると思うので、今から行ってきてもいいですか。

社員：いいですよ。

張　：すごいなあ。オリバーさんと近藤さんが働いている様子は、インターンというより、まるで社員のようですね。

上野：そうだね。あの２人はとても優秀。張さんも２人みたいに積極的に行動できるようになってください！

張　：はい！　頑張ります！

みんな、ちょっと集まって。

紹介します。インターンとして今日から働くことになった張辰宇さんです。みなさん、よろしく。

大学2年生の張辰宇と申します。インターンは初めてでわからないことばかりですが、一生懸命頑張りますので、どうぞよろしくお願いします。

張さんの指導は上野さんにお願いします。

はい、張さん、上野マヤです。どうぞよろしく。

よろしくお願いします。

張さん、上野さんに仕事を教えてもらってください。

わからないことがあったら、遠慮しないで何でも聞いてください。

張さんのほかにインターンが2人いるんだけど、オリバーさんとは知り合いだよね。

はい。

はい、ありがとうございます。

こちらは、もう1人のインターンの近藤さん。

近藤さんは大学4年生で、オリバーさんと同じ頃に入ったんだ。

どうぞよろしくお願いします。

張さんは、ここに座って。

はい！ 何をすればよろしいでしょうか。

まずは、このファイルのデータをグラフにしてみて。

わかりました。

林さん、頼まれていたレポートを作成したので確認していただきたいんですが。

OK！ 送って。

こちらの資料ですが、佐藤さんに聞けばもっと詳しいことがわかると思うので、今から行ってきてもいいですか。

いいですよ。

すごいなあ。オリバーさんと近藤さんが働いている様子は、インターンというより、まるで社員のようですね。

そうだね。あの2人はとても優秀。張さんも2人みたいに積極的に行動できるようになってください！

はい！頑張ります！

読解文

張さんの日記

６月１日（水曜日）晴れ

昨日はアルバイトの最終日、そして今日はインターンシップの初日だった。

大学に入学してからいろいろな体験をしてきたが、コンビニのアルバイトから学んだことが多かった。

店長の仕事の仕方、特にお客様に対して丁寧に敬語を使うことと、「お客様の立場」に立つことの大切さを学んだ。また、お客様への笑顔が、たとえコンビニでの数分の出会いでも大切だと感じた。

最初はいろいろな仕事を覚えるだけで大変だった。だんだん仕事に慣れていくと、また新しい問題も出てくるので、自分で考えて解決していかなければならない。どんな仕事でも問題意識を持って、言われたことをするだけでなく、積極的に行動することが大切だと感じている。

アルバイト先で知り合った仲間ともお別れだけど、今後も付き合っていきたい。みんなで送別会をしてくれるそうなので、「これからもよろしく。みなさんから学ぶことが多かった」と絶対に伝えようと思う。

インターン初日が終わって、ほっとした。もともとインターンは、学生の企業体験とされているが、先輩のオリバーさんも近藤さんもインターンというより社員のように働いていて驚いた。これからはコンビニのアルバイトで学んだことを活かしながら、先輩たちからも仕事について学び、いつか自分から進んで仕事のできる人間になりたいと思っている。そして、国際的な企業でインターンをするのは、学校やコンビニとは違った文化を体験するいい機会になると思う。「新たな異文化体験」にチャレンジできそうだ。何だかワクワクしている。

9

✔ 理解度チェック

1 選びましょう。

1. 張さんは今、大学_____です。

　①１年生　　　　②２年生　　　　　③３年生　　　　　④４年生

2. インターンで張さんを指導するのは_____です。

　①林さん　　　　②上野さん　　　　③オリバーさん　　　④近藤さん

3. 近藤さんは_____です。

　①大学４年生　②大学院生　　　③上司　　　　　④社員

4. アイシャさんは、張さんが_____前にもっといろいろ話しておけばよかったと言いました。

　①帰国する　　②大学を卒業する　③日本の会社に就職する　④アルバイトを辞める

5. ムハンマドさんは大学院を卒業したら、_____予定です。

　①アルバイトを続ける　②日本の会社に入る　③帰国する　④インターンに参加する

2 本文の内容に合っていたら○を、違っていたら×を書きましょう。

1. (　　　　) 張さんはアルバイトの後で、アイシャさんと一緒にご飯を食べました。

2. (　　　　) ムハンマドさんもアルバイトを辞めました。

3. (　　　　) アイシャさんは張さんのアルバイトの最後の日は休みでした。

4. (　　　　) 張さんのほかにインターンが２人います。

5. (　　　　) 上野さんは張さんのインターンの先輩です。

3 書きましょう。

1. 張さんがアルバイトを辞めたのは、_____からです。

2. インターンとは_____です。

3. 張さんはインターンの初日に、先輩のオリバーさんと近藤さんがインターンというより、

　_____働いているのを見て、驚きました。

4. 張さんはアルバイトの店長に_____ばかりでなく、_____

　_____もらいました。

5. 国際的な企業でインターンをするのは、_____

　いい機会だと張さんは思っています。

4 本文を読んで答えましょう。

1. 店長は張さんがアルバイトを辞めることについて、どう思っていますか。

2. 張さんはなぜ２年生からインターンを始めることにしましたか。

3. 張さんはコンビニのアルバイトで、どんなことを学びましたか。

4. 張さんはアルバイトやインターンを通じて、将来どんな人間になりたいと思いましたか。

5. 張さんは国際的な企業でインターンをすることについて、どう思っていますか。

9

📖 文法と表現

1 N1くらい/ほど　A/NAなN2は〜ない

> 例　**張さんくらいまじめな人**はいない。
> 　　　N1　　　　　NAなN2

- バングラデシュのダッカくらい人口密度が高い都市はない。
- 今回の試験くらい難しい試験はなかった。
- 数学ほど嫌いな科目はない。
- 命ほど大事なものはありません。
- A：好きな食べ物は何？
  B：カレー。カレーくらいおいしい食べ物はないと思う。

張さんくらいまじめな人はいない。
バイト　勉強　彼は本当にまじめですよ　案内　ボランティア活動　俺は？

該句型表示程度最高。N1接「くらい/ほど」表示比較、参考的基准，N2前面需要有形容词修饰。可译为"没有像N1这么……的N2了""没有比N1更……的N2了。

2 Vば/Vたら＋よかった

> 例　**あんな仕事、早くやめれば**よかった。
> 　　　　　　　　　Vば
>
> **冬休みは暇だなあ。国に帰ったら**よかった。
> 　　　　　　　　　　　　　Vたら

- 遺跡はどこかなあ。地図を持ってくればよかった。
- 彼にお金を貸さなければよかった。全然返してくれない。
- 学生時代に体を鍛えておけばよかった。
- もっと早く先生に相談したらよかった。
- 宿題を忘れて、先生に叱られちゃった。昨日ちゃんと確認したらよかった。
- A：どうしたの？
  B：眠いんだ。昨日の夜、早く寝ればよかった。

動词ば形或者たら的形式接「よかった」表示与事实相反的假设和遗憾的心情，可译为"要是……就好了"。

3 普通形（NAだな/Nだな）＋のは、普通形＋からだ

> 例　**父の病気が治ったのは**、**新しい薬が開発されたからです**。
> 　　　　　　　　V普　　　　　　　　　　V普

- 政治で子育てが話題になるのは、少子化が深刻だからだ。
- 私が彼の言うことを疑ったのは、彼がよく約束を破るからです。
- 地震が恐ろしいのは、防ぐことができないからです。
- 彼の日本語が上手なのは、毎日よく復習しているからだ。
- 明日学校が休みなのは、祝日だからです。

句子的简体形式（ナ形容词句、名词句的「だ」变成「な」）接「のは」，再接句子的简体形式加「からだ」，表示原因。用于说明某个事情的起因。可译为"之所以……是因为……"。

9

4　普通形（NAだ／Nだ）＋というより～

例　今日は暖かいというより暑いくらいです。
　　　　A普

今日は暖かいというより暑いくらいです。

というより

■ 彼の歌い方は歌うというより騒いでいるようです。
■ 彼から受ける印象は、賢いというよりまじめに頑張るタイプという感じだ。
■ この辺りはにぎやかというより、うるさいです。
■ 好きだから始めたことなので、仕事というより趣味だと思っています。

　　句子的简体形式（ナ形容词句、名词句去掉「だ」）接「というより～」，表示比较。意为与前面所述情况相比，后面是更合理、确切的判断、结论。可译为"与其说……，不如说……"。

5　普通形（NA（だ）／N（だ））＋とされている

例　「4」は日本で縁起が悪い数字だとされている。
　　　　　　　　　　　　　　N普

■ 中国の有名な書道家がこれを書いたとされている。
■ 部屋が汚れていると集中力が下がるとされている。
■ A国とB国の間の問題は解決が難しいとされている。
■ 野菜の値段が上がったのは、先月の台風が原因だとされている。
■ A：よく魚を召し上がっていますね。
　 B：ええ。昔から魚は健康にいいとされていますから。

　　句子的简体形式（ナ形容词句、名词句的「だ」可以省略）接「とされている」表示习惯、习俗和一般观点。可译为"被视为……、被认为……"。

6　副詞（と）＋する　〈様子・状態〉

例　日本語できちんとした文章が書けるようになりたい。
　　　　　　　　副

■ あの先生は慌てることがほとんどない。たとえ大きな地震が起きても、平然としているだろう。
■ 彼女はよくゆったりとした服を着ています。
■ 彼はぼんやりして、先生の話を聞いていなかった。
■ 話している間に、自分の考えがはっきりとしてきた。

彼はぼんやりして、先生の話を聞いていなかった。

ぼんやり

　　一些以「と」结尾的副词加「する」变成动词用法，表示事物、人等呈现出某种样子、状态。「と」可以省略。

新出語彙

説明文

- 初日⓪[名] 第一天
  しょにち
- 送別会④③[名] 送别会
  そうべつかい

会話文Ⓐ

- 深夜①[名] 深夜
  しんや
- スキル②[名] 本领、技能
- 身につける[表現] 掌握、习得
  み

会話文Ⓑ

- 作成⓪[名・他動Ⅲ] 制作(文章)、制定(文件)
  さくせい
- 知り合い⓪[名] 认识的人、熟人
  し あ
- ファイル①[名] 文档、文件夹
- 何でも[表現] 无论什么、什么都～、全都
  なん

読解文

- 新た①[ナ形] 新的、重新(的)
  あら
- 最終日③[名] 最后一天
  さいしゅうび
- 進んで⓪[副] 主动、积极地
  すす
- 立場①③[名] 立场、处境
  たちば
- 付き合う③[自他動Ⅰ] 交际、来往、交往
  つ あ
- 問題意識⑤[名] 问题意识
  もんだい いしき
- ワクワク①[副] 满怀期待地、欢欣雀跃地

文法と表現

- 辺り①[名] 附近、周围
  あた
- 遺跡⓪[名] 遗址、古迹
  いせき
- 命①[名] 生命
  いのち
- 印象⓪[名] 印象
  いんしょう
- 疑う⓪[他動Ⅰ] 怀疑、疑惑
  うたが
- 恐ろしい④[イ形] 可怕、恐怖
  おそ
- 開発⓪[名・他動Ⅲ] 开发
  かいはつ
- 賢い③[形] 聪明、机灵
  かしこ
- 鍛える③[他動Ⅱ] 锻炼
  きた
- きちんと②[副] 像样地；正确地、整洁地
- 教授⓪[名・他動Ⅲ] 教授(人)；教授、讲授
  きょうじゅ
- 子育て②[名・自動Ⅲ] 抚养孩子、育儿
  こ そだ
- 今回①[名] 此次、这回
  こんかい
- 少子化⓪[名] 少子化
  しょうしか
- 人口⓪[名] 人口
  じんこう
- 深刻⓪[ナ形] 深刻、严重、严峻
  しんこく
- タイプ①[名] 类型、样式、格式
- 付き合い③⓪[名] 交际、交往、来往；陪同、应酬
  つ あ
- 防ぐ②[他動Ⅰ] 防御、防守、防卫；预防、防备
  ふせ
- 平然⓪[ナ形] 沉着、坦然、冷静
  へいぜん
- ぼんやり③[副] 发呆、心不在焉；模糊、不清楚
- 密度①[名] 密度
  みつど
- 破る②[他動Ⅰ] 违反、违背；弄坏、撕毁；打败、突破
  やぶ
- ゆったり③[副] 宽松、宽敞；宽裕、从容
- 汚れる⓪[自動Ⅱ] 脏、肮脏、不干净
  よご

9

タスク＆アクティビティー

新出語彙

- コート①[名] 外套、大衣、风衣
- 職業②[名] 职业、工作
  しょくぎょう
- ぞっと◎[副] 打寒战、心里一惊
- どきっと②[副] 吓一跳、震惊
- ふうん[感] 嗬、哼、是吗
- ぼうっと◎[副] 发呆；模糊、朦胧
- 目の前③[名] 眼前、面前
  め　　まえ
- 日本語能力試験⑨[固] 日语能力考试
  にほんごのうりょくしけん

---

① 聴解【🦻】

学生の会話を聞いて、会話の内容に合っていたら○を、違っていたら×を書きましょう。

(　　　) インターンシップは短いものも長いものもある。

(　　　) 多くのインターンシップの目的は働くことだ。

(　　　) 会社に入ってから「この会社に入らなければよかった」と思う人が多いらしい。

(　　　) 会社では敬語が必要だとされている。

(　　　) やりたい職業が決まっていない学生には、短い期間のインターンシップがよい。

(　　　) インターンシップのメリットがあるのは学生だけだ。

---

② 読解・会話【◈ ✿】

1）SNSのメッセージの ＿＿＿＿＿＿ の意味としてよいものを選んで、（　　　　）に書きましょう。

| 安心している | 怖がっている | 集中していない | 驚いている |

①

> ねえ、日本語能力試験どうだった？
> 心配してたでしょ。

> 合格！ ほっとしたよ。

> よかったね。おめでとう!!
> お祝いに今度おいしいもの
> 食べに行こう！

> ありがとう。行こう、
> 行こう！

（　　　　　　　　）

②

> ごめん、今日のアルバイト
> 代わってくれる？

> OK！　どうしたの？

> 授業でぼうっとしていたのを先生
> に注意されて……。今日中にレポー
> トを書いて出さなきゃいけないんだ。
> だから、今レポート書いてて……。

> そうか。わかった。いいよ。
> 店長にも言っとくね。

（　　　　　　　　）

③

さっき、怖かった！

どうしたの？

歩いてたら、目の前に植木鉢が落ちてきたんだ。もし私の上に落ちてたらと思うと、<u>ぞっと</u>しちゃった。

けがしなくてよかったね。でも、気をつけなよ！

(　　　　　　　　　　　)

④

さっき、かばんの中にスマホがなかったから、無くしたかと思って、<u>どきっと</u>したよ。

どこにあったの？

コートのポケット。

そうか。あってよかったね。今はスマホないと友達に連絡もできないしね。

(　　　　　　　　　　　)

2）1）の下線の言葉を使って例のようにペアまたはグループで経験を話しましょう。

> 例　A：この間、　ぞっと　しちゃった。
>
> 　　B：どうしたの。
>
> 　　A：お風呂に大きい虫がいたんだ。虫くらい怖いものはないよ。
>
> 　　B：ふうん。そうなんだ。

第 **10** 課

AI 人工知能

━━━━━━━━━ 話しましょう！ ━━━━━━━━━

1. あなたの学校では、どのように学生の学習を評価していますか。

2. あなたの学校では、主にどんな試験がありますか。

3. あなたは試験についてどう思いますか。

4. あなたはロボットを使ったことがありますか。どんなロボットですか。

5. あなたはAI（人工知能）についてどんなことを知っていますか。

⇒ 説明文

　国際交流サークルのメンバーが学食に集まっています。期末試験の前なので、レポートを書いたり、試験のための勉強をしたりしています。試験の話の中で、大学の新しいシステムの「質問制度」や「逆評価」についての話になりました。「逆評価」は学生が授業を評価するだけではなく、学生自身も反省する機会になることを知りました。

　そして、水野さんが勉強しているAI（人工知能）の話題になりました。AIを使って開発されたもの、特にロボットや自動運転について話し合っています。現在いろいろなところでAIが使われていて、今後もっとAIが使われるようになるだろうと話しました。

💬 **会話文Ⓐ**

張　：徐さん、どうしたの？　泣きそうな顔して。

徐　：今週の土曜日までにレポートを３つ書か
　　　なければならないのに、まだ１つも完
　　　成していなくて……。どうしよう、間
　　　に合うかな？

張　：えっ！　週末までに３つも書かなけれ
　　　ばならないって、それは大変だね。

徐　：それに、試験をする科目もあるし。試
　　　験が終わるまでは寝ずに頑張らなきゃ
　　　いけないと思ってるけど、もう死にそ
　　　うなぐらい大変！

陽奈：私はほとんどの科目が試験だから、今、
　　　教科書とノートを見ながら復習してい
　　　るところ。

ハナ：試験はテストとレポートとどっちが大
　　　変だと思いますか？

徐　：両方大変だけど、テストのほうが評価
　　　がわかりやすいよね。例えば、どうし
　　　て自分の成績がCなのかって理由が自
　　　分でもわかるから。

張　：そうだね。テストだったら、できなかっ
　　　たからだって納得できるけど、レポー
　　　トの場合どうしてCなのかわからないし。

ハナ：そうですよね。一生懸命徹夜して提出
　　　したのに、Cだったらがっかりしちゃい
　　　ますよね。

陽奈：ハナさん、努力だけではAはもらえない
　　　よ。レポートは内容が大切だよ。

李　：陽奈さん、いいこと言うね。

陽奈：今は質問制度というのがあって、成績
　　　に疑問があるときは問い合わせること
　　　ができるって知っている？　成績に疑

問があったら、この制度を使えばいいよ。

李　：その制度、聞いたことある。

水野：あとほかに、逆評価っていう制度もあ
　　　りますよね。

張　：知ってる。学生たちが授業や先生に評
　　　価をつけるんだよね。いろいろな大学
　　　にあるみたいだよ。

陽奈：逆評価って何のため？

水野：その評価の結果を使って、先生方に授
　　　業をより良くしてほしいと大学が考え
　　　ているらしいです。

陽奈：へえ。どうやって評価するのかな。

李　：評価するためのいろいろな質問がある
　　　んだって。先生の評価だけじゃなくて、
　　　学生自身に予習をしているか、予習に
　　　どのくらいの時間がかかるかなどの質
　　　問もあるらしいよ。

ハナ：予習！　みんな予習しているっていう
　　　ことですか。

陽奈：もちろん。みんなしっかり予習してるよ。
　　　特に語学の授業は突然質問されること
　　　があるから絶対に予習が必要！　いい
　　　成績をとるためには予習も復習も大事
　　　だよ。

ハナ：わかりました。これから頑張って予習
　　　します。

徐さん、どうしたの？
泣きそうな顔して。

今週の土曜日までにレポートを
3つ書かなければならないのに、
まだ1つも完成していなくて……。
どうしよう、
間に合うかな？

えっ！週末までに3つも
書かなければならないって、
それは大変だね。

それに、試験をする
科目もあるし。
試験が終わるまでは寝ずに
頑張らなきゃいけないと
思ってるけど、もう
死にそうなぐらい大変！

私はほとんどの科目が
試験だから、今、教科書とノートを
見ながら復習しているところ。

両方大変だけど、
テストのほうが評価が
わかりやすいよね。
例えば、どうして自分の
成績がCなのかって理由が
自分でもわかるから。

そうだね。テストだったら、
できなかったからだって
納得できるけど、レポートの場合
どうしてCなのかわからないし。

試験はテストとレポートと
どっちが大変だと思いますか？

そうですよね。一生懸命徹夜して
提出したのに、Cだったら
がっかりしちゃいますよね。

ハナさん、努力だけでは
Aはもらえないよ。
レポートは内容が大切だよ。

陽奈さん、
いいこと言うね。

今は質問制度というのがあって、
成績に疑問があるときは
問い合わせることができるって
知っている？

成績に疑問があったら、
この制度を使えばいいよ。

あとほかに、逆評価っていう
制度もありますよね。

その制度、
聞いたことある。

知ってる。学生たちが
授業や先生に評価をつけるんだよね。
いろいろな大学にあるみたいだよ。

逆評価って何のため？

その評価の結果を使って、
先生方に授業をより良く
してほしいと大学が考えて
いるらしいです。

へえ。
どうやって
評価するのかな。

予習！
みんな予習しているって
いうことですか。

評価するためのいろいろな
質問があるんだって。
先生の評価だけじゃなくて、
学生自身に予習をしているか、
予習にどのくらいの時間が
かかるかなどの質問もあるらしいよ。

もちろん。みんな
しっかり予習してるよ。
特に語学の授業は突然
質問されることがあるから
絶対に予習が必要！
いい成績をとるためには
予習も復習も大事だよ。

わかりました。これから
頑張って予習します。

💬 **会話文B**

張 ：少し休憩しようよ。

徐 ：賛成！　ちょっと眠くなったから、コーヒーを買いに行ってくる。

張 ：難しそうなことが書いてある本だね。何の本？

水野：AIです。人工知能について書いてある本です。

張 ：なるほど。水野くんは人工知能を勉強したいって言ってたよね。

ハナ：人工知能ってロボットのこと？　掃除用ロボットならもう使ってます。

水野：そうですね。ロボットだけでなく、私たちの生活の中には人工知能を使ったものがたくさんあります。

陽奈：例えば？

水野：スマートフォンのカメラや翻訳機能にも人工知能が使われています。

張 ：今、自動運転が注目されているけど、あれもそうだよね？

水野：そうですね。

陽奈：自動で運転するということは、人が運転しなくても行きたいところへ行けるということ？

張 ：今は高速道路などに限って、自動運転が利用できるらしいよ。

李 ：将来、完全に自動運転ができるようになったら、運転に使っていた時間を自由に使えるようになるかもしれないね。

徐 ：でも、事故を起こさないのかな？

水野：自動運転になれば、逆に交通事故が減ると言われているんです。交通事故の一番多い原因は運転している人の操作ミスや判断ミスだそうです。人のすることが交通事故を起こす原因になっているんです。

張 ：自分はミスをするはずがないと思っていても、人はミスをするんだよね。でも、自動運転はコンピューターが判断するから、事故が少なくなるよ。

徐 ：へぇ。そうなんだ。

陽奈：ほかにはどんなところで使われているのかな？

水野：最近よく見るようになったドローンにも人工知能が使われています。

張 ：ドローンを使えば、災害があったところとか人が行けないようなところの様子を確認できるよね。

李 ：いろいろなところで人工知能が役に立っているね。

水野：少子高齢化の社会では、もっと必要になるはずです。例えば、介護でもどんどん使われるようになると思います。

張 ：そうだね。水野くん、期待してるよ。

読解文

AI（人工知能）の今、そしてこれから

今、AI（人工知能）がどんどん進歩しています。

チェスや将棋の世界でも人間とAIが戦って人間が負けることがあります。自動車の運転もAIが「自動運転」する時代が来ています。

人間には危険な場所でも、人間にかわってAIロボットたちが働いています。病院の画像診断でも医師より速く正確に判断することができます。AIがそれらのことをするためには、人間がデータを覚えさせなければなりません。AIは人間が作ったプログラムにしたがって動きます。

しかし、AIは人間が作ったプログラムがいいことか悪いことか判断ができません。ですから、もし悪い目的を持っている人が使用してもそのまま実行してしまいます。それが気をつけるべきところです。

将来、AIは社会生活の中でますます必要になるでしょう。最近は、自分で考えて人間のように行動するAIの研究も進んでいます。映画やSFの世界でも人間のように考え、状況に応じて行動するAIロボットが登場します。もしかしたら、AIが人間の能力を超える日が来るかもしれません。そうすると、AIに仕事を取られてしまう心配もあります。AIと共存するためにはどうしたらいいのか、私たちは今から考えておく必要があるのではないでしょうか。

✓ 理解度チェック

1 選びましょう。

1. 期末試験で、ほとんどの科目が試験なのは、＿＿＿＿＿＿＿です。

　①陽奈さん　　　　　　②ハナさん　　　　　　③水野さん　　　　④徐さん

2. 陽奈さんは「語学の授業では突然質問されることがあるから、＿＿＿＿＿＿が絶対必要です。」と言いました。

　①復習　　　　　　　　②予習　　　　　　　　③練習　　　　　　④演習

3. 陽奈さんは「レポートの評価は努力だけではAはもらえない。＿＿＿＿＿＿が大切だ」と思っています。

　①レポートのテーマ　　②レポートの内容　　③授業の予習　　④授業の復習

4. 水野くんは＿＿＿＿＿＿についての本を読んでいます。

　①逆評価　　　　　　　②少子高齢化　　　　③災害　　　　　　④人工知能

5. ハナさんは＿＿＿＿＿＿を利用していると言いました。

　①ドローン　　　　　　②翻訳機能　　　　　③掃除用ロボット　④自動運転

2 本文の内容に合っていたら○を、違っていたら×を書きましょう。

1. （　　　　）李さんは今週の土曜日までにレポートを3つ書かなければなりません。

2. （　　　　）徐さんは、どうして自分の成績がCなのかという理由が自分でもわかるから、
　　　　　　　　テストの方が評価がわかりやすいと思っています。

3. （　　　　）張さんはレポートの場合、どうして自分がCなのかわからないと思っています。

4. （　　　　）「逆評価」というのは、学生たちが授業や先生に評価をつける制度です。

5. （　　　　）交通事故の一番多い原因は、運転している人の操作ミスや判断ミスだそうです。

3 書きましょう。

1. 徐さんは試験が終わるまでは、毎日＿＿＿＿＿＿＿＿＿＿＿＿＿＿＿頑張らなければいけな

　いと思っています。

2. 今日本では、＿＿＿＿＿＿＿＿＿＿＿＿＿＿＿＿に限って、自動運転が利用できるらしいと

　張さんは言いました。

3. 自分は＿＿＿＿＿＿＿＿＿＿＿＿＿＿はずがないと思っていても、人はミスをします。

　しかし、自動運転は＿＿＿＿＿＿＿＿＿＿＿＿＿＿＿＿＿＿から、事故が少なくなります。

4. 「質問制度」というのは、成績に疑問があるときは問い合わせることができる制度です。

　「もし、＿＿＿＿＿＿＿＿＿＿＿＿＿＿たら、＿＿＿＿＿＿＿＿＿＿＿＿＿ばいい」

　と陽奈さんは言いました。

5. AIは＿＿＿＿＿＿＿＿＿＿＿＿＿＿＿＿＿にしたがって動きます。

4 本文を読んで答えましょう。

1. 今、AIが進歩したことで、どのような時代が来ていますか。

2. 水野くんは、人工知能は今後どのような場面で使われると予想していますか。

3. 最近は、どんなAIの研究が進んでいますか。

4. AIロボットは人間にかわって、どんなことができますか。

5. AIを利用するとき、気をつけなければならないことは何ですか。

文法と表現

1　Vない＋ずに　（＊する ➡ せず）

例　私はコーヒーに砂糖を入れずに飲みます。
　　　　　　　　　　　　　　Vない

　病気なら、無理せずに休んでください。
　　　　　　　　＊せず

■このはがきは、切手を貼らずに出してください。

■デパートに行ったが、何も買わずに帰ってきた。

■どうぞ。遠慮せずにたくさん食べてください。

■失敗を恐れずに、いろいろなことに挑戦しながら夢を追うつもりだ。

■怠けずに勉強に励み、望んだ職業に就いたことが私の誇りです。

復習 新発見日本語① 第10課7「V1て／V1ないで、V2〈付帯状況〉」

動词ない形去掉「ない」的形式接「ずに」表示伴随的状态，与「Vないで」的语义相同。

三类动词「～する」需要变成「せずに」的形式。

2　普通形（NAだな／Nだ）＋くらい／ぐらい　〈程度〉

例　この曲を聞くと、涙が出るくらい懐かしい。
　　　　　　　　　　　　Ｖ普

　この曲を聞くと、涙が出る くらい 懐かしい。

　まだ6月なのに、8月くらいの気温でした。
　　　　　　　　　　　Nだ

■道の向こうが見えないくらい霧が濃い。

■飛び上がるぐらいうれしいことがあった。

■私は毎日食べてもいいくらい寿司が好きだ。

■彼は気の毒なくらい運が悪い。

■彼女ぐらい頑張らないと、N1は取れないよ。

句子的简体形式（ナ形容词句「だ」变成「な」，名词句去掉「だ」）接「くらい／ぐらい」，表示到达某个较高的程度或者极端的程度。前面接名词以外的句子通常「くらい／ぐらい」都可以与「ほど」替换。可译为"到了……（的程度）"。

3　Vば＋いい

例　学生：どうすれば漢字を覚えられますか。

　　先生：何回も繰り返して書けばいいですよ。
　　　　　　　　　　　　　　Vば

■財布を無くしたら、交番へ行けばいいと思いますよ。

■明日のパーティーに行きたくないなら、断ればいいですよ。

■そんなに彼女が好きなら、早く告白すればいいのに。

动词ば形接「いい」表示提出建议。可译为"只要……就好了"。

10

■ Ａ：この小説が読みたいんだけど、お金がなくて……。

　Ｂ：じゃあ、図書館で借りればいいんじゃない？

■ Ａ：掃除機を買いたいんだけど、どれがいいかわからないんだ。

　Ｂ：お店でいろいろ試してみればいいよ。

復習 新発見日本語① 第10課 **5** 「Ｖ辞＋といい／Ｖた＋たらいい〈アドバイス〉」

4　普通形（NAだな／である・Ｎだの／である）＋はずがない／はずはない

例　こんな高いお店で**食事できるはずがない**。
　　　　　　　　　Ｖ普

あのレストランにはいつもたくさんの人が並んでいるので、
おいしくないはずがない。
　　　Ａ普

あのレストランにはいつもたくさんの人が並んでいるので、おいしくないはずがない。

はずがない！

■ あんなに優しい彼が人を殺すはずがない。

■ 私の会社の商品が、あの会社の商品より劣っているはずがない。

■ ブランド品だから、そんなに安いはずがない。

■ 彼女はまだ日本語の勉強を始めたばかりだから、そんなに話が滑らかなはずはない。

■ あの店はいつも開いているから、今日も休みのはずがない。

5　Ｎに限って　〈限定〉

例　**今週に限って**、毎日1時間のミーティングをすることになりました。
　　　Ｎ

■ ６月１日に限って、お買い物をした方に割引チケットを配ります。

■ いつも７時に帰ってくる夫が、今日に限って遅い。何かあったのだろうか。

■ このお菓子は空港に限って売られている。

６月１日に限って、お買い物をした方に割引チケットを配ります。

限って

| 5/31 | 6/1 | 6/2 | 6/3 | 6 |

　句子简体（ナ形容词句把「だ」变成「な」或「である」，名词句把「だ」变成「の」或「である」）接「はずがない／はずはない」，表示没有某种可能性。可译为"不可能……"。

　名词接「に限って」表示时间、地点、范围等的限定。可译为"仅限于、只有……"。

6 Nに応じて

例 クラスは日本語のレベルに応じて決められます。
　　　　　　　　　　　N

■ 使った金額に応じて、次回の買い物に使えるポイントを受け取ることができます。

■ 参加する人数に応じて、会場の大きさを決めます。

■ 当店ではご予算に応じたコースを用意しております。

■ この遊園地は季節に応じて、イベントを行っています。

名詞接「に応じて」表示根拠、順応某种具体的情况，做某个决定、准备或策划某个事情、发生某种变化。可译为"根据……"。修饰名词时使用「に応じた」的形式。

7 Nにしたがって

例 先生のアドバイスにしたがって、作文を直した。
　　　　　　　　　　N

■ 基準にしたがい、安全検査を実施しています。

■ 料理教室の先生の指示にしたがって、材料を混ぜたり、お湯を沸かして注いだりする。

■ ごみを燃やすときは市のルールにしたがってください。

■ 案内にしたがって、山を登っていく。

名詞接「にしたがって」表示依据、按照某个规定、基准、指示、建议、通知等做某事。可译为"按照、依照……"。

VOCABULARY

新出語彙

説明文

- システム①[名] 体系、系统、制度、组织
- 自動⓪[名] 自动、自行
  じどう
- 反省⓪[名・他動III] 反省
  はんせい

会話文Ⓐ

- ～方[接尾] 诸位、各位(是对复数人的敬称)
  がた
- がっかり③[副] 沮丧、失望
- 完成⓪[名・自他動III] 完成、全部做完
  かんせい
- 疑問⓪[名] 疑问
  ぎもん
- 徹夜⓪[名・自動III] 彻夜、通宵
  てつや
- 納得⓪[名・他動III] 接受、同意、理解
  なっとく

会話文Ⓑ

- 介護①[名・他動III] 护理、看护
  かいご
- 期待⓪[名・自他動III] 期待、期望
  きたい
- 機能①[名・自動III] 功能、性能、机能
  きのう
- 逆に⓪[副] 相反、反过来
  ぎゃく
- 高速道路⑤[名] 高速公路
  こうそくどうろ
- 少子高齢化[名] 少子老龄化
  しょうしこうれいか
- 操作①[名・他動III] 操作、操纵(机器等)
  そうさ
- ドローン②[名] 无人机
- ミス①[名・自他動III] 失误、错误;错过

読解文

- 医師①[名] 医师、医生
  いし
- ＳＦ⓪[名] 科学幻想(包括科幻小说)
  エスエフ
- 画像⓪[名] 图像、画面
  がぞう
- 共存⓪[名・自動III] 共存、同时存在
  きょうぞん
- 超える⓪[自動II] 超越、越过
  こ
- 実行⓪[名・他動III] 实行、执行
  じっこう
- 診断⓪[名・他動III] 诊断、判断
  しんだん
- 進歩①[名・自動III] 进步
  しんぽ
- 戦う⓪[自動I] 交战、比赛;战斗、作战
  たたか
- チェス①[名] 国际象棋
- プログラム③[名] 程序、方案;节目单
- もしかしたら①[副] 或许、可能、说不定

文法と表現

- 受け取る⓪③[他動I] 接受、收取;理解、领会
  うと
- 追う⓪[他動I] 追赶;追求;追踪;逼迫、驱逐
  お
- 恐れる③[他動II] 害怕、畏惧;担心、担忧
  おそ
- 夫⓪[名] 丈夫
  おっと
- 劣る②⓪[自動I] 劣、不及
  おと
- 基準⓪[名] 基准、标准
  きじゅん
- 気の毒③④[名・ナ形] 悲惨、可怜;过意不去
  きどく
- 霧⓪[名] 雾
  きり
- 金額⓪[名] 金额
  きんがく
- 繰り返す③④⓪[他動I] 反复、重复
  くかえ
- 検査①[名・他動III] 检查
  けんさ
- 告白⓪[名・他動III] 告白、表白;忏悔、自白
  こくはく
- 断る③[他動I] 拒绝;事先打招呼
  ことわ
- 殺す⓪[他動I] 杀、杀死;压抑、控制;抹杀
  ころ
- 市①[名] 市、城市
  し
- 実施⓪[名・他動III] 实施
  じっし
- 注ぐ①②[自他動I] 注入;不断落下、浇;倾注
  そそ
- 試す②[他動I] 试、尝试
  ため
- 飛び上がる④[自動I] 跳起来;飞起来
  とあ
- 懐かしい④[イ形] 令人怀念的、令人留恋的
  なつか
- 怠ける③[自他動II] 懒惰、不卖力
  なま
- 滑らか②[ナ形] 平滑、光滑;流畅
  なめ
- 人数①[名] 人数
  にんずう
- 望む⓪[他動I] 眺望;盼望
  のぞ
- 励む②[自動I] 勤奋、卖力
  はげ
- ブランド品⓪[名] 名牌商品
  ひん
- 誇り⓪③[名] 自豪、骄傲、荣誉
  ほこ
- 混ぜる②[他動II] 混、掺入;掺合、搅拌
  ま
- 燃やす⓪[他動I] 烧、燃烧;燃起、激起
  も
- 遊園地③[名] 游乐园、游乐场
  ゆうえんち
- 予算⓪①[名] 预算
  よさん
- レベル①⓪[名] 水平、级别、等级
- 沸かす⓪[他動I] 烧开;使～沸腾
  わ
- 割引⓪[名・他動III] 打折
  わりびき

タスク＆アクティビティー

新出語彙

- 男③［名］男人、男子、男性
  おとこ
- 具体例②［名］具体的例子
  ぐたいれい
- 親友⓪［名］挚友、至交
  しんゆう
- 問題点③［名］问题点、争论点
  もんだいてん

1 聴解【🎧 ✍】

男子学生と女子学生はテレビのドラマを見ながら話しています。2人はお金を盗んだのは誰だと考えていますか。理由も書きましょう。

僕は ＿＿＿＿＿＿＿＿＿＿ の【 ＿＿＿＿ さん】がお金を盗んだと思うよ。なぜなら ＿＿＿＿＿＿＿＿＿＿

＿＿＿＿＿＿＿＿＿＿ からね。

えっ、私は違うと思うなぁ。

【 ＿＿＿＿ さん】は ＿＿＿＿＿＿＿＿＿＿ から、

＿＿＿＿＿＿＿＿＿＿ はずがないよ。

でも、【 ＿＿＿＿ さん】は夜行バスで13日の朝早く東京に戻ってきたかもしれないよ。

あなたは誰が盗んだと思う？

私は ＿＿＿＿＿＿＿＿＿＿ の【 ＿＿＿＿ さん】がお金を盗んだと思うよ。なぜなら【 ＿＿＿＿ さん】は ＿＿＿＿＿＿＿＿＿＿

＿＿＿＿＿＿＿＿＿＿ からね。

え？ その人？ でも、僕は違うと思う。

【 ＿＿＿＿ さん】は ＿＿＿＿＿＿＿＿＿＿ から、

＿＿＿＿＿＿＿＿＿＿ はずがないよ。

1）AIのいいところと問題点について、自分で考えて表に書きましょう。

AIのいいところ	AIの問題点

2）AIについてどう思いますか。グループで話し合って、AIについて書きましょう。
書くときは普通体を使ってください。

❶
今の状況
＝どうなっているか

現在、私たちの生活にはAIの技術が広く使われている。

▼

❷
AIのいいところ
と具体例

▼

❸
AIの問題点
と具体例

▼

❹
結論
＝AIについてのあなた
の考えとその理由

3）2）で書いたものをグループ発表しましょう。

10

149

⑤ 主語と述語の組み合わせ

　　日语跟中文一样，句子里通常都会有「主語」（主语）和「述語」（谓语）部分，主语和谓语构成了句子的主干，也起到了连贯句子基本结构和内容的作用。

　　日语主语和谓语的关系主要有以下三种情况：

主语	谓语		主语	谓语
➡ 何が	なんだ	例： 彼が	社長だ
➡ 何が	どんなだ	例： 猫が	かわいい
➡ 何が	どうする	例： 猫が	走る

　　主谓的合理搭配是句子语义通顺的基本要求，但往往也是学习者在写作时容易出现问题的地方。

例如：

- **私の夢は、電車の運転手になりたいです。** ✕
  主语　　　　　　　　谓语

- **私の趣味は、ピアノを弾きます。** 　　　✕
  主语　　　　　谓语

- **今学期の目標は、たくさん本を読みます。** ✕
  主语　　　　　　　　谓语

- **このソフトの有効期限は、来年３月末までご利用いただけます。** ✕
  主语　　　　　　　　　谓语

　　以上四个句子的主语是一件事，需要搭配表示事情的名词性谓语；而谓语是一个动作，需要搭配表示动作主体的主语。因此，虽然读起来意思大致可以理解，但均属于主谓搭配不合理的病句，需要按照以下的方式进行修正。

- 私の夢は、電車の運転手になりたいです。 ✕

  ➡ **私の夢は、電車の運転手になることです。** 〇
  　我的梦想　是成为电车司机。

  ➡ **私は、電車の運転手になりたいです。** 〇
  　我　　想成为一名电车司机。

- 私の趣味は、ピアノを弾きます。✕

  ➡ **私の趣味は、ピアノを弾くことです。** ○

  　我的兴趣　　是弹钢琴。

  ➡ **私は、よくピアノを弾きます。** ○

  　我　　经常弹钢琴。

- 今学期の目標は、たくさん本を読みます。✕

  ➡ **今学期の目標は、たくさん本を読むことです。** ○

  　这学期的目标　　是阅读很多的书。

  ➡ **私は、今学期たくさんの本を読みたいです。** ○

  　我　　这学期想要阅读很多的书。

- このソフトの有効期限は、来年 3 月末までご利用いただけます。✕

  ➡ **このソフトの有効期限は、来年 3 月末までです。** ○

  　这个电脑软件的有效期限　是到明年的三月末。

  ➡ **このソフトは、来年 3 月末までご利用いただけます。** ○

  　这个电脑软件　可以使用到明年的三月末。

在写作时，主谓的合理搭配非常重要，因此尽量不要将一个句子写得过长，否则很容易出现主谓搭配不当的情况，另外尽量让主语和谓语离得近一些，这样也便于判断主谓搭配是否合理，也有利于读者对句义的理解。

✕ 悪い例

剛士さんが、東京ではちょうど桜の満開の時期になったので、週末に天気がよければ
　主语
李さんと葵さんに声をかけて 4 人で上野公園で花見をしようと **誘ってくれた**。
　　　　　　　　　　　　　　　　　　　　　　　　　　　　　谓语

◎ 良い例

東京ではちょうど桜の満開の時期になったので、週末に天気がよければ李さんと葵さんに
声をかけて 4 人で上野公園で花見をしようと、**剛士さんが 誘ってくれた**。
　　　　　　　　　　　　　　　　　　　　　　　主语　　　谓语

前一个句子中，主语「剛士さんが」和谓语「誘ってくれた」的距离太远，中间夹杂了其他一些动词性句子成分，不容易让读者抓住句子的主干，影响对句义的理解。而后一个句子则拉近了主谓之间的距离，让表达更加清晰明了。

第 11 課

北海道

話しましょう！

1. あなたは北海道へ行ったことがありますか。どんなイメージですか。

2. あなたは北海道の有名な観光地を知っていますか。それはどこですか。

3. あなたは北海道のおいしい食べ物を知っていますか。それは何ですか。

4. あなたはレンタカーを利用したことがありますか。利用したいですか。なぜですか。

5. あなたの国ではレンタカーを利用するのは高いですか。いくらぐらいかかりますか。

⇒ 説明文

　張さん、悟さん、李さん、剛士さんの4人は、夏休みに北海道へ行きました。張さんと李さんは、初めての北海道です。悟さんの実家は北海道の南にある苫小牧で牧場を経営しています。

　空港に着いた4人はレンタカーで苫小牧を観光しながら悟さんの実家に向かいました。3人は窓から見える地平線に驚き、北海道の雄大な景色に感動しました。

　翌日は、札幌と小樽を観光しました。北海道のおいしいものを楽しんだり、札幌の時計台や小樽運河などを見たりしました。

会話文 A

11

悟　：北海道に到着です。北海道へようこそ！

張　：飛行機で東京から北海道まで１時間半。思っていたより近くてびっくりした！

李　：そうだね。あっという間に着いたね。

悟　：じゃあ、これから実家まで車で行こう。レンタカーを予約してあるんだ。

剛士：苫小牧だよね。いいね。楽しみ。

●　●　●　●　●

悟　：出発！

李　：悟さんの実家までどのくらいかかる？

悟　：どこにも寄らないで行けば、30分ぐらいだけど、今日は少し観光スポットを回りながら行こうと思うんだ。

剛士：観光もいいけど、もう12時だから、まずは昼ご飯を食べに行こう！

張・李：賛成！

悟　：了解！

李　：北海道と言えば、ラーメンやジンギスカンだよね。

悟　：うん。ラーメンやジンギスカンもあることはあるんだけど、今から苫小牧港に行こうと思っているので、そこで新鮮な魚を食べない？

李　：いいね。北海道のおいしい海鮮丼を食べてみたいと思っていたんだ。

●　●　●　●　●

李　：ああ、海鮮丼おいしかった。

剛士：うん。港の近くだから魚が新鮮なんだね。苫小牧って北海道で一番大きい港町なんだって？

悟　：そうなんですよ。剛士さん詳しいですね。

剛士：予習してきたからね。観光スポットとしては、馬と触れ合うことができるテーマパークや、朝の風景が美しい湖が有名なんだって。ほかにも山や森、公園などいろいろある。

張　：自然が豊かなところなんですね。

悟　：山林や水を利用して紙を作る大きい工場もあって、苫小牧は産業都市なんだよ。

李　：へえ、そうなんだ。

●　●　●　●　●

張　：ああ、気持ちいい。少し窓を開けると、涼しい風が入ってくるよ。ここは蒸し暑い東京と違って、気温が高くても湿度が低いから、爽やかだね。

李　：本当に気持ちいいね。ところで、この道、どこまで続いているんだろう？　さっきからずっとまっすぐ走っているけど。信号も少ないし。

剛士：目の前に地平線も見えるよ。東京では決して見ることはできないよね。

張　：北海道の雄大な景色に感動！

悟　：もう少し行くと僕の実家の牧場だよ。

新千歳空港

北海道に到着です！
北海道へようこそ！

飛行機で東京から北海道まで
1時間半。思っていたより
近くてびっくりした！

そうだね。
あっという間に着いたね。

じゃあ、これから実家まで
車で行こう。レンタカーを
予約してあるんだ。

苫小牧だよね。
いいね。楽しみ。

出発！

悟さんの実家まで
どのくらいかかる？

どこにも寄らないで行けば、
30分ぐらいだけど、今日は
少し観光スポットを回りながら
行こうと思うんだ。

観光もいいけど、
もう12時だから、まずは
昼ご飯を食べに行こう！

賛成！

了解！

北海道と言えば、
ラーメンやジンギスカンだよね。

うん。
ラーメンやジンギスカンも
あることはあるんだけど、
今から苫小牧港に行こうと
思っているので、そこで
新鮮な魚を食べない？

いいね。北海道のおいしい
海鮮丼を食べてみたいと
思っていたんだ。

ああ、
海鮮丼おいしかった。

うん。
港の近くだから
魚が新鮮なんだね。

苫小牧って北海道で
一番大きい港町なんだって？

予習してきたからね。
観光スポットとしては、
馬と触れ合うことができる
テーマパークや、朝の風景が
美しい湖が有名なんだって。
ほかにも山や森、
公園などいろいろある。

そうなんですよ。
剛士さん詳しいですね。

自然が豊かな
ところなんですね。

山林や水を利用して
紙を作る大きい工場もあって、
苫小牧は産業都市なんだよ。

へえ、
そうなんだ。

ああ、気持ちいい。
少し窓を開けると、
涼しい風が入ってくるよ。

本当に気持ちいいね。
ところで、この道、
どこまで続いているんだろう？
さっきからずっとまっすぐ
走っているけど。
信号も少ないし。

ここは蒸し暑い東京と
違って、気温が高くても
湿度が低いから、爽やかだね。

目の前に地平線も見えるよ。
東京では決して見ることは
できないよね。

北海道の
雄大な景色に感動！

もう少し行くと
僕の実家の牧場だよ。

会話文B

11

悟　：みんな、昨日の夜はよく眠れた？
　　　今日は、札幌に寄ってから小樽に行こう。
　　　出発するよ。

張　：札幌も小樽も有名な観光地だから、楽しみ！　札幌まで車でどのくらい？

悟　：1時間ぐらい。今回は小樽を中心に観光したいから、札幌では一番有名な「時計台」だけ見て、すぐに小樽に向かうことにするね。

張　：でも、「札幌ラーメン」は食べたいな。

剛士：じゃあ、ご飯食べてから小樽に行けばいいんじゃない？

李　：いいね！　ラーメンの後でアイスも食べに行こう。

張　：北海道はおいしいものがいっぱいだね。昨日悟さんの実家の牧場で飲んだ牛乳も、すごくおいしかった。

悟　：ありがとう。牧場の牛乳はしぼりたてだからね。北海道は土地が広いから、牧場が多くて、牛乳用も肉用も、どちらの牛もたくさん育てられているんだ。チーズやバター、ヨーグルトなどの加工品もおいしいよ。

剛士：最近は、チーズケーキやキャラメルなども有名だよね。

悟　：そうなんです。さあ、みなさん、もうすぐ札幌ですよ。

●　●　●　・　・

李　：札幌、よかったね。味噌ラーメンもおいしかったし。

張　：うん。小樽に来たら札幌とずいぶん雰囲気が違うね。歴史のありそうな建物が多いよ。

悟　：そうなんだ。ここが有名な小樽運河だよ。昔はこの細い水路を使って荷物を運んでいたので、あのように古い倉庫がたくさん並んでいるんだ。

張　：今も運河として使われているのかな？

剛士：「小樽運河」といっても、運河という名前が残っているだけで、今は荷物を運ぶことには使っていないんだって。

張　：そうなんですか。

悟　：小樽運河は夕方の景色がおすすめなんだ。道に街灯が並んでいるでしょう。あれは「ガス灯」というんだ。電気じゃなくてガスなんだよ。そして、夕方になると、運河や倉庫もライトアップされてとてもきれいなんだ。

李　：夕方になったら、写真を撮りたいね。

剛士：この運河を小さい船に乗って観光することもできるらしいよ。

悟　：そうですね。じゃ、夜、観光船に乗りましょうか。

李　：えー、男4人で？

みんな、昨日の夜は
よく眠れた？

今日は、札幌に寄ってから
小樽に行こう。出発するよ。

札幌も小樽も有名な
観光地だから、楽しみ！
札幌まで車でどのくらい？

1時間ぐらい。今回は
小樽を中心に観光したいから、
札幌では一番有名な「時計台」だけ
見て、すぐに小樽に
向かうことにするね。

でも、「札幌ラーメン」は
食べたいな。

じゃあ、ご飯食べてから
小樽に行けば
いいんじゃない？

いいね！ラーメンの後で
アイスも食べに行こう。

北海道はおいしいものが
いっぱいだね。
昨日悟さんの実家の
牧場で飲んだ牛乳も、
すごくおいしかった。

ありがとう。牧場の牛乳は
しぼりたてだからね。
北海道は土地が広いから、
牧場が多くて、牛乳用も肉用も、
どちらの牛もたくさん
育てられているんだ。

チーズやバター、ヨーグルト
などの加工品もおいしいよ。

最近は、チーズケーキや
キャラメルなども有名だよね。

そうなんです。
さあ、みなさん、もうすぐ
札幌ですよ。

札幌、よかったね。
味噌ラーメンも
おいしかったし。

うん。小樽に来たら
札幌とずいぶん雰囲気が違うね。
歴史のありそうな建物が多いよ。

そうなんだ。
ここが有名な小樽運河だよ。

昔はこの細い水路を使って
荷物を運んでいたので、
あのように古い倉庫が
たくさん並んでいるんだ。

今も運河として
使われているのかな？

「小樽運河」といっても、
運河という名前が残っている
だけで、今は荷物を運ぶことには
使っていないんだって。

そうなんですか。

小樽運河は夕方の景色が
おすすめなんだ。道に街灯が
並んでいるでしょう。

あれは「ガス灯」というんだ。
電気じゃなくてガスなんだよ。
そして、夕方になると、運河や
倉庫もライトアップされて
とてもきれいなんだ。

夕方になったら、
写真を撮りたいね。

この運河を小さい船に
乗って観光することも
できるらしいよ。

そうですね。じゃ、夜、
観光船に乗りましょうか。

えー
男4人で？

読解文

北海道の自然

　日本列島は北海道、本州、四国、九州、沖縄の５つの主な島と多くの小さな島から成り立っています。北海道は日本列島の一番北にあり、面積は日本全体の約22％もあります。北海道の70％は森で、北海道の自然の豊かさがわかります。また、川の数は15000くらいあり、水がとてもきれいです。

　北海道は太平洋、日本海、オホーツク海という３つの海に囲まれています。周囲はとても良い漁場となっています。北海道の中央部から北部には山地が続き、一番高い旭岳（2291m）のある大雪山系は「北海道の屋根」と呼ばれています。ここでは、北海道でしか見られない高山植物や動物に出会えます。東部にある知床半島は2005年にユネスコの世界自然遺産に登録されました。人間がほとんど手を加えていない大自然を見ることができます。北海道には火山や温泉、人気のあるスキー場などもあり、１年を通して観光客に人気があります。

　北海道では、春、夏、秋、冬と、季節ごとに変化する雄大な自然を楽しむことができます。冬には、オホーツク海の海岸は流氷に覆われます。流氷というのはシベリアから風や潮に乗って流れてくる氷の固まりです。海一面が氷となり、幻想的な景色が広がります。

　このような北海道の豊かな自然を、これからも大切にしていきましょう。

✓ **理解度チェック**

① 選びましょう。

1. 初めて北海道旅行をする人は_____です。

　①張さんと李さん　②悟さんと李さん　③張さんと剛士さん　④剛士さんと悟さん

2. 悟さんの実家は北海道の南にある苫小牧で_____を経営しています。

　①工場　　　　　②牧場　　　　　③テーマパーク　　　④海鮮丼の店

3. 北海道に着いた4人はまず_____を食べました。

　①ラーメン　　　②ジンギスカン　　③海鮮丼　　　　④アイス

4. 張さんと李さんと剛士さんは、車の窓から見える_____に驚きました。

　①時計台　　　　②運河　　　　　③湖　　　　　④地平線

5. _____は北海道の有名な食べ物ではありません。

　①ラーメン　　　②ジンギスカン　　③海鮮丼　　　　④みかん

② 本文の内容に合っていたら○を、違っていたら×を書きましょう。

1. (　　　) 張さん、悟さん、徐さん、剛士さんの4人は、夏休みに北海道へ行きました。

2. (　　　) 空港に着いた4人はタクシーで苫小牧を観光しながら悟さんの実家に向かいました。

3. (　　　) 東京から北海道まで飛行機で1時間半ぐらいかかります。

4. (　　　) 4人は空港で昼ご飯を食べました。

5. (　　　) 苫小牧は北海道で一番大きい港町です。

③ 書きましょう。

1. 苫小牧の観光スポットとしては_____や、
_____が有名です。

2. 北海道は蒸し暑い東京と違って、_____から、爽やかです。

3. 日本列島は_____、_____、_____、_____、
_____の5つの主な島と_____から成り立っています。

4. 北海道は日本列島の一番_____にあり、面積は日本全体の約_____
もあります。北海道の70%は_____で、川の数は_____くらいあります。

5. 北海道は_____、_____、_____という3つの海に囲まれ
ています。

④ 本文を読んで答えましょう。

1. 悟さんは、なぜ北海道は牧場が多いと言っていますか。

2. 小樽運河は今も運河として使われていますか。

3. 小樽運河は夕方の景色がおすすめなのはなぜですか。

4. 北海道で一番高い山のある大雪山系は何と呼ばれていますか。

5. 北海道でユネスコの世界自然遺産に登録されているのはどこですか。

📖 文法と表現

1 V／A／NA普通形（NAだな）＋ことは ＋ V／A／NA普通形・丁寧形が／け（れ）ど

例 今話題の映画を見たことは見たけど、あまりおもしろくなかった。
　　　　　　V普　　　　　V普

今話題の映画を見たことは見たけど、
あまりおもしろくなかった。

見たことは
見た

けど

CINEMA

面白く
なかった…

■ 辛い料理は食べられることは食べられるが、あまり得意ではない。
■ この店の料理はおいしいことはおいしいですが、値段が少し高いですね。
■ 車は便利なことは便利ですが、お金がかかって大変です。

該句型表示转折，先对某个事物、事情给予部分肯定，然后转折，强调后面否定、不满意的部分。

「ことは」和「が／け（れ）ど」前面需使用同一个词。动词、イ形容词句可以前面用简体，后面用简体或敬体，但是时态需要前后一致；ナ形容词需要前面用词尾变成「な」的形式，后面用简体或敬体。「～する」形式的三类动词后面只需重复「する」的部分即可，例如「勉強したことはしたが」。

句子可译为"……是……，但是……"。例如"看是看了，但是……""能吃是能吃，但是……""好吃是好吃，但是……""方便是方便，但是……"。

2 普通形（NAだな／Nだな）＋んじゃない？

例 Ａ：このスニーカー欲しいな……。
　　Ｂ：えー。これ、高いんじゃない？
　　　　　　　　　　　A普

■ Ａ：山田さん、まだ来ないね。
　Ｂ：うん、電車の事故があったらしいから、遅れるんじゃない？
■ Ａ：今度の旅行、松本さんも行くかな。
　Ｂ：うーん、忙しいと言ってたから、行かないんじゃない？
■ Ａ：今年のＡ大学の入学試験、どうだったんだろう。
　Ｂ：難しかったんじゃない？　林さんもできなかったと言っていたよ。
■ Ａ：奈津美ちゃん、あの料理食べないね。
　Ｂ：辛いのが苦手なんじゃない？
■ 学生Ａ：明日１限は休講だよね？
　学生Ｂ：え、休講は２限なんじゃない？

句子的简体形式（ナ形容词句和名词句的「だ」变成「な」）接「んじゃない」，用于委婉表达自己的观点，避免断定。对前面所说的内容委婉地肯定，同时具有向对方确认，希望得到对方认同的语气。

3 普通形（N（だ））＋といっても

例 会社を作ったといっても、社員は私と妻だけです。
　　　　　V普

　　私は社長（だ）といっても、社員は５人だけの小さな会社です。
　　　　　　N（だ）

句子的简体形式（名词句可以省略「だ」）接「といっても」表示让步转折。意为与前面所述事情的情况不同，实际上的情况并不满足期待。可译为"即使说是……，也（只是）……"。

■ マンションに住んでいるといっても、部屋が1つしかない小さいマンションです。
■ この車は古いといっても、まだ十分動きます。
■ この食べ物は有名だといっても、日本でだけで、外国ではあまり知られていない。
■ 病気といっても、ちょっと風邪をひいただけだ。

4　Nを中心に

例　日本は**東京を中心に**経済が発展している。
　　　　　N

名词接「を中心に」表示"以……为中心"。

■ この小説はヨーロッパを中心に人気があります。
■ 私は聴解が苦手なので、聴解を中心に勉強しようと思っています。
■ 漫画は子供を中心に人気が広がったが、現在ではさまざまな世代に読まれている。
■ A：来週ベトナム旅行に行くんだよね？
　 B：うん、南の方を中心に観光しようと思っているんだ。

5　Nを通して／を通じて　〈期間〉

例　**私は30年間を通じて、この会社に貢献してきた。**
　　　　　N

时间名词接「を通して/通じて」，表示在某段时间范围内一直存在某种行为、状态、情况。可译为"在……的整个期间一直……"。

■ 張さんは4年間を通して、1度も授業に遅刻しなかった。
■ 四季を通じて、日本にはたくさんの観光客が訪れる。
■ 今では1年を通して、いろいろな野菜が食べられるようになった。
■ タイは年間を通じて暑い。

私は30年間を通じて、この会社に貢献してきた。

6 Vます＋合う

例 **会議で意見を出し合う。**
　　　　　　　 Vます

会議で意見を出し合う。

意見　意見
出し合う
意見

- 合宿の場所を話し合って決める。
- 困ったときは、みんなで助け合いましょう。
- 二人は深く愛し合っている。
- 彼とはよく冗談を言い合う仲です。

「合う」前面接动词ます形去掉「ます」的形式，表示"相互……"。所接动词为表示相互进行的行为、动作的动词。

7 Vます＋たて

例 **この店はとれたての魚を使った料理がおいしくて有名です。**
　　　　　　 Vます

この店はとれたての魚を使った料理がおいしくて有名です。

作りたての料理！

とれたての魚！

- そこはペンキ塗りたてですから、触らないでくださいね。
- 天ぷらは揚げたてが一番おいしいです。
- 彼はまだ入学したてで、大学内で迷ってしまった。
- 店員：お客様、こちらのパンは焼きたてです。おーついかがでしょうか。
- 客　：おいしそうね。

动词ます形去掉「ます」的形式接「たて」表示动作刚刚完成。「～たて」整体相当于名词的用法。可译为"刚、刚刚……"，例如"刚钓（的鱼）""刚涂完（漆）""刚炸好""刚入学""刚烤好"。

8 決して～ない

例 **試験のときは、決して話さないでください。**

- 車が多い道では、決して子供の手を離さないようにしましょう。
- 入学式には、決して遅刻しないでください。
- この学校での楽しい経験は決して忘れません。
- 危ないですから、この池では決して泳がないでください。

副词「決して」与后面的否定表达方式搭配使用，加强否定的语气。
可译为"绝对不（要、会）……"。

新出語彙

説明文

- 運河① [名] 运河
  うんが
- 経営⓪ [名・他動Ⅲ] 经营、运营
  けいえい
- 地平線⓪ [名] 地平线
  ちへいせん
- 時計台⓪ [名] 钟塔(札幌市内景点)
  とけいだい

- 雄大⓪ [ナ形] 雄伟、雄大、宏大
  ゆうだい
- 翌日⓪ [名] 次日、翌日
  よくじつ
- レンタカー③④ [名] (租赁的)汽车
- 小樽① [固] 小樽(日本地名)
  おたる

- 札幌⓪ [固] 札幌(日本地名)
  さっぽろ
- 苫小牧③ [固] 苫小牧(日本地名)
  とまこまい

会話文Ⓐ

- 観光スポット⑥ [名] 观光地、景点
  かんこう
- 爽やか② [ナ形] 爽朗、清爽、清晰、清楚
  さわ
- 山林⓪ [名] 山林、山野
  さんりん
- 湿度②① [名] 湿度
  しつど
- ジンギスカン③ [名] 成吉思汗;(日本料理名)铁板烤羊肉

- テーマパーク④ [名] 主题公园
- 触れる⓪ [自他動Ⅱ] 碰、触;触及、提到;触动
  ふ
- 港⓪ [名] 码头、港口
  みなと
- 港町③ [名] 港口城市
  みなとまち
- 蒸し暑い④ [イ形] 闷热
  む あつ

- ようこそ① [副・感] 欢迎
- 苫小牧港⑤ [固] 苫小牧港(日本地名)
  とまこまいこう
- あっという間 [表現] 一瞬间、一眨眼
  ま　　　　　　的功夫

会話文Ⓑ

- 街灯⓪ [名] 路灯、街灯
  がいとう
- 加工品⓪ [名] 加工品
  かこうひん
- ガス灯⓪ [名] 煤气灯
  とう
- 観光船⓪ [名] 观光船
  かんこうせん
- キャラメル⓪ [名] 焦糖、(焦糖味)牛奶糖

- しぼる② [他動Ⅰ] 挤、榨;榨取;绞、拧;限定、集中
- ずいぶん① [副・ナ形] 非常、相当
- 水路① [名] 水路;水渠;运河
  すいろ
- 倉庫① [名] 仓库
  そうこ

- チーズ① [名] 乳酪、干酪
- 土地⓪ [名] 土地;领土;地产
  とち
- ヨーグルト③ [名] 酸奶、酸乳酪
- ライトアップ④ [名・他動Ⅲ] 景观照明、(给建筑物或树木等)装饰上彩灯

読解文

- 一面⓪ [名] 一面、一片、满;一个方面
  いちめん
- 覆う⓪② [他動Ⅰ] 蒙、覆盖、笼罩
  おお
- 主① [ナ形] 主要、重要
  おも
- 固まり⓪ [名] 块、疙瘩;群、集体
  かた
- 漁場⓪ [名] 渔场、渔业水域
  ぎょじょう
- 加える⓪③ [他動Ⅱ] 加、加上;加入、添加;施加
  くわ
- 幻想⓪ [名・他動Ⅲ] 幻想
  げんそう
- 高山植物⑥ [名] 高山植物
  こうざんしょくぶつ
- 山地①⓪ [名] 山地
  さんち
- 潮② [名] 潮、潮汐
  しお
- 周囲① [名] 四周、周围
  しゅうい

- 世界自然遺産 [名] 世界自然遗产
  せかいしぜんいさん
- 大自然③ [名] 大自然
  だいしぜん
- 東部① [名] 东部
  とうぶ
- 成り立つ③⓪ [自動Ⅰ] 构成、形成、成立
  な た
- 半島⓪ [名] 半岛
  はんとう
- 変化① [名・自動Ⅲ] 变化
  へんか
- 北部① [名] 北部
  ほくぶ
- 面積① [名] 面积
  めんせき
- 流氷⓪ [名] 流冰、浮冰
  りゅうひょう
- 旭岳③ [固] 旭岳(北海道"大雪山"的主峰)
  あさひだけ
- オホーツク海⑤ [固] 鄂霍茨克海
  かい

- 九州① [固] 九州(日本地名)
  きゅうしゅう
- 四国②① [固] 四国(日本地名)
  しこく
- シベリア⓪ [固] 西伯利亚
- 知床⓪ [固] 知床(半岛)(北海道地名)
  しれとこ
- 大雪山系⑤ [固] 大雪山脉、大雪山系(北海道)
  たいせつさんけい
- 太平洋③ [固] 太平洋
  たいへいよう
- 日本海② [固] 日本海
  にほんかい
- 日本列島④ [固] 日本列岛
  にほんれっとう
- 本州① [固] 本州(日本地名)
  ほんしゅう
- ユネスコ⓪② [固] 联合国教科文组织
- 手を加える [表現] 加工;修正、修改
  て くわ

文法と表現

- 愛する③ [他動Ⅲ] 爱、喜爱、热爱
  あい
- 訪れる④ [自他動Ⅱ] 拜访、访问;来临、到来
  おとず
- 休講⓪ [名・自動Ⅲ] 停课、停讲
  きゅうこう
- 十分③ [副・ナ形] 充分、充足
  じゅうぶん
- スニーカー②⓪ [名] 旅游鞋、轻便运动鞋

- 世代①⓪ [名] 世代、一代
  せだい
- 聴解⓪ [名] 听解、听音回答问题;听力(题)
  ちょうかい
- 妻① [名] 妻子
  つま
- 塗る⓪ [他動Ⅰ] 涂、刷、抹
  ぬ
- 年間⓪ [名] 一年间、全年
  ねんかん

- ペンキ⓪ [名] 油漆、涂料
- 方① [名] 方向、方面
  ほう
- マンション① [名] 公寓、公寓大厦
- 焼く⓪ [他動Ⅰ] 烧、烤;焚烧;晒黑
  や
- タイ① [固] 泰国

タスク＆アクティビティー

新出語彙

- **ウォーキング** ⓪① [名] 步行运动、徒步运动
- **川沿い** ⓪ [名] 河沿儿、河边、沿河处
  かわぞ
- **組み合わせる** ⑤⓪ [他動Ⅱ] 搭配、组合；编组、编排
  く　あ
- **高速バス** ⑤ [名] 高速客车
  こうそく

- **ジオパーク** ③ [名] 地质公园
- **その他** ② [名] 其他的、此外的
  た
- **引っ越す** ③ [他動Ⅰ] 搬家、迁居
  ひ　こ
- **例** ① [名] 例子、事例、惯例
  れい

---

1 聴解【 🎧 ✍ 🔍 💬 】

1）まず、◻◻◻ の言葉の意味を確認しましょう。

次に、会話を聞いて＿＿＿＿＿＿＿に入る言葉を ◻◻◻ から選んで書きましょう。

自分の周りの自然	雄大な自然	自然の変化	家の近くの川沿い*1
自然について学ぶ公園	ウォーキング*2	スマホ	最近
1年	1時間		

*1 川沿い (河辺、河岸)　　*2 ウォーキング (散歩、歩行)

・男子学生は夏休みに北海道に行って＿＿＿＿＿＿＿＿＿＿＿＿＿＿を楽しんでくるつもりです。

北海道の自然について調べて、「ジオパーク」という言葉を＿＿＿＿＿＿＿＿＿＿＿＿知りました。

「ジオパーク」というのは＿＿＿＿＿＿＿＿＿＿＿＿＿＿のことです。

・女子学生は＿＿＿＿＿＿＿＿＿＿＿＿＿を中心に、毎朝＿＿＿＿＿＿＿＿＿＿＿＿ぐらい

＿＿＿＿＿＿＿＿＿＿＿＿をしています。名前を知らない鳥や植物を見たら＿＿＿＿＿＿＿で調

べます。毎日歩くようになってから＿＿＿＿＿＿＿＿＿＿＿＿に興味を持つようになりました。

そして、＿＿＿＿＿＿＿＿＿を通して＿＿＿＿＿＿＿＿＿＿＿＿＿を楽しんでいます。

洞爺湖有珠山ユネスコ世界ジオパーク

2）あなたが自然を感じるおすすめの場所やその楽しみ方についてメモを書きましょう。

> ・場所
>
> ・そこにあるもの／そこで見られるもの
>
> ・楽しみ方

3）メモを見ながらペアで話しましょう。

---

② ペアワーク【 🗣 💬 】

1）カードを見て、AさんとBさんになって例のように会話しましょう。

答えには「_____ ことは _____ が／け（れ）ど、_____」を使ってください。

> 例1　A：__日本に来て1年だ__ そうですね。__日本の生活__ はどうですか。
>
> 　　　B：__楽しい__ ことは __楽しいんです__ が、__物の値段が高くて大変です__ 。
>
> （1〜4の質問と答えを続ける）
>
> 　　　A：いろいろ大変ですね。頑張ってください。

Aさんのカード	あなたは日本人学生です。Bさんは留学生です。Bさんに質問してください。	
	（Cさんから聞いた情報）	（聞きたいこと）
	例　Bさんは日本に来て1年だそうだ	日本の生活
	1　Bさんは来週試験があるそうだ	試験の勉強
	2　Bさんの日本語の先生は厳しいそうだ	日本語の授業
	3　Bさんはコンビニでアルバイトをしているそうだ	アルバイト
	4　Bさんは先月広い部屋に引っ越したそうだ	新しい部屋

Bさんのカード	あなたは留学生です。Aさんは日本人学生です。Aさんの質問に答えてください。
	（あなたの気持ち）
	例　日本の生活は楽しいけれど、物の値段が高くて大変
	1　試験の勉強をしているけれど、自信がない
	2　日本語の先生は厳しいけれど、きっと日本語が上手になると思う
	3　アルバイトは頑張っているけれど、なかなか仕事が覚えられなくて困っている
	4　新しい部屋は広いけれど、家賃が高い

例2　B：　夏休みに京都に行った　んでしょ？　楽しかった　？

　　　A：　楽しかった　ことは　楽しかった　んだけど、　どこに行っても人が多くて大変だった　よ。

　　　（1〜4の質問と答えを続ける）

　　　B：残念なこともあったみたいだけど、きっと良い思い出になるよ。

Bさんのカード

Aさんに質問してください。Aさんはあなたの友達です。

（夏休み前にAさんが言っていたこと）　　　　　　　（聞きたいこと）

例　**Aさんは夏休みに京都に行くと言っていた**　　　**楽しかったか**

1　Aさんは高速バスで行くと言っていた　　　　　高速バスはどうだったか

2　Aさんは清水寺を見ると言っていた　　　　　　清水寺はどうだったか

3　Aさんは有名なお茶のケーキを食べると言っていた　おいしかったか

4　Aさんは有名なお祭りがあると言っていた　　　見に行ったか

Aさんのカード

Bさんの質問に答えてください。Bさんはあなたの友達です。

（あなたの気持ち）

例　**京都の旅行は楽しかったけれど、どこに行っても人が多くて大変だった**

1　高速バスは安かったけれど、あまり眠れなくて疲れた

2　清水寺に行ったけれど、勉強ができるようになる滝の水を飲むのを忘れてしまった

3　お茶のケーキはおいしかったけれど、ちょっと甘すぎた

4　有名なお祭りを見に行ったけれど、途中から雨が降ってきて残念だった

2）自分ができること、経験したこと、持っているものなどについて、例1か例2の言い方を使って
ペアで話しましょう。

例1　　ピアノが弾ける　ことは　弾けるんです　が、　簡単な曲だけです　。

例2　　ピアノが弾けます　。　弾ける　といっても　簡単な曲だけですけどね　。

・〜ができる

・〜ことがある

・〜を持っている

・その他

第 **12** 課

アイヌ文化

1. あなたの国には少数民族がいますか。何という民族ですか。

2. あなたの知っている少数民族の言葉や習慣を紹介してください。

3. あなたの国には少数民族の文化を紹介するテーマパークなどがありますか。
   それはどんなところですか。

4. 日本にはどんな民族がいると思いますか。

5. あなたはアイヌ民族について聞いたことがありますか。

⇒ **説明文**

　　北海道旅行中の4人は、アイヌをテーマとした「民族共生象徴空間」である「ウポポイ」に行きました。悟さんからアイヌの文化について簡単な説明を聞いた後、4人はアイヌの体験プログラムの中からアイヌ語講座に参加することにしました。そこで、結衣さんという北海道の大学の学生に出会いました。

　　4人と結衣さんは仲良くなって、一緒に「ウポポイ」を見学することになりました。見学しながら、アイヌ文化が世界から消えてしまうかもしれないことやアイヌの歴史について話しました。

💬 会話文 A

悟　：今日はアイヌ文化を紹介しようと思って、ここ「ウポポイ」に来ました。

剛士：アイヌは北海道の先住民族だよね？

悟　：そうです。昔から北海道に住んでいた人たちで、独自の言葉や文化を持っています。

張　：広くてきれいなところだね。いつ頃建てられたの？

悟　：2020年7月にオープンしたんだ。

李　：ところで、この「ウポポイ」って、どういう意味？

悟　：アイヌ語で「大勢で歌うこと」。

張　：日本語と全然違うから、想像もできないなあ。

剛士：北海道にはアイヌ語の地名が多いんだよ。その地名からアイヌの人々がどんな生活をしていたかわかるらしい。例えば、「登別」「紋別」のように「別」が付く地名が多いんだけど、この「別」というのはアイヌ語の「ペッ」を漢字にしたもので、ええと、何だっけ？　悟さん、「山」の意味だっけ？

悟　：山じゃありません、川です。「ペッ」は今は「ベツ」と読んでいますが、この「ペッ」が付く地名が多いことから、アイヌの人々の生活は川との関係が強かったことがわかるんです。

張　：アイヌの言葉が少しわかると、北海道旅行がより楽しくなりそう。

悟　：ここにはいろいろな体験プログラムがあるね。アイヌ語はもちろん楽器の演奏や、アイヌの伝統文化の体験もできるよ。

李　：アイヌ語を聞いてみたいな。

剛士：じゃ、みんなでアイヌ語のプログラムに参加してみようか。

張　：いいですね。

　　　● ● ● ● ●

剛士：ここに座ろうよ。すみません、ここ、いいですか。

結衣：はい。どうぞ。

張　：ありがとうございます。

剛士：こんにちは。大学生ですか。

結衣：はい、そうです。

剛士：僕たちも大学生で、東京から来ました。桜井剛士です。

結衣：はじめまして。私は菊池結衣です。2年生です。よろしくお願いします。

張・剛士：よろしくお願いします。

今日はアイヌ文化を
紹介しようと思って、
ここ「ウポポイ」に来ました。

アイヌは北海道の
先住民族だよね？

広くて
きれいなところだね。

いつ頃建てられたの？

2020年7月に
オープンしたんだ。

そうです。
昔から北海道に住んでいた
人たちで、独自の言葉や
文化を持っています。

ところで、
この「ウポポイ」って、
どういう意味？

アイヌ語で
「大勢で歌うこと」。

日本語と全然違うから、
想像もできないなあ。

北海道にはアイヌ語の
地名が多いんだよ。
その地名からアイヌの人々が
どんな生活をしていたか
わかるらしい。

例えば、「登別」「紋別」のように
「別」が付く地名が多いんだけど、
この「別」というのは
アイヌ語の「ペッ」を
漢字にしたもので、

ええと、何だっけ？
悟さん、「山」の意味だっけ？

山じゃありません、
川です。

「ペッ」は今は「ベツ」と
読んでいますが、この「ベツ」が
付く地名が多いことから、
アイヌの人々の生活は
川との関係が強かったことが
わかるんです。

アイヌの言葉が少しわかると、
北海道旅行がより楽しくなりそう。

ここにはいろいろな体験
プログラムがあるね。
アイヌ語はもちろん楽器の演奏や、
アイヌの伝統文化の体験もできるよ。

アイヌ語を
聞いてみたいな。

じゃ、みんなでアイヌ語の
プログラムに参加してみようか。

いいですね。

ここに座ろうよ。
すみません、ここ、いいですか。

はい。どうぞ。

こんにちは。
大学生ですか。

ありがとうございます。

はい、そうです。

僕たちも大学生で、
東京から来ました。
桜井剛士です。

はじめまして。
私は菊池結衣です。
2年生です。
よろしくお願いします。

よろしくお願いします。

💬 **会話文B**

李　：アイヌ語の勉強は楽しいけど、難しい。

張　：僕は「イランカラプテ」しか覚えられなかった。

結衣：「こんにちは」ですね。このあいさつは、新千歳空港にも書いてありますよ。

剛士：へえ、気づきませんでした。

張　：結衣さん、よろしければ、この後、一緒に見学しませんか。

結衣：ありがとうございます。一緒に見学しましょう。

● ● ● ● ●

張　：結衣さんは、北海道の方ですか。

結衣：はい、そうです。北海道で生まれて育ったんですが、アイヌのことを詳しく知らないので、勉強に来ました。

李　：そうなんですか。北海道出身の人が必ずしもみんなアイヌのことをよく知っているとは限らないんですね。

悟　：実は、僕も今回、みんなを案内するために、一生懸命勉強したんだよ。

李　：それでアイヌのことをよく知っていたわけだね。ありがとう、悟さん！

悟　：僕たちのような若者はアイヌ文化のことをあまり知りません。

結衣：アイヌの人たちの中でも、アイヌの言葉や文化を伝えられる人が少なくなっているらしいです。伝える人もそれを受け継ぐ人もどんどん減っているので、このままではアイヌ文化が消えてしまうかもしれないという心配があります。

悟　：そう。それで、国はアイヌ文化を守ろうと考え、この「ウポポイ」をオープンしました。

結衣：それに、守るだけでなく、発展もさせたいと考えているようですよ。そのためには、日本国内や海外の人々にアイヌの歴史と文化を知ってもらわなければなりません。

李　：どんな歴史があるの？

悟　：19世紀前半までアイヌ民族は日常生活の中で技術や知識を子供や孫に伝えてきたんだ。19世紀後半になると本州から北海道にたくさんの人が移り住んで、その人たちの数がどんどん増えていった。その結果、アイヌ民族の中でもアイヌ語のかわりに日本語を話す人も多くなったんだ。

結衣：このような社会の大きな変化にともなって、親が子供に言葉を教えることも、知識や文化を伝えることもだんだんしなくなったんです。

張　：なるほど。だから何か方法を考えないと、アイヌ文化がなくなるかもしれないんだね。

悟　：そうなんだよ！

結衣：あっ、もうこんな時間。そろそろ失礼しないと。今日はとても楽しかったです。

張　：僕たちもすごく楽しかったです。よかったら連絡先教えていただけませんか。機会があったら、また話を聞きたいので……。

結衣：ええ、いいですよ。

読解文

アイヌの人々の生き方、考え方

　北海道には読みにくい地名がたくさんあります。「札幌」は大都市ですからほとんどの人が読めますが、「洞爺」や「稚内」は読めない人も多いと思います。北海道の地名の多くがアイヌ語の発音に漢字を当てはめたものだからです。

　アイヌ語は北海道の先住民族のアイヌの人々が使っていた言葉です。アイヌ語の単語や文法は日本語とはまったく違います。文字はありません。アイヌ語は「消滅の危機にある言語*」として2009年にユネスコから認定されました。

　アイヌの人々は海、川、山、動物や植物、道具や衣服のすべてのものに「カムイ(神が姿を変えたもの)」がいると考えます。そして「人間はすべてのものと良い関係を持つのが良い」という「平和の哲学」を持っています。

　アイヌの人々は北海道の自然の中で狩りをしたり魚を捕ったりして自然と共生して生活していました。1870年代になると本州から多くの人が北海道に移住してきて、アイヌの人々より多くなり、増えていきました。その結果、2017年の調査ではアイヌ民族と言われる人たちは13000人ほどに減ってしまいました。そして、アイヌ民族の独自な文化や伝統も消滅の危機にあるのです。

　21世紀になり、国としてアイヌ文化を守る動きが出てきました。2020年には「民族共生象徴空間」である「ウポポイ」がオープンしました。そこではアイヌの人々の生活や考え方を知ることができます。

　「ウポポイ」を訪れることは「アイヌ」を知るきっかけになるのではないでしょうか。

＊使う人々の数が少なくなって、消えてしまうかもしれない言語

アイヌ語が語源となった地名の例（語源に諸説あるものも含む）

さっぽろ サッ・ポロ・ペッ 札幌（乾く・大きい・川）	むろらん モ・ルラン 室蘭（小さい・坂）	おたる オタ・ル・ナイ 小樽（砂・融ける・川）	のぼりべつ ヌプ・ベツ 登別（水の色の濃い・川）	しれとこ シリ・エトク 知床（地面の・出っぱった先端）

理解度チェック

1 選びましょう。

1. アイヌは＿＿＿＿＿の先住民族です。

　①関西地方　　　②九州地方　　　③四国地方　　　④北海道地方

2. 北海道には「民族共生象徴空間」である「＿＿＿＿＿」があります。

　①ウポポイ　　　②プログラム　　　③ユネスコ　　　④カムイ

3. 「ウポポイ」は＿＿＿＿＿にオープンしました。

　①1870年　　　②2009年　　　③2017年　　　④2020年

4. 張さんたちはウポポイで、まず＿＿＿＿＿に参加しました。

　①楽器の演奏　　　②アイヌ語講座　　　③伝統文化体験　　　④展示見学

5. アイヌ語の「イランカラプテ」は「＿＿＿＿＿」の意味です。

　①はじめまして　　　②ありがとう　　　③こんにちは　　　④さようなら

2 本文の内容に合っていたら〇を、違っていたら×を書きましょう。

1. (　　　) 「ウポポイ」はアイヌ語で「大勢で踊ること」の意味です。

2. (　　　) 19世紀前半ごろ、本州から北海道にたくさんの人が移り住むようになりました。

3. (　　　) アイヌ語には文字がありません。

4. (　　　) 北海道には「登別」「紋別」のように「別」が付く地名が多いが、この「別」というのはアイヌ語の「山」の意味の言葉を漢字にしたものです。

5. (　　　) アイヌの人たちの中でも、アイヌの言葉や文化を伝えられる人が少なくなっているそうです。

3 書きましょう。

1. 「ウポポイ」では、＿＿＿＿＿＿＿＿＿＿はもちろん、＿＿＿＿＿＿＿＿＿＿や、＿＿＿＿＿＿＿＿＿＿体験もできます。

2. 結衣さんは、アイヌ文化を＿＿＿＿＿＿＿だけでなく、＿＿＿＿＿＿＿もさせるためには、日本国内や海外の人々にアイヌの＿＿＿＿＿＿＿を知ってもらわなければならないと言いました。

3. 北海道出身の人が＿＿＿＿＿＿＿みんなアイヌのことをよく知っている＿＿＿＿＿＿＿ません。

4. 悟さんは＿＿＿＿＿＿＿＿＿＿ために、一生懸命勉強したので、＿＿＿＿＿＿＿＿＿＿＿＿＿＿＿＿＿＿わけです。

5. 19世紀後半に＿＿＿＿＿＿＿から北海道に多くの人が移り住んだ結果、アイヌ民族もアイヌ語＿＿＿＿＿＿＿日本語を話す人が多くなりました。

4 本文を読んで答えましょう。

1. アイヌの人々は北海道の自然の中で、どんな生活をしていましたか。

2. アイヌの人々はどんな哲学を持っていると言われていますか。

3. 今、アイヌ民族はどんな危機にありますか。

4. 「ウポポイ」では何を知ることができますか。

5. アイヌ語はユネスコに何として認定されましたか。

12

📖 文法と表現

1 普通形＋っけ？

例 サークルの旅行、先輩も来る**っけ**？
　　　　　　　　　　　　V普

　　A：Bさんのお子さん、今何年生**だっけ**？
　　　　　　　　　　　　　　　N普
　　B：4年生だよ。

■A：この授業、Cさんも取ってる**っけ**？　■A：僕が荷物を預かったん**だっけ**？
　B：いや、取ってないと思うよ。　　　　　　B：違うよ、私だよ。
■夫：あれ、これ嫌い**だっけ**？
　妻：そうだよ。あまり好きじゃないから、全部食べて。
■学生A：レポートの提出って今週**だっけ**？
　学生B：いや、来週だよ。

　句子的简体形式接「っけ」表示确认、回想。对自己曾经知道、了解，但是忘记了的事情进行确认。可译为"……来着？""……是吗？"。

2 Nはもちろん

例 日本語学校では、**日本語はもちろん**、日本の文化や習慣についても
　　　　　　　　　　　　N
　教えます。

■このラーメン屋は、ラーメン**はもちろん**、チャーハンもおいしい。
■このかばんは、質**はもちろん**、デザインもいい。
■李さんは、勉強**はもちろん**、スポーツも得意です。
■私は旅行が好きなので、日本国内**はもちろん**、海外にもよく行っている。
■あの喫茶店は、土日**はもちろん**、平日もお客さんがいっぱいいる。

名词接「はもちろん」表示前项内容是理所当然的，甚至连后项也是同样情况。可译为"……当然""……自不用说"。

3 普通形（NA（だ）/ N（だ））＋とは限らない

例 アメリカに住んでいても、
　英語が話せるとは限らない。
　　　　　　V普

アメリカに住んでいても
英語が話せるとは限らない。

高いものがすべて良いとは限らない。
　　　　　　　　　　A普

■日本人が全員、正しく敬語を使える**とは限らない**。
■たとえ運転がうまくても、事故を起こさない**とは限らない**。
■お金持ちがみんな幸せ**とは限らない**。
■ネットに書いてあることがすべて真実だ**とは限らない**。

句子的简体形式（ナ形容词句、名词句可以省略「だ」）接「とは限らない」，表示事情成立的可能性是不确定的。可译为"不一定（都）……""不能确定……""无法保证……"。

4　普通形（NAだな／Nだの・な・である）＋わけだ

例　A：田中さん、彼女と別れたって。

B：なるほど、最近元気がない**わけだ**。
　　　　　　　　　　　V普

窓を開けて寝ていた。寒い**わけだ**。
　　　　　　　　　　A普

A：田中さん、彼女と別れたって。
B：なるほど、最近元気がないわけだ。

- ここ数年、日本の経済の状況がよくない。給料が上がらない**わけだ**。
- A：もう8時ですよ。帰りませんか。

　B：えっ、もう8時ですか。外が暗い**わけだ**。
- A：彼は第一志望の大学に合格したらしいですね。

　B：なるほど、それで、最近うれしそうな**わけ**ですね。
- A：あの人は日本に来てもう20年になるそうですよ。

　B：そうですか。日本語が上手な**わけ**ですね。
- A：今日、学校を休めば4連休になるんだ。

　B：そうか。たくさんの学生が休みの**わけだ**。

12

句子的简体形式（ナ形容词句把「だ」变成「な」，名词句去掉「だ」接「の／な／である」）接「わけだ」，表示根据事实或情况所自然得出的结论。可译为"所以、因此……""难怪……"。

5　V普／A普／NA普（NAだな）／Nの＋かわりに

例　今の仕事は給料が高い**かわりに**、残業が多いです。
　　　　　　　　　　A普

課長の**かわりに**、大阪に出張することになった。
　　N の

- 今週の土曜日に仕事をする**かわりに**、来週の火曜日は休むことにした。
- 日本人に中国語を教える**かわりに**、日本語を教えてもらっている。
- 先日引っ越した部屋は、駅に近くて便利な**かわりに**家賃が高い。
- フォークの**かわりに**、お箸を出すスパゲッティ屋があるそうです。

动词及形容词句简体形式（ナ形容词句「だ」变成「な」）以及名词接「の」的形式，接「かわりに」表示代替、代价。可译为"代替……""作为代价、作为补偿，……""代价是……"。例如，前两个例句可译为"现在的这份工作工资高，代价是加班（也）多""（我）代替课长去大阪出差"。

6　V辞／N＋にともなって

例　年をとる**にともなって**、目が悪くなってきました。
　　V辞

年をとるにともなって、目が悪くなってきました。
900才に
なりまして
20000才に
なりまして

電子機器の発展**にともなって**、人々の交流方法も変わってきた。
　　　　　　　N

- 人口が増える**にともなって**、環境の悪化が問題になってきた。
- 気温の上昇**にともなって**、エアコンを使う人たちが増え始めた。
- インターネットの普及**にともなう**社会の変化はとても大きい。

动词基本形或名词接「にともなって」表示伴随某种变化，相应地发生其他的变化。可译为"随着……，（同时）……"。修饰名词时使用「にともなう」的形式。

新出語彙

説明文

● 共生◎ [名・自動Ⅲ] 共生、共栖
きょうせい

● 空間◎ [名] 空间
くうかん

● 見学◎ [名・他動Ⅲ] 参观、参观学习
けんがく

● 講座◎ [名] 讲座
こうざ

● 象徴◎ [名・他動Ⅲ] 象征
しょうちょう

▲ アイヌ① [固] 阿伊努族、阿伊努人

● ウポポイ◎ [固] 以阿伊努民族为主题的国立文化设施
"民族共生象征空间"

会話文 Ⓐ

● オープン① [名・自他動Ⅲ・ナ形] 开业、开始、开场;开放的、公开的

● 先住民族⑤ [名] 原住民族、土著民族
せんじゅうみんぞく

● 地名◎ [名] 地名
ちめい

● 独自①◎ [名・ナ形] 独自、独特、独到
どくじ

● 登別③ [固] 登别(北海道地名)
のぼりべつ

● 紋別① [固] 纹别(北海道地名)
もんべつ

会話文 Ⓑ

● 受け継ぐ③◎ [他動Ⅰ] 继承、承袭、承继
う　　つ

● 移り住む④ [自動Ⅰ] 移居
うつ　　す

● 必ずしも④⑤ [副] (后续否定或反问)(未)必、(不)一定
かなら

● 国内② [名] 国内
こくない

● 失礼② [名・ナ形・自動Ⅲ・感] 离开、告辞;失礼、无礼
しつれい

● 前半◎ [名] 前半(部分)
ぜんはん

● 日常◎ [名] 日常、平时
にちじょう

● 連絡先◎ [名] 联系处、联系人
れんらくさき

● 新千歳空港⑥ [固] (北海道)新千岁机场
しんちとせくうこう

読解文

● 当てはめる④ [他動Ⅱ] 适用、适合
あ

● 移住◎ [名・自動Ⅲ] 移居、迁移
いじゅう

● 衣服① [名] 衣服
いふく

● 狩り① [名] 打猎、狩猎
か

● 危機①② [名] 危机
きき

● 消滅◎ [名・自他動Ⅲ] 消灭、消亡
しょうめつ

● 姿① [名] 身影、身姿;状态、面目
すがた

● 大都市③ [名] 大都市、大城市
だいとし

● 認定◎ [名・他動Ⅲ] 认定
にんてい

● まったく◎ [副] 完全、全然;实在、简直

● 洞爺◎ [固] 洞爷(北海道地名)
とうや

● 稚内③ [固] 稚内(北海道地名)
わっかない

文法と表現

● 預かる③ [他動Ⅰ] (代为)保管、收存
あず

● 悪化◎ [名・自動Ⅲ] 恶化、变坏
あっか

● 上昇◎ [名・自動Ⅲ] 上升、升高
じょうしょう

● 真実① [名・副] 真实;实在、确实
しんじつ

● たとえ◎② [副] 即使、不管

● チャーハン① [名] 炒饭

● 平日◎ [名] 周末以外的日子;平时
へいじつ

● 連休◎ [名] 连休
れんきゅう

● 年をとる [表現] 年岁增长、上年纪
とし

タスク＆アクティビティー

新出語彙

- 映像◎［名］影像、図像
  えいぞう
- ＳＮＳ⑤［名］社交网站
  エスエヌエス
- 起こる②［自動Ⅰ］発生、出現
  お
- 危機感②［名］危机感
  き き かん
- 木彫り◎［名］木雕、木雕品
  き ぼ

- 国立◎［名］国立
  こくりつ
- コタン①［名］（阿伊努语）村落、村庄、部落
- 刺繍◎［名・他動Ⅲ］刺绣
  し しゅう
- 集合◎［名・自他動Ⅲ］集合、集中
  しゅうごう
- 上映◎［名・他動Ⅲ］上映、放映
  じょうえい

- 少数③［名］少数
  しょうすう
- ～過ぎ［接尾］（时间或年龄）超过；（动作
  す　　　　　或行为）过度
- 政府①［名］政府
  せいふ
- ホール①［名］大厅、会场

---

1 聴解【 】

話を聞きながら書きましょう。

消滅の危機にある言語

　ユネスコが認定した「消滅の危機にある言語」ですが、いくつぐらいあるのでしょうか。日本ではアイヌ語だけでしょうか。また、世界ではどうでしょう。

　日本では、アイヌ語を入れて ＿＿＿＿＿＿ の言語、世界では ＿＿＿＿＿＿ 以上の言語が「消滅の危機にある言語」としてユネスコに認定されています。みなさんの予想より多かったと思います。実際に最近消滅してしまった言語もあります。

　では、なぜ言語の消滅の危機が起こるのでしょう。人の ＿＿＿＿＿＿ や ＿＿＿＿＿＿ など、原因は複雑です。現代では、＿＿＿＿＿＿ や ＿＿＿＿＿＿ の影響もあるでしょう。 ＿＿＿ の話す言語 ＿＿＿＿＿＿＿、学校で使う言葉やテレビなどの言葉だけを話す人々も増えています。けれども、話す人が少ないと必ずその言語が消滅する ＿＿＿＿＿＿＿＿＿＿ 。少数の人が話す言葉が公用語となっている国もあります。危機感を持った人々や政府が保護をしたのです。

　このように、言語を消滅させないためには、その言語を話す人はもちろん、みんなが「消滅の危機にある言語」に ＿＿＿＿＿＿ を持ち、守っていくことが必要だと、私は思っています。

② 読解・案内 【 ▷ ◢ ◔ ☆* 】

ウポポイ（民族共生象徴空間）

1）田中さんと吉田さんはバスツアーでウポポイに来ています。9時にウポポイに入り、昼食の13:00まで自由時間です。2人は別々に行動します。プログラムを見て田中さんと吉田さんの行動について_____ に書きましょう。

表の見方
▷ 場所A.国立アイヌ民族博物館の展示鑑賞は9:00から18:00の間いつでも鑑賞できて、60分ぐらいかかる
▷▷ 映像1「アイヌの歴史と文化」は9時15分と11時15分からで、20分ぐらいかかるという意味です。

プログラム名	時間	9時	10時	11時	12時
場所A. 国立アイヌ民族博物館					
▷ 展示	60分		9:00～18:00		
▷▷ 映像1「アイヌの歴史と文化」	20分	15		15	
場所B. 体験交流ホール					
アイヌの踊り	20～30分		30	30	
映像2上映	30分				30
場所C. 体験学習館					
楽器演奏	15分		00	00	
アイヌ料理体験	3時間		00		
場所D. 工房					
刺繍体験	60分		00		
木彫り体験	60分			30	
場所E. 伝統的コタン					
アイヌ語学習プログラム	15分		00		
楽器演奏体験	10分		10:00～16:00		
映像3「植物と暮らし紹介」	20分				00

＊注：☆ スキャニング（Scanning）

田中さん

　一番体験したいのは料理だなあ。でも、３時間もかかるから、そのかわりに刺繍か木彫り、どちらもやってみたいけど刺繍にする。刺繍は10時からだから、その前に「アイヌの歴史と文化」を見て、そこで展示を10時まで見るつもり。アイヌの歴史や文化について前にちょっと本を読んだことは読んだけど、よくわからなかったから。刺繍体験の後は、踊りを見てから「植物と暮らし紹介」を見る。その後、楽器演奏体験をしよう。

● 木彫り体験

9:15	場所：A	「アイヌの歴史と文化」 ➡ 展示
10:00	場所：＿＿＿＿	刺繍体験
＿＿＿＿	場所：B	＿＿＿＿＿＿＿＿＿＿＿＿＿
	場所：＿＿＿	植物と暮らし紹介 ➡ ＿＿＿＿＿＿＿

吉田さん

　まず、博物館の展示をゆっくり見るつもり。それからアイヌ語学習に参加する。アイヌ語学習といっても15分だから、簡単なあいさつぐらいかな。その後、同じ場所で楽器演奏体験をしよう。終わると10時30分過ぎかな。演奏体験は待つかもしれないからもう少しかかるかも。待たずに体験できるといいな。「アイヌの歴史と文化」は絶対見ておきたいから、また戻ろう。それから12時までにもう１度伝統的コタンへ行かなきゃ。そこで最後に20分映像を見る。それで１時に集合する。

9:00	場所：A	展示鑑賞
＿＿＿＿	場所：＿＿＿	＿＿＿＿＿＿＿＿＿＿＿＿ ➡ 楽器演奏体験
	場所：＿＿＿	「アイヌの歴史と文化」
12:00	場所：＿＿＿	＿＿＿＿＿＿＿＿＿＿＿＿＿＿＿＿
＿＿＿＿	場所：＿＿＿	

2）あなたがこのバスツアーに参加していたら、９時から13時までどのような予定を立てますか。下に書いてください。ペアで話して比べましょう。

9:00	場所：＿＿＿	＿＿＿＿＿＿＿＿＿＿＿＿＿＿＿＿＿
10:00	場所：＿＿＿	＿＿＿＿＿＿＿＿＿＿＿＿＿＿＿＿＿
11:00	場所：＿＿＿	＿＿＿＿＿＿＿＿＿＿＿＿＿＿＿＿＿
12:00	場所：＿＿＿	＿＿＿＿＿＿＿＿＿＿＿＿＿＿＿＿＿
13:00	集合	

基本的な書き方－作文

通常我们在写作时，会依照以下的步骤来完成。

首先是收集材料。所谓的材料就是写作过程中需要写下来的内容，无论是写事、写人还是写物，材料的收集是保证内容充实、全面的重要前提。在收集材料时，一般要注意"5W1H"，即"**W**hen：いつ（什么时候）""**W**here：どこで（在哪里）""**W**ho：だれが（谁）""**W**hat：何を（做了什么）""**W**hy：なぜ（为什么）""**H**ow：どのように（如何做的）"。当然根据不同的写作主题，并不是要把以上所有的内容都写进去，但思考以上六个方面可以帮助大家打开思路，让材料收集得更加全面、详尽。另外，除了上述六个方面以外，收集材料时也可以从其他方面着手，例如写人时要关注人物的"外貌"、"性格"等。

> 例如主题是写「高校時代頑張ったこと」，按照以上所述方式收集到的材料如下：
> **W**hen：いつ（什么时候）－ 高校一年の時
> **W**here：どこで（在哪里）－ 学校
> **W**ho：だれが（谁）－ わたし
> **W**hat：何を（做了什么）－ 英語のスピーチコンテストに参加
> **W**hy：なぜ（为什么）－ 英語を勉強するのが好きだから
> **H**ow：どのように（如何做的）－ 自分でスピーチの文章を書いたり、毎日正
> 　　　　　　　　　　　　　　　　確な発音を練習したりした

接下来是选择材料。选择材料就是将以上所收集到的材料进行一一斟酌，选择可以使用的材料然后写到文章里。例如，如果是上述例子中的材料，可以考虑将"**W**hy：なぜ（为什么）"的部分省略掉。

完成材料挑选后，需要对可用的材料进行进一步丰富，以保证内容充实、生动。例如以上例子当中，就可以对"**H**ow：どのように（如何做的）"这一部分进行更多的思考，添加更多的细节内容，让材料更加丰富和立体。

収集材料

选择材料

丰富材料

　　以上三个步骤完成后，就可以开始思考如何安排文章的结构。基础阶段的写作，文章的结构一般可以分成三大块，即"文章起始部分"、"文章中间部分"和"文章总结部分"。

文章起始部分－1段		**段落1**：对于自己接下来要写的内容作简单介绍
文章中间部分－1、2段	⎰	**段落2**：主题相关的一件事或一个方面
	⎱	**段落3**（如需）：主题相关的另一件事或另一个方面
文章总结部分－1段		**段落4**：自己的思考、总结

例　高校1年生のとき、私は学校の英語スピーチコンテストに参加しました。優勝はできませんでしたが、いい経験になったと思います。

　　英語のスピーチコンテストに参加しようと思ったのは、小学校の時に3か月アメリカでのホームステイをした経験があり、それをきっかけに英語の勉強が大好きになったからです。英語がうまくなれば、外国の人とコミュニケーションをしたり、外国の文学や映画を楽しんだりすることができると考え、小学校から英語の勉強を頑張っています。そんな中で、英語のスピーチコンテストの開催を知って、参加しようと決めました。初めてのスピーチコンテストだったため、初めは自分でスピーチの文章を書くのはかなり苦労しましたが、コツコツ取り組んだ結果、いい文章だと先生に褒められました。

　　スピーチなので文章だけではなく、発音も非常に大切です。ですから、学校のアメリカ人の先生に原稿を音読してもらって、録音をしました。そして、録音を聞きながら、自分の発音を直したり、ネイティブの発音を真似したりしました。毎日朝起きて30分練習して、夜寝る前にも30分練習することを2週間続けました。たくさん練習したおかげで、本番でも緊張せずに話せました。

　　結果は3等賞で、すこし残念でしたが、自身の成長を確かに感じました。英語力はもちろん、自信も前よりついてきたと思います。これからも、自分なりに工夫しながらコツコツ努力を重ね、頑張っていきたいと考えています。

另外，如果是写人的记叙文，需要写清楚以下几个方面：

1. 人物的外貌及性格特征
2. 人物相关的典型事例
3. 该人物对自己的影响、意义、以及给自己留下的印象等

如果是写物的记叙文，需要写清楚以下几个方面：

1. 物品的来历、外部特征、用途等
2. 物品与自己的故事、物品与他人的故事
3. 物品的意义、情感抒发

第13課

日本の文化

話しましょう！

1. あなたは相撲を見たことがありますか。
2. 力士について、知っていることを話してください。
3. あなたはアニメが好きですか。どんなアニメが好きですか。
4. 日本のアニメの中で何が一番有名だと思いますか。なぜですか。
5. 「COOL JAPAN」という言葉を聞いたことがありますか。
   どういう意味だと思いますか。

⇒ 説明文

　張さん、李さん、剛士さん、徐さんの4人は、国技館に相撲を見に行きました。4人は力士になるための条件や力士の毎日の生活などの話をしました。それから、外国人力士が多くなって、相撲の世界もインターナショナルになってきたことを話しました。

　翌日、アニメが好きなアイシャさん、詩瑶さん、陽奈さんの3人は、アニメ美術館に行きました。3人は日本のアニメと海外アニメの違いや、自分の好きなアニメのジャンルを楽しそうに話しました。陽奈さんはアイシャさんと詩瑶さんからアニメやドラマ、映画を見て日本語の勉強をしていることを聞いて、英語の勉強にもドラマや映画を使いたいと思いました。

💬 会話文 A

張 ：まだ10時なのに、もう試合が始まっているよ。相撲でも試合って言うのかなあ。

徐 ：昨日、ちょっとネットで調べたら、相撲の試合は「取り組み」って言うんだって。

剛士：番付の低い力士の取り組みは朝8時半頃からスタートするって聞いたよ。

李 ：番付って何ですか。

剛士：相撲の力士の中のランキングみたいなもので、一番強いのが横綱、次が大関で、関脇と続くんだ。ほかにもいろいろあるよ。

● ● ● ● ●

張 ：今までテレビでしか見たことがなかったんだけど、実際に見ると、力士の大きさにびっくりするね。それに、力士と力士の体がぶつかる音がすごい。

李 ：誰でも力士になれるの？

徐 ：調べたところ、中学卒業以上で22歳までの男子、身長167センチ以上、体重67キロ以上で健康な人なら、誰でも力士になれると書いてあった。

李 ：じゃ、僕たちでもなれないことはないんだ。

張 ：なれるけど、僕たちなんか細すぎるから3人で力を合わせても、勝てそうにないね。力士は毎日何を食べているんだろう。

剛士：「ちゃんこ」だよ。相撲部屋で力士が食べる食事のことを「ちゃんこ」って言うんだよ。

徐 ：ちゃんこ鍋ですよね。

剛士：鍋だけじゃなくて、力士が食べるものは全部「ちゃんこ」と言うらしいよ。だから、

相撲部屋で食べるカレーもパスタもから揚げも「ちゃんこ」なんだって。

徐 ：へえ、知りませんでした。でも、力士の食事は朝の稽古が終わった後の11時頃からと、18時頃からの夕食だけで、1日2回ということは調べて知っています。

李 ：1日に2回しか食べないのに、あんなに大きくなるんだ。

剛士：1回に食べる量が多いから。力士の1日は「稽古、食事、寝る」の繰り返しだって。

張 ：寝る？

剛士：運動して食べて寝ることで体を大きくするんだよ。

張 ：なるほど、そういうことですか。大きければ大きいほど強いってことですね。

剛士：そうとは限らない。体の小さな力士でも、スピードや技術で大きい力士に勝つことができるから、相撲はおもしろいんだ。

徐 ：最近は外国人力士も多いらしいですね。

剛士：うん、20年ぐらい前から、モンゴル人力士が増えているんだ。モンゴル人力士はそんなに大きくないけど、強い！

徐 ：モンゴルだけでなくヨーロッパやアメリカ出身の力士も多いみたいです。

李 ：相撲の世界もインターナショナルだね。

13

まだ10時なのに、もう試合が始まっているよ。相撲でも試合って言うのかなあ。

昨日、ちょっとネットで調べたら、相撲の試合は「取り組み」って言うんだって。

番付の低い力士の取り組みは朝8時半頃からスタートするって聞いたよ。

番付って何ですか。

相撲の力士の中のランキングみたいなもので、一番強いのが横綱、次が大関で、関脇と続くんだ。ほかにもいろいろあるよ。

！

今までテレビでしか見たことがなかったんだけど、実際に見ると、力士の大きさにびっくりするね。それに、力士と力士の体がぶつかる音がすごい。

誰でも力士になれるの？

調べたところ、中学卒業以上で22歳までの男子、身長167センチ以上、体重67キロ以上で健康な人なら、誰でも力士になれると書いてあった。

じゃ、僕たちでもなれないことはないんだ。

なれるけど、僕たちなんか細すぎるから3人で力を合わせても、勝てそうにないね。力士は毎日何を食べているんだろう。

ちゃんこだよ。相撲部屋で力士が食べる食事のことを「ちゃんこ」って言うんだよ。

ちゃんこ鍋ですよね。

鍋だけじゃなくて、力士が食べるものは全部「ちゃんこ」と言うらしい。だから、相撲部屋で食べるカレーもパスタも唐揚げも「ちゃんこ」なんだって。

へえ、知りませんでした。

でも、力士の食事は朝の稽古が終わった後の11時頃からと、18時からの夕食だけで、1日2回ということは調べて知っています。

1日に2回しか食べないのに、あんなに大きくなるんだ。

1回に食べる量が多いから。力士の1日は「稽古、食事、寝る」の繰り返しだって。

寝る？

運動して食べて寝ることで体を大きくするんだよ。

なるほど、そういうことですか。大きければ大きいほど強いってことですね。

そうとは限らない。体の小さな力士でも、スピードや技術で大きい力士に勝つことができるから、相撲はおもしろいんだ。

最近では外国人力士も多いらしいですね。

モンゴル

うん、20年ぐらい前から、モンゴル人力士が増えているんだ。モンゴル人力士はそんなに大きくないけど、強い！

モンゴルだけでなくヨーロッパやアメリカ出身の力士も多いみたいです。

相撲の世界もインターナショナルだね。

会話文B

アイシャ：やっと来ることができて、うれしい！

詩瑶　　：私も。ここは日本に留学したら、絶対に来たいと思っていたアニメ美術館だから、やっと夢が叶った。

陽奈　　：私はいつでも来られると思っていたんだけど、全然来るチャンスがなくて……。今日、一緒に来られてよかった。

●　●　●　·　·

アイシャ：日本のアニメは子供だけじゃなくて大人も楽しめるから、アニメといえば、みんな日本のアニメを思い浮かべるよね。昔はアニメというと子供向けのものだというイメージがあったけど、今はそのイメージがずいぶん薄くなってきた。

詩瑶　　：うん。日本には大人も子供も楽しめる有名なアニメがあるよね。

アイシャ：『ドラえもん』とか『ONE PIECE』とか。

詩瑶　　：中国でも有名だよ。みんな知ってる。

陽奈　　：『ドラえもん』は、1960年代に描かれた漫画がアニメになったものなんだよ。

アイシャ：1960年代？　その頃はまだロボットなんかほとんどなかったから、あの漫画は何十年も先の世界を描いていたんだ！
　　　　　日本のアニメにはいろいろなジャンルがあって、誰が見ても楽しめるようになっているよね。スポーツ、冒険、推理、ホラー、……。

陽奈　　：私は冒険のアニメが好き。何が起きるかわからなくて、いつもハラハラ、ドキドキしちゃう。

アイシャ：冒険のアニメもいいけど、私はスポーツ、特にバスケットボールやバレーボールみたいなチームで頑張るスポーツのアニメが好き。

詩瑶　　：スポーツのアニメだったら、私はテニスのアニメをよく見るよ。でも、私は探偵が事件を解決する推理アニメが一番好き。主人公の探偵と一緒に考えていくのがおもしろい。

陽奈　　：アニメを見て、日本語の勉強を始める人が多いと聞いたけど。

アイシャ：うん。実は、私も字幕なしで日本のアニメを見たいと思って勉強を始めたんだ。

陽奈　　：へえ、そうなんだ。

詩瑶　　：今はアニメを使って日本語の勉強をする人も多いよ。

アイシャ：アニメの日本語は短くてわかりやすいから、私もアニメを見て勉強するよ。それに、普通の生活で使う言葉を勉強するために、ドラマや映画も見るようにしているんだ。

詩瑶　　：ドラマや映画は自然な日本語が覚えられるから日本語学習者向きだよね。私もよく見る。

陽奈　　：2人ともすごい！　私もこれからはドラマや映画を見て英語の勉強をしようかな。

やっと来ることができて、うれしい！

私も。ここは日本に留学したら、絶対に来たいと思っていたアニメ美術館だから、やっと夢が叶った。

私はいつでも来られると思っていたんだけど、全然来るチャンスがなくて……。

今日、一緒に来られてよかった。

日本のアニメは子供だけじゃなくて大人も楽しめるから、アニメといえば、みんな日本のアニメを思い浮かべるよね。

昔はアニメというと子供向けのものだというイメージがあったけど、今はそのイメージがずいぶん薄くなってきた。

うん。

日本には大人も子供も楽しめる有名なアニメがあるよね。

『ドラえもん』とか『ONE PIECE』とか。

『ドラえもん』は、1960年代に描かれた漫画がアニメになったものなんだよ。

中国でも有名だよ。みんな知ってる。

1960年代？その頃はまだロボットなんかほとんどなかったから、あの漫画は何十年も先の世界を描いていたんだ！

日本のアニメにはいろいろなジャンルがあって、誰が見ても楽しめるようになっているよね。スポーツ、冒険、推理、ホラー、……。

私は冒険のアニメが好き。何が起きるかわからなくて、いつもハラハラ、ドキドキしちゃう。

冒険のアニメもいいけど、私はスポーツ、特にバスケットボールやバレーボールみたいなチームで頑張るスポーツのアニメが好き。

スポーツのアニメだったら、私はテニスのアニメをよく見るよ。でも、私は探偵が事件を解決する推理アニメが一番好き。主人公の探偵と一緒に考えていくのがおもしろい。

アニメを見て、日本語の勉強を始める人が多いと聞いたけど。

へえ、そうなんだ。

うん。

実は、私も字幕なしで日本のアニメを見たいと思って勉強を始めたんだ。

今はアニメを使って日本語の勉強をする人も多いよ。

アニメの日本語は短くてわかりやすいから、私もアニメを見て勉強するよ。

それに、普通の生活で使う言葉を勉強するために、ドラマや映画も見るようにしているんだ。

ドラマや映画は自然な日本語が覚えられるから日本語学習者向きだよね。私もよく見る。

2人ともすごい！私もこれからはドラマや映画を見て英語の勉強をしようかな。

13

読解文

「COOL JAPAN／クールジャパン」は日本の文化力

　「COOL」の英語の意味を最初は「涼しい」と習います。しかし、会話では「すばらしい、すごい、かっこいい」という意味でよく使われます。では「COOL　JAPAN／クールジャパン」はどんなことを指すのでしょうか？

　世界で日本のアニメの人気が出始めたのは1970年代です。1990年代の終わりになると『ポケモン』などのキャラクターが世界で人気になります。日本のポップカルチャーが世界に認められたのです。2002年、アメリカのジャーナリストが論文で「日本の文化の国際的な影響力は静かに成長してきている」として「Japan's Gross National Cool！」と日本の文化パワーを高く評価しました。

　「クールジャパン」はこのようにアメリカから輸入された言葉ですが、この言葉によって日本人も日本の漫画、アニメ、ゲームを国際的な文化力として意識し始めました。

　2019年、日本政府は「クールジャパン戦略」を発表しました。漫画、アニメ、ゲームなどのポップカルチャーや和食だけではなく、さまざまな分野で日本のファンを増やすことを目的としています。

　現在、インターネットを通じて世界にいろいろな日本の文化が発信されています。例えば、コスプレを愛する世界中の人々が集まるコスプレ大会が日本で開催されています。この大会にはそれぞれの国で何万人もの人々の中から選ばれた人が参加しているそうです。また、日本人だけの味であった昆布やかつお節の「出汁」も、今はフランス料理に取り入れられているし、「おにぎり」も人気になっています。「クールジャパン」は日本のファッション、伝統文化、デザインからロボットや環境技術へと広がりを見せています。留学生たちの中にも「クールジャパン」に憧れて日本に来たという人が増えています。

　「クールジャパン」は、新たな外交の手段として日本の経済成長を助けています。

✔ 理解度チェック

① 選びましょう。

1. 国技館に相撲を見に行ったのは＿＿＿＿＿＿です。

① 2人   ② 3人   ③ 4人   ④ 5人

2. 相撲の試合は＿＿＿＿＿＿と言います。

① 取り組み   ② 横綱   ③ 番付   ④ ちゃんこ

3. 推理のアニメが好きなのは＿＿＿＿＿＿です。

① アイシャさん   ② 陽奈さん   ③ 詩瑶さん   ④ 張さん

4. 力士は毎日＿＿＿＿＿＿を食べています。

① カレー   ② パスタ   ③ 唐揚げ   ④ ちゃんこ

5. 日本のアニメを見たいと思って日本語の勉強を始めたのは＿＿＿＿＿＿です。

① アイシャさん   ② 陽奈さん   ③ 詩瑶さん   ④ 張さん

② 本文の内容に合っていたら〇を、違っていたら×を書きましょう。

1. （　　　　）剛士さんは国技館に相撲を見に行きました。

2. （　　　　）徐さんはアニメ美術館に行きました。

3. （　　　　）陽奈さんはアニメやドラマ、映画を見て英語の勉強をしています。

4. （　　　　）力士は体が大きければ大きいほど強いです。

5. （　　　　）「クールジャパン」の「クール」は「涼しい」という意味です。

③ 書きましょう。

1. 「番付」とは、＿＿＿＿＿＿＿＿＿＿＿＿＿＿＿＿＿＿＿＿＿＿＿＿＿＿＿で、一番強いのが＿＿＿＿＿＿＿＿＿＿＿です。

2. 「ちゃんこ」とは、＿＿＿＿＿＿＿＿＿＿＿＿＿＿＿＿＿＿＿＿＿です。

3. 力士の1日は「＿＿＿＿＿＿＿＿、＿＿＿＿＿＿＿＿、＿＿＿＿＿＿＿＿」の
繰り返しです。

4. 日本のアニメは子供＿＿＿＿＿＿＿＿＿＿＿＿＿＿なく、大人も楽しめます。

5. 「クールジャパン」は日本の＿＿＿＿＿＿、＿＿＿＿＿＿、＿＿＿＿＿＿から、＿＿＿＿＿＿や＿＿＿＿＿＿へと広がりを見せています。

④ 本文を読んで答えましょう。

1. 力士になる条件は何ですか。

2. 李さんは、なぜ相撲の世界もインターナショナルになってきたと感じましたか。

3. アイシャさんは、なぜアニメを使って日本語の勉強をしますか。

4. 「クールジャパン戦略」の目的は何ですか。

5. インターネットを通じて、世界に発信されている日本の文化の例を挙げてください。

GRAMMAR

文法と表現

1 Ｖた＋ところ

例 図書館へ勉強しに**行ったところ**、休みだった。
　　　　Ｖた

■ 夜早く寝るようにしたところ、体の調子がよくなった。
■ 教授にメールをお送りしたところ、すぐにお返事をいただきました。
■ いらない本をまとめて縛ったところ、重くて持てなかった。

動詞た形接「ところ」表示做了某件事情之后，发现或出现了意外的结果。可译为"……，结果（竟然）……"。

2 Ｖない／Ａくない／ＮＡでない＋ことはない／こともない

例 魚は嫌いだが、**食べられないことはない**。
　　　　　　Ｖない

■ 今すぐ家を出れば、間に合わないことはないだろう。
■ この料理はおいしくないことはないが、また食べたいとは思わない。
■ 数学は得意でないこともないが、大学で勉強するような問題はわからない。
■ 先生：今、お忙しいですか。
　学生：忙しくないこともないですが、どうしましたか。

动词、イ形容词、ナ形容词的ない形接「ことはない／こともない」表示消极的肯定，意为"不能说某个事情没有可能性""根据情况也可能……"。可译为"（也）不是不……"，例如前两句可理解为"虽然不爱吃鱼，但也不是不能吃""如果现在就出门的话，应该也不是赶不上"。

3 Ｖ辞／Ｖない＋ようになっている／ようにしている

① ～ようになっている

例 この店では**電子マネーが使えるようになっています**。
　　　　　　　Ｖ辞

■ このスマホのカメラは暗いところでも明るくきれいな写真が撮れるようになっています。
■ このトイレは人が近づくと、蓋が開くようになっています。
■ お知らせがあったら、学校からメールが来るようになっている。
■ Ａ：あれ、この箱、蓋が閉じないよ。
　Ｂ：この鍵を回すと閉じるようになっているんだよ。

动词基本形、ない形接「ようになっている／ようにしている」表示以下两种用法：
①根据规则、设计，事物具有某种机制、特征、功能等。通常可以不译。

② ～ようにしている

例 私は**毎日３km走るようにしています**。
　　　　　　Ｖ辞

■ 週に１回、家族に電話をするようにしている。
■ 寝る前の３時間、何も食べないようにしている。
■ 病気で入院してから、たばこは吸わないようにしています。
■ Ａ：健康のために何かしていることがありますか。
　Ｂ：はい。毎日、野菜を食べるようにしています。

②表示人为努力保持某个习惯。可译为"保持、坚持……"。

190

4　Nなんか / なんて　〈謙遜・軽視〉

例　**私なんか**に、新入生代表のスピーチは無理です。
　　　N

- 計算が苦手だから、数学なんかもう勉強したくない。
- 大学進学のためには、遊んでいる時間なんてない。
- A：日本語がお上手ですね。
  B：いいえ。私の日本語なんてまだまだです。
- A：息子さん、かっこいいですね。
  B：うちの息子なんて全然かっこよくないですよ。
- A：今日は暖かいね。
  B：そうだね。マフラーなんか巻いてくる必要なかったなあ。

13

5　N向けだ / 向けに / 向けの
　　N向きだ / 向きに / 向きの

①　～向け　〈～を対象にしている〉

例　**この商品は、中高生向け**です。
　　　　　　　　　N

- このお弁当は量が多くて若者向けだ。
- 最近外国人旅行者向けに新しいサービスを始めました。
- 公園の近くは家族向けのマンションが多いです。
- A：これ、日本酒ですか。ワインみたいな瓶ですね。
  B：ええ。ヨーロッパ向けの商品なので、ワインの瓶を使ったんです。

②　～向き　〈対象に適している〉

例　**この文法書は言葉も説明も難しいので、上級者向き**です。
　　　　　　　　　　　　　　　　　　　　　　　N

- このコースは歩きやすくて、登山初心者向きだ。

- これは辛くないし、子供向きの料理です。
- この本は漢字を習ったことがない外国人向きに作ってあります。
- A：この服はどう？
  B：かっこいいけど、仕事向きじゃないね。

名詞接「なんか / なんて」表示挙例。帯有謙虚或軽視等語気。可訳为"……什么的、之类的"。

名詞接「向けだ / 向けに / 向けの」「向きだ / 向きに / 向きの」表示适合或面向的对象。「～だ」用于句末；「～に」用于修饰动词等；「～の」用于修饰名词。

両者的主要区別如下：

①「～向け」是由他动词「向ける」変化而来，所以强调主动性，用于某事物的设计、制作从一开始就设定好了目标対象，可訳为"面向……"

②「～向き」是由自动词「向く」変化而来，所以强调结果、性质，用于一开始或许并未设定目标，但从最終结果来看适合某些対象，可翻訳成"适合……"。

6　Nを通して/を通じて　〈媒介・手段〉

例　**友人を通して**、私たちは知り合いました。
　　　N

- 世界一周の旅を通して、いろいろな
  国の文化や習慣を学びました。
- ボランティア活動を通じて、自分自
  身も成長することができた。
- 子供は失敗を通してさまざまなこと
  を学びます。
- A：海外の人との交流はどうしていますか。
  B：SNSなどを通じて行っています。

友人を通して、私たちは知り合いました。

通して

7　文脈指示（こ/そ/あ）

復習▶　新発見日本語① 第2課 指示語「こ・そ・あ・ど」

① 文脈指示の「そ〜」
(1) 話し手は知っているが、聞き手は知らない場合

例　**資料によると、バレンタインデーは3世紀のローマで生まれたそう
　　です。その頃、ローマ皇帝は兵士たちを結婚させませんでした。**

(2) 話し手（B）は知らないが、聞き手（A）は知っている場合

例　A：昨日、駅の近くに新しくオープンしたレストランに行きました。
　　B：そうですか。**そのレストラン**はどんな料理が出るんですか。

② 文脈指示の「こ〜」
　話し手は知っているが、聞き手は知らない場合
　※その場にあるもの、いる人について話しているような効果。自分と心理的に近い。

例　**先週静岡県にあるキャンプ場に行ってきた。このキャンプ場は横に
　　川があって、とても涼しかった。**

　　**昨日、中村さんという人に会ったんですが、この人がね、昔からの
　　知り合いで、すごくいい人なんですよ。よく一緒にご飯に行くんです。**

③ 文脈指示の「あ〜」
(1) 話し手も聞き手も知っている場合

例　A：駅の向こう側に新しいカフェができたの、知っている？
　　B：うん、**あのカフェ**のコーヒー豆は、とても質がいいらしいよ。

(2) 独り言＝思い出の「あ」

例　（独り言）**あの頃**は、楽しかったなあ。学生時代に戻りたい。

名词接「を通して/を通じて」
表示媒介、中介。可译为"通过
……"。

「こ/そ/あ」除了之前学习的
现场指示的用法（即指示的对象在
说话人和听话人的视野范围内的用
法），还具有语篇指示的用法。语
篇指示的用法是指：指示的对象是
不在谈话现场的某个话题（人、事
物、事情等）或谈话中出现的某个
话题。具体用法如下：

　①「そ〜」的语篇指示用法

　(1) 用于说话人向听话人介绍
自己知道的、但是对方不知道的事
情。

　(2) 用于说话人不知道、但是
听话人知道的事情（通常为听话人
刚刚向说话人介绍过的事情）。

　②「こ〜」的语篇指示用法

　用于描述说话人知道、但是听
话人不知道的事情。通过使用「こ
〜」，表现出好像所谈论的话题对
象就在谈话现场的表达效果。

　③「あ〜」的语篇指示用法

　(1) 用于说话人和听话人共
同知道的事情。

　(2) 用于说话人回忆过去的事
情，带有自言自语的语气。（也可
以存在听话人，但是不受听话人是
否知道信息的限制）。

新出語彙

説明文

- インターナショナル⑤ [名・ナ形]
  国際的、国際間的
- 条件③ [名] 条件
  じょうけん
- 相撲⓪ [名] 相扑
  すもう
- 力士① [名] 相扑运动员
  りきし
- 国技館③ [固] (东京)国技馆(日本相
  こくぎかん　　　　扑协会经营的体育设施)

会話文 Ⓐ

- 大関① [名] 大关(日本相扑运动员等级、
  おおぜき　　　　次于横纲)
- 繰り返し⓪ [名] 反复、重复
  く　かえ
- 稽古① [名・他動Ⅲ] (学问、武术、技艺
  けいこ　　　　　　等)训练、练习
- 身長⓪ [名] 身高
  しんちょう
- スピード⓪ [名] 速度
- 相撲部屋⓪ [名] 日本培养相扑运动员的道场
  すもうべや
- 関脇⓪ [名] 关胁(日本相扑运动员
  せきわけ　　　等级、次于横纲、大关)
- ～センチ [接尾] 厘米
- 体重⓪ [名] 体重
  たいじゅう
- ちゃんこ① [名] 相扑部屋内相扑运
  动员所吃的料理;相扑火锅
- 取り組み⓪ [名] 相扑比赛;致力解
  と　く　　　　决;搭配
- パスタ① [名] 意大利面
- 番付⓪④ [名] 排行榜、名次表
  ばんづけ
- ぶつかる⓪ [自動Ⅰ] 撞、碰;碰上;对
  立;敢于面对
- 横綱⓪ [名] 横纲(日本相扑运动员的最
  よこづな　　　　高等级)
- ランキング①⓪ [名] 排名
- モンゴル① [固] 蒙古

会話文 Ⓑ

- 思い浮かべる⑥ [他動Ⅱ] 想起、
  おも　う　　　　回忆起;脑海里浮现出
- 事件① [名] 事件、案件
  じけん
- 字幕⓪ [名] 字幕
  じまく
- 推理① [名・他動Ⅲ] 推理
  すいり
- 探偵⓪ [名・他動Ⅲ] 侦探、侦察
  たんてい
- チーム① [名] 队、组、小组
- ドキドキ① [副] 忐忑不安、心跳加速
- ～とも [接尾] 全、都、总共
- なし① [名・接尾] 无、没有
- ハラハラ① [副] 紧张、不安;扑簌簌地落下
- 冒険⓪ [名・自動Ⅲ] 冒险
  ぼうけん
- ホラー① [名] 恐怖、战栗
- 『ONE PIECE』③ [固] 《海贼王》(日本动漫名)
  ワン ピース

読解文

- 憧れる⓪ [自動Ⅱ] 渴望、憧憬;爱慕、恋慕
  あこが
- 意識① [名・他動Ⅲ] 意识到;知觉、神志
  いしき
- 英会話③ [名] 英语会话
  えいかいわ
- おにぎり② [名] (日式)饭团
- 外交⓪ [名] 外交
  がいこう
- かつお節⓪ [名] 木鱼花(鲣鱼刨花)
  ぶし
- キャラクター②⓪① [名] 人物、角色;性格
- コスプレ⓪ [名] (穿着模仿动漫、游戏中角色服装的)角色扮演
- 昆布① [名] 海带
  こんぶ
- 戦略⓪ [名] 战略
  せんりゃく
- 出汁② [名] 汤汁、高汤
  だし
- 取り入れる④⓪ [他動Ⅱ] 吸收、引进;收进、拿入
  と　い
- パワー① [名] 力量、权力
- 広がり⓪ [名] 扩大、扩展、蔓延
  ひろ
- ファッション① [名] 时尚、时髦
- 分野① [名] 范围、领域、方面
  ぶんや
- ポップカルチャー④ [名] 大众文化
- 認める⓪ [他動Ⅱ] 承认、认可;看见、看到
  みと
- 『ポケモン』⓪ / 『ポケットモンスター』⑤ [固]
  口袋妖怪、神奇宝贝、宠物小精灵

文法と表現

- 以外① [名] 以外、另外、此外
  いがい
- コーヒー豆③ [名] 咖啡豆
  まめ
- 縛る② [他動Ⅰ] 捆、绑;拘束、束缚
  しば
- 上級者③ [名] 熟练者、水平高的人
  じょうきゅうしゃ
- 初心者② [名] 初学者、新手
  しょしんしゃ
- 電子マネー④ [名] 电子货币
  てんし
- 閉じる② [自他動Ⅱ] 关闭、合上;结束、停止
  と
- 日本酒⓪ [名] 日本酒
  にほんしゅ
- 瓶① [名] 瓶、瓶子
  びん
- ページ⓪ [名・接尾] 页
- 巻く⓪ [自他動Ⅰ] 缠、绕、卷
  ま
- 回す⓪ [他動Ⅰ] 转、转动;移动;传递、转送
  まわ
- まだまだ [表現] 还、尚;再、更

🖌 タスク＆アクティビティー

新出語彙

- 温 かい④ [イ形] 温、温暖
  あたた
- 温水洗浄便座⑨ [名] 温水冲洗马桶
  おんすいせんじょうべんざ
- 尻② [名] 屁股；末尾、末端
  しり
- ゼミ① [名] 研讨会、小组专题讨论会
- だけど① [接続] 但是、可是、然而
- 便座⓪ [名] 马桶盖儿、马桶座圈
  べんざ

---

1 聴解【⑨ ⬆】

留学生がインターネットで調べながら、相撲部屋見学の話をしています。

1）会話を聞いて、できる場合は〇、できない場合は×を書きましょう。

	予約がなくても 稽古を見ることができる	部屋の中で稽古を 見ることができる	写真を撮ることが できる
相撲部屋A	(1) _____	(2) _____	(3) _____
相撲部屋B	(4) _____	(5) _____	(6) _____
相撲部屋C	10人以上 (7) _____ 9人まで (8) _____	(9) _____	(10) _____

2）2人の会話の内容に合っていたら〇を、違っていたら×を書きましょう。

（　　　）女子学生は日本に来る前から相撲が好きで、相撲のことをよく知っている。

（　　　）男子学生は相撲の稽古を見てみたいが、相撲部屋に知っている人がいないと見られないと言った。

（　　　）男子学生はまだ予定がわからないから、予約しなくても見られる部屋に行きたいと思っている。

（　　　）15人で一緒にCの部屋の見学に行きたかったら、予約しなければならない。

---

2 読解・会話【✍ 🗨】

1）AさんとBさんが話しています。▢▢▢▢▢から言葉を選んで（　　　）に書きましょう。
ペアになってAさんとBさんの会話を読んでください。

ところ　　して　　なって　　通して　　間　　間に　　とって

A： Bさんは「クールジャパン」といったら、何だと思う？

B： いろいろあって、迷うな。だけど、今、一番クールだと思うのは、トイレかな。

A： トイレ？

B： うん。「温水洗浄便座」っていうんだけど、便座にお尻を洗うシャワーが付いているんだ。座るところも温かくて、冬の寒いときも便利だよ。それに人が近づくとトイレの蓋が自動で開くように（❶ 　　　　　　　　　　）いるのもあるんだよ。

　母が去年日本に遊びに来たんだけど、私の家に泊まっている（❷ 　　　　　　　　　）いつも「このトイレはいいね」と言っていたの。だからいつかプレゼントしたいと思っているんだ。

　　Aさんに（❸ 　　　　　　　　）のクールジャパンは何？

A： もちろんアニメやゲームもとてもクールだと思う。アニメやゲームを（❹ 　　　　　　　　　）日本を知ってファンになったから。でも、最近は日本の祭りがクールだと思う。

B： 祭り？

A： うん。東京なら浅草の祭りが有名だけど、それ以外にもたくさんあるんだって。私の国では、都会では伝統的な祭りはほとんど行われていないから、ビルの間を神輿が通るのを見て、とても驚いたよ。新しい時代に伝統的な行事を伝えていくってすばらしいし、お年寄りも若者も子供も一緒に祭りを楽しむ雰囲気はとてもクールだと思う。

B： そうだね。

A： もっと祭りが見たくなって先輩にどこで見られるかって聞いた（❺ 　　　　　　　　　）、祭りを紹介しているインターネットのサイトを教えてくれたんだ。そのサイトを見て、できるだけいろいろな祭りを見に行くように（❻ 　　　　　　　　　）いる。

　夏休みには北海道の祭りを見に行きたいと思っているんだ。日本にいる（❼ 　　　　　　　　　）たくさんの祭りを見てみたいなあ。

B： へえ。おもしろそうだね。

2）自分の国で一番「クール」だと思うのは何ですか。
　どうしてそれがクールなのか、例のようにわかりやすく説明しましょう。

> 例　Cさん
>
> 　　私の国は日本です。
>
> 　　日本で一番「クール」だと思うのは＿お祭り＿です。
>
> 　　日本では都会でも伝統的な祭りが行われています。
>
> 　　祭りは、お年寄りも若者も子供も一緒に楽しめます。
>
> 　　浅草でビルの間を神輿が通るのは、かっこいいと思います。
>
> 　　日本は新しい文化のすぐそばに古い文化があって、それがとてもクールだと思います。

第 **14** 課

アメリカの大学

話しましょう！

1. あなたは運転免許証を持っていますか。
2. あなたの国では、どうやって運転免許証を取りますか。
3. あなたの国では、車は右側通行ですか。左側通行ですか。
4. あなたはアメリカの大学について知っていますか。どんなことですか。
5. あなたの国には、国立大学はどれくらいありますか。また、私立大学は
   どうですか。

⇒ 説明文

　葵さんがアメリカの短期留学を終えて帰国したので、国際交流サークルのメンバーが集まることに
なりました。去年部長だった莉子さんも来ました。

　葵さんは友達とキャンピングカーで旅行した話をしました。旅行の話から国際免許証のことが話題
になりました。そして、徐さんがアメリカと日本の大学の違いについて尋ねると、葵さんはアメリカ
の大学事情、例えば先生と学生の関係や大学のサポートシステム、授業の様子などを紹介しました。
みんなでアメリカの大学と日本の大学についていろいろ話しました。

💬 会話文Ⓐ

張・陽奈：葵さん、お帰りなさい！

葵　　：みんな、ありがとう。莉子さんも来てくれたんですね、うれしい！

莉子　：剛士くんが、葵さんの帰国パーティーするからって声をかけてくれたんだ。

張　　：葵さん、莉子さん、紹介します。僕の中国の友達です。

徐　　：はじめまして。徐伊琳です。今年の４月に中国から来ました。よろしくお願いします。

葵・莉子：よろしくお願いします。

張　　：葵さん、アメリカ留学はどうだった？

莉子　：６か月間、どう過ごしたの？　どこか旅行した？

葵　　：４月から６月までは大学に通って、その後、夏休みになってから大学で知り合った友達とキャンピングカーで旅行して、すごく楽しい留学生活でした。

徐　　：キャンピングカーって楽しそうですね。葵さんも運転したんですか。

葵　　：国際免許証は持っていったんですけど、私は運転しませんでした。

剛士　：えっ、運転しなかったんだ。国際免許証を持っていったなら、運転すればよかったのに。

李　　：国際免許証ってどうやって取るんですか。

剛士　：日本で免許証を持っている人なら、海外に行く前に近くの警察署や運転免許センターに行って申し込みさえすれば、誰でも取ることができるんだ。

李　　：手続きが大変そうですね。

剛士　：いや、簡単だよ。それに、海外に行ってからその国で新しく免許を取る必要がないから、便利だよ。葵ちゃんはどうして運転しなかったの？

葵　　：アメリカの慣れない道を、しかも右側通行で運転するのは無理だと思ったんです。実は私、日本でさえあまり運転しないので。

李　　：アメリカの大学も日本と同じように私立と公立があるって聞いたんだけど、そうなの？

葵　　：うん、「州立大学」と「私立大学」の２つがあって、「州立大学」は日本の国立大学や公立大学のようなところ。州立大学は学費が安いのが特徴なんだけど、州の外から来た学生に対しては学費が高くなるんだよ。私立大学と同じくらいになるところもあるみたい。

陽奈：えっ、どうして？　アメリカの州は、日本の都道府県と同じようなものでしょう？

葵　　：ううん、全然違う。アメリカの州は独立した国家のようで、州はそれぞれの法律や制度を持っているんだよ。州立大学は州に住んでいる学生の教育が目的だから、州の外から来る学生は州の支援がなくて学費が高いんだ。

陽奈：なるほど！　日本とは全然違うんだね。

14

葵さん、お帰りなさい！

みんな、ありがとう。

莉子さんも来てくれたんですね、うれしい！

剛士くんが、葵さんの帰国パーティーするからって声をかけてくれたんだ。

葵さん、莉子さん、紹介します。僕の中国の友達です。

はじめまして。徐伊琳です。今年の4月に中国から来ました。よろしくお願いします。

よろしくお願いします。

葵さん、アメリカ留学はどうだった？

6か月間、どう過ごしたの？どこか旅行した？

4月から6月までは大学に通って、その後、夏休みになってから大学で知り合った友達とキャンピングカーで旅行して、すごく楽しい留学生活でした。

キャンピングカーって楽しそうですね。葵さんも運転したんですか。

国際免許証は持っていったんですけど、私は運転しませんでした。

えっ、運転しなかったんだ。国際免許証を持っていったなら、運転すればよかったのに。

国際免許証ってどうやって取るんですか。

日本で免許を持っている人なら、海外に行く前に近くの警察署や運転免許センターに行って申し込みさえすれば、誰でも取ることができるんだ。

手続きが大変そうですね。

いや、簡単だよ。それに、海外に行ってからその国で新しく免許を取る必要がないから、便利だよ。葵ちゃんはどうして運転しなかったの？

アメリカの慣れない道を、しかも右側通行で運転するのは無理だと思ったんです。実は私、日本でさえあまり運転しないので。

アメリカの大学も日本と同じように私立と公立があるって聞いたんだけど、そうなの？

うん、「州立大学」と「私立大学」の2つがあって、「州立大学」は日本の国立大学や公立大学のようなところ。

州立大学は学費が安いのが特徴なんだけど、州の外から来た学生に対しては学費が高くなるんだよ。

私立大学と同じぐらいになるところもあるみたい。

えっ、どうして？アメリカの州は、日本の都道府県と同じようなものでしょう？

うぅん、全然違う。アメリカの州は独立した国家のようで、州はそれぞれの法律や制度を持っているんだよ。

州立大学は州に住んでいる学生の教育が目的だから、州の外から来る学生は州の支援がなくて学費が高いんだ。

なるほど！日本とは全然違うんだね。

💬 会話文B

張　：日本とアメリカの大学では何が違うと感じた？

葵　：まず一番感じたことは、先生と学生の関係かな。日本では先生と学生の間に上下の関係があるのに対して、アメリカでは、先生も学生と一緒に議論したりして、日本より距離が近い感じがした。それから、大学のシステムでいいなと思ったのは、授業でわからなかったことを質問できる場所があるということ。

張　：日本の大学でも、先生に質問に行くと、すごく丁寧に説明してくれるよ。

葵　：そうだね。でも、アメリカの大学には、どんな授業の質問にも答えてくれるアカデミックセンターっていうところがあるんだ。質問に行くたびに日本の大学にもこんなセンターがあったらいいなと思ってた。

剛士：大学の授業ってどんな感じ？

葵　：授業中の発言も自由で、意見があれば、いつでも言うことができるから、時々授業の内容と違うことで議論が始まったりすることもありました。あまりにも激しい議論だと、私は何も言えませんでした。

剛士：日本の大学でも、学生同士で話し合うような授業が増えてきたけど、日本ではそんなに熱く議論することは少ないよ。

葵　：アメリカの授業では、自分の意見を言うことこそ重要なんです。

徐　：私は日本のゼミのような授業が好きです。発表して意見の交換ができて楽しいと思います。

葵：日本のゼミの発表は人と協力するというより1人ですることが多いですよね。それに対してアメリカで毎週のように出される課題は、1人ではなくてグループで協力しなければできないものが多いから、日本のゼミのやり方とはちょっと違うかな。

李：みんなで協力するって大変そうだね。

葵：そう。いろいろなクラスメートとコミュニケーションを取ることが重要だった。だから、どうやったら自分の考えをわかりやすく伝えられるのか、どうやったらチームとして力を出せるかをずっと考えていたように思う。

張：なるほど。大変だったんだね。

葵：うん。でも、本当にたくさんのことを学ぶことができたと思う。

日本とアメリカの
大学では何が違うと感じた?

まず一番感じたことは、
先生と学生の関係かな。

日本では先生と学生の間に
上下の関係があるのに対して、
アメリカでは、先生も学生と
一緒に議論したりして、
日本より距離が近い感じがした。

それから、大学のシステムで
いいなと思ったのは、授業で
わからなかったことを質問
できる場所があるということ。

日本の大学でも、先生に
質問に行くと、すごく丁寧に
説明してくれるよ。

そうだね。でも、アメリカの
大学には、どんな授業の
質問にも答えてくれる
アカデミックセンターって
いうところがあるんだ。

質問に行くたびに日本の
大学にもこんなセンターが
あったらいいなと思ってた。

大学の授業って
どんな感じ?

授業中の発言も自由で、
意見があれば、いつでも
言うことができるから、
時々授業の内容と違う
ことで議論が始まったり
することもありました。

あまりにも激しい議論だと、
私は何も言えませんでした。

日本の大学でも、学生同士で
話し合うような授業が
増えてきたけど、日本では
そんなに熱く議論することは
少ないよ。

私は日本のゼミのような
授業が好きです。発表して
意見の交換ができて
楽しいと思います。

アメリカの授業では、
自分の意見を言うことこそ
重要なんです。

日本のゼミの発表は
人と協力するというより
1人ですることが多いですよね。

それに対してアメリカで
毎週のように出される課題は、
1人ではなくてグループで
協力しなければできないもの
が多いから、日本のゼミの
やり方とはちょっと違うかな。

みんなで協力するって
大変そうだね。

そう。
いろいろなクラスメートと
コミュニケーションを
取ることが重要だった。

だから、どうやったら自分の
考えをわかりやすく
伝えられるのか、どうやったら
チームとして力を出せるかを
ずっと考えていたように思う。

なるほど。
大変だったんだね。

うん。
でも、本当にたくさんのことを
学ぶことができたと思う。

読解文

文化の違いを知る－異文化間コミュニケーションの第一歩

　日本には「転がる石に苔は付かない」ということわざがあります。「自分の考えや人生の目標をすぐに変えてしまう人には苔が付かない（成功できない）」という意味で使われます。苔が付くことをプラスとして考えます。苔の付いた石が大事にされる日本の文化が背景にあります。

　英語にも同じようなことわざがあります。"No moss on the rolling stones." で、「石は転がっていれば、苔の付く暇などない」という意味で使われます。つまり、苔が付くことをマイナスとして考えます。

　同じ現象なのに、なぜ英語と日本語のことわざでは、これほど考え方が違うのでしょう。少し前まで日本社会は「終身雇用制度」で、会社に入ったらずっとその会社で働くものでした。一方、アメリカでは仕事を変えていくほうが評価されます。高い能力をどんどん身につけて、給料や地位の高い仕事に変えていく人には「苔の付く暇などない」のです。この考え方の違いは日本とアメリカの文化の違いによるものです。

　日本とアメリカの文化の違いはスピーチの仕方にも表れます。「アメリカ人はジョークでスピーチを始めるが、日本人は『言い訳』でスピーチを始める」と言われます。「たいへんお聞き苦しいと思いますが」と日本人はよくスピーチの始めに言います。日本人には謙遜だとわかりますが、アメリカ人には言い訳に聞こえるでしょう。

　それぞれの文化には違いがあります。その違いを知らないことが原因で、異なる文化の人々の言葉や行動を誤解してしまうことがあるかもしれません。異文化間のコミュニケーションは相手の文化を理解するところからスタートするのです。

✓ 理解度チェック

1 選びましょう。

1. 葵さんは＿＿＿＿＿アメリカ留学しました。

　①1年　　　　　　②6か月　　　　　③4か月　　　　　④3か月

2. 葵さんは運転免許を持っていますが、実は＿＿＿＿＿あまり運転しません。

　①日本でさえ　　　②日本さえ　　　　③日本でだけ　　　④日本だけ

3. アメリカの州は独立した＿＿＿＿＿のように、州がそれぞれの法律や制度を持っています。

　①県　　　　　　　②州　　　　　　　③国家　　　　　　④地域

4. 日本には「転がる石に＿＿＿＿＿は付かない」ということわざがあります。

　①砂　　　　　　　②草　　　　　　　③海苔　　　　　　④苔

5. アメリカの大学は＿＿＿＿＿があります。

　①州立と私立　　　②国立と私立　　　③州立と公立　　　④国立と州立

2 本文の内容に合っていたら〇を、違っていたら×を書きましょう。

1. （　　　）アメリカも日本も車は左側通行です。

2. （　　　）アメリカの大学も日本と同じように公立大学と私立大学があります。

3. （　　　）アメリカの州立大学は学費が安いのが特徴で、州の外から来た人の学費も同じです。

4. （　　　）日本の大学には、どんな授業の質問にも答えてくれるアカデミックセンターというところがあります。

5. （　　　）日本の大学のゼミの発表は人と協力するというより、1人ですることが多いです。

3 書きましょう。

1. 日本で＿＿＿＿＿＿＿＿＿＿＿＿＿なら、＿＿＿＿＿でも国際免許証を取ることができます。

2. 葵さんは日本では先生と学生の間に＿＿＿＿＿＿＿＿＿に対して、アメリカでは、先生も学生と一緒に＿＿＿＿＿＿＿＿して、日本より＿＿＿＿＿＿＿＿＿感じがしました。

3. アメリカの授業では、＿＿＿＿＿＿＿＿＿こそ重要だと葵さんは考えています。

4. 葵さんはアメリカの大学の授業で、あまりにも＿＿＿＿＿＿＿＿＿＿＿場合は、何も言えませんでした。

5. アメリカの大学には、＿＿＿＿＿＿＿＿にも答えてくれる＿＿＿＿＿＿＿＿があります。

4 本文を読んで答えましょう。

1. 日本の大学のゼミ発表とアメリカで出される課題はどんなところが違いますか。

2. 葵さんはアメリカの課題準備には何が重要だと思っていますか。

3. 「転がる石に苔は付かない」ということわざの意味は何ですか。

4. 少し前までは日本社会は「終身雇用制度」で、会社に入ったらずっとその会社で働くものでしたが、アメリカはどうですか。

5. 異文化間のコミュニケーションは何からスタートしますか。それはなぜですか。

📖 文法と表現

---

1 N（助詞）さえ（も）

例 引っ越したばかりで、部屋には**机さえ**ない。
　　　　　　　　　　　　　　　　　N

彼氏がいることは、**親友にさえ**知らせていない。
　　　　　　　　　　　N（助詞）

- 寝る時間さえ忘れてゲームをする人が増えてきている。
- 喉が痛くて、昨日は水さえ飲めませんでした。
- 日本人でさえ読めない地名がいくつもあります。
- プロの選手でさえ失敗することはある。

名詞或名詞接助詞再接「さえ」，表示举出极端的事例，暗示其他事例理所当然具有同样或类似的情况。可译为"甚至、（甚至）连……"。

「さえ」出现在「Nが / を」后面时，助词「が」「を」通常省略，接在「Nに / と」等的后面时，使用「Nにさえ」「Nとさえ」的形式。例句中出现的「でさえ」直接接在表示动作的主体、对象以及时间、空间等语义的名词后面，与表示极端事例的「でも」用法相近。

---

2 Vます＋さえすれば
　 Nさえ＋〜ば
　 Aく・NAで＋さえあれば

例 バスが時間通りに**来さえすれば**、授業に遅れませんでした。
　　　　　　　　　　Vます

時間さえあれば、毎日運動したいです。
　　 N

- これは説明書を読みさえすれば、簡単に組み立てられます。
- けがさえしなければ、試合に出られました。
- この靴、もう少し安くさえあれば、買うんですが。
- 交通が便利でさえあれば、少し家賃が高くてもそこに住みたいです。
- A：前に行ったラーメン屋の住所、わかる？
　 B：名前さえ覚えていれば、調べられるんですが……。

动词ます形去掉「ます」接「さえすれば」的形式，名词接「さえ〜ば」的形式，イ形容词把「い」变成「く」接「さえあれば」的形式，ナ形容词把「だ」变成「で」接「さえあれば」的形式，表示假定的最低条件。假设满足最低条件的情况下，（将会）出现的情况。也可以用于反事实假设。一般可译为"只要……，就……"。

---

3 Nに対して
　 普通形（NAだな・である / Nだな・である）＋のに対して

例 いつも静かな**姉に対して**、妹はとても活発だ。
　　　　　　　　　　N

母は優しいのに対して、父は厳しい。
　　　　　　　A

- この国は給料が上がっているのに対して、日本は30年間あまり変わっていない。
- この町は東側がにぎやかなのに対して、西側はあまり人が行かなくて静かだ。
- 日本は今、夏なのに対して、オーストラリアは冬だ。

いつも静かな姉に対して、妹はとても活発だ。

対して

名词接「に対して」或者句子的简体形式（ナ形容词句和名词句「だ」变成「な / である」）接「のに対して」，表示对比，前后分别是情况相反的事例。可译为"……，与此相对，……""……，相反，……"。

4 　V辞/Nの＋たびに

例 姪は**会うたびに**どんどん大きくなっている。
　　　V辞

彼は長い休みの**たびに**旅行します。
　　　　　Nの

姪は会うたびにどんどん大きくなっている。

- 動物の動画を見るたびに飼いたくなる。
- この曲を聞くたびに昔を思い出す。
- 父は出張のたびに、家族にお土産を買って
きてくれます。

動词基本形、名词加「の」的形式接「たびに」，表示频率，可译为"每逢、每当……"。

5 　あまりに（も）＋V・A・NA
　　V/A普通形肯定（NAだな/Nだの）＋あまり

例 教室が**あまりにも寒くて**、窓を閉めました。
　　　　　　　　　A

応援しているチームが優勝し、**うれしさのあまり**飛び上がった。
　　　　　　　　　　　　　　　　　　Nの

応援しているチームが優勝し
うれしさのあまり 飛び上がった。

あまり

- 近代化を急いだあまり大切な伝統文化を失った。
- ビルの屋上はあまりにも高くて、足が震えた。
- あの人があまりにも変なことを言うから、嫌な気持ちになってしまった。
- 合宿の準備はあまりにも大変です。
- 飼っていた犬が死んでしまい、彼は悲しみのあまり食欲がなくなってしまった。

「あまりに（も）」接动词和形容词表示程度超过一定的限度。可译为"过于、太……"。

动词和イ形容词句简体的肯定形，ナ形容词句把「だ」变成「な」的形式，名词句去掉「だ」接「の」的形式接「あまり」，表示由于超过某个限度，导致某个结果。可译为"由于过于/过分/太……，……"。

6 　V辞こと/N＋こそ

例 **今年こそ**JLPTのN2に合格したい。
　　　N

私にとっては、**寝ることこそ**ストレス解消法だ。
　　　　　　　　V辞こと

- 毎日努力することこそ、成功への近道だ。
- 健康こそ、私の一番の財産です。
- 今度の試合こそ優勝したい。
- 彼こそが私の尊敬する人です。

动词基本型接「こと」的形式或名词接「こそ」表示对所提示事情或对象的强调，以此和其他相区别。可译为"就、只有……""……正是、才是"。

14

205

新出語彙

説明文

- ●終える⓪［他動Ⅱ］終止、結束
  お
- ●キャンピングカー⑤⑥［名］房车
- ●サポート②⓪［名・他動Ⅲ］支持、支援
- ●事情⓪［名］情况、原由、事由
  じじょう
- ●尋ねる③［他動Ⅱ］找、寻；问、打听
  たず
- ●短期①［名］短期
  たんき

会話文Ⓐ

- ●学費⓪［名］学费
  がくひ
- ●警察⓪［名］警察
  けいさつ
- ●公立⓪［名］公立
  こうりつ
- ●国家①［名］国家
  こっか
- ●支援⓪①［名・他動Ⅲ］支援、援助
  しえん
- ●しかも②［接続］又、而且、并且
- ●州①［名］州（美国的行政区划）
  しゅう
- ●州立⓪［名］州立
  しゅうりつ
- ●～署［接尾］局、署
  しょ
- ●私立①［名］私立
  しりつ
- ●手続き②［名］手续
  てつづ
- ●独立⓪［名・自動Ⅲ］独立、自立门户；单独（存在）
  どくりつ
- ●都道府県④［名］都道府县（日本行政区划总称）
  とどうふけん
- ●右側通行⑤［名］右侧通行、右侧通过
  みぎがわつうこう
- ●免許①［名］批准、许可；执照
  めんきょ
- ●免許証③⓪［名］许可证、执照
  めんきょしょう
- ●声をかける［表現］叫（人）、打招呼
  こえ

会話文Ⓑ

- ●アカデミックセンター⑦［名］学习中心、学问中心
- ●交換⓪［名・他動Ⅲ］交换、互换
  こうかん
- ●上下①［名］（方向）上下；（身份）高低
  じょうげ
- ●～同士①［名］～们、～一伙（相互间有共同关系的人）
  どうし
- ●激しい③［イ形］激烈、猛烈、强烈
  はげ
- ●発言⓪［名・自他動Ⅲ］发言
  はつげん
- ●コミュニケーションを取る［表現］进行交流、进行沟通
  と

読解文

- ●言い訳⓪［名・自他動Ⅲ］辩解、借口、声辩
  い わけ
- ●～間［接尾］～间、～之间
  かん
- ●聞き苦しい⑤［イ形］难听、刺耳；听不清楚
  き ぐる
- ●現象⓪［名］现象
  げんしょう
- ●謙遜⓪［名・ナ形・自動Ⅲ］谦逊、谦虚
  けんそん
- ●誤解⓪［名・他動Ⅲ］误解、误会
  ごかい
- ●苔②［名］苔藓
  こけ
- ●ことわざ⓪④［名］谚语
- ●これほど⓪［名・副］如此、这种程度
- ●転がる⓪［自動Ⅰ］滚、滚动
  ころ
- ●終身雇用制度⑧［名］终身雇佣制度
  しゅうしん こようせいど
- ●ジョーク①［名］玩笑
- ●地位①［名］地位
  ちい
- ●始め⓪［名］开始、开头；最初、起始
  はじ
- ●プラス⓪①［名］益处、好处；（数学）加；正数；阳极
- ●マイナス⓪［名］不利、坏处；（数学）减；负数；阴极

文法と表現

- ●屋上⓪［名］屋顶
  おくじょう
- ●解消⓪［名・自他動Ⅲ］解决、解除、消除
  かいしょう
- ●活発⓪［ナ形］活泼、活跃
  かっぱつ
- ●組み立てる④⓪［他動Ⅱ］组织、构成、组装
  く た
- ●財産①［名］财产
  ざいさん
- ●食欲⓪②［名］食欲
  しょくよく
- ●性格⓪［名］性格
  せいかく
- ●近道②［名］近道、近路；捷径
  ちかみち
- ●プロ①［名］职业、专业（人士）
- ●変①［ナ形］奇怪、古怪、异常
  へん
- ●優勝⓪［名・自動Ⅲ］优胜、（获得）冠军
  ゆうしょう
- ●オーストラリア⑤［固］澳大利亚

タスク＆アクティビティー

新出語彙

● 我慢① ［名・他動Ⅲ］ 忍耐、忍受
　がまん
● ２段ベッド④ ［名］ 双層床、上下床
　だん
● やはり②（やっぱり③）［副］ 果然

● リビング／リビングルーム①／⑤ ［名］ 客庁
● ～料 ［接尾］ ～費、費用
　りょう

---

1 聴解【🎧📱】

学生たちは旅行に行く予定で、キャンピングカーレンタルの
サイトを見ながら話しています。

キャンピングカー レンタル

平日 ○○○円／1日
土・日・祝 ○○○円／1日

1）会話を聞いて、下の表を完成させましょう。

・キャンピングカーに付いているもの

リビング： （　　　　　　　　）（　　　　　　　　）　など
キッチン： （　　　　　　　　）（　　　　　　　　）（　　　　　　　　）　など
ベッド： 　車の中で寝られる人数は（　　　　　　　　）人まで
その他： 　（　　エアコン　　）　　　外の光が入らない（　　　　　　　　）

・料金

期間		1日のレンタル料	その他
一般期間	月曜日〜金曜日	（　　　　　　　　）円	3日以上のレンタルで（　　　　　　）％安くなる
	土曜日　日曜日	（　　　　　　　　）円	
夏休み	7/16〜8/31	35000 円	

2）質問の答えとして正しいものに○をつけましょう。

1. 学生たちは何人で旅行に行きますか。

（　　4人　　　　5人　　　　6人　　）

2. 学生たちは何曜日に出発しますか。

（　　金曜日　　　　土曜日　　　　日曜日　　）

3. 学生たちがキャンピングカーを借りるために1人いくらかかりますか。

（　　16000円　　　　18000円　　　　20000円　　）

4. 女子学生がキャンピングカーで我慢しなければならないと思っていることは何ですか。

（　　寝るときに狭いこと　　　　レンタル料が高いこと　　　　虫が入ってくること　　）

② 読解・ペアワーク【 ◆ ✍ ◑ 】

1）文を読んで、（　　）に下の □□□□ の中から適当な言葉を選んで入れましょう。2回以上使う言葉もあります。

| あまりにも　　たび　　さえ　　あまり　　たて　　こそ |

アメリカの大学に留学しているＡさんの相談

　一番大変だと感じているのはコミュニケーションです。留学し（　　　　　　）の頃は、自分の言いたいことが言えなかったのはもちろん、先生やクラスメートが話していることを理解すること（　　　　　　）大変でした。今はだいぶ理解できるようになりましたが、やはりコミュニケーションは難しいです。クラスメートと一緒にやらなければならない課題が出る（　　　　　　）に、自分の考えがちゃんと伝えられるか不安になります。心配の（　　　　　　）、食べ物が食べられなくなることもあります。それに、宿題が（　　　　　　）多くて大変です。たくさんの本を読まなければならないので、寝る時間もないほどです。私は最後まで留学生活を続けることができるでしょうか。

先輩留学生のアドバイス

　それはＡさんだけではなく、留学生のほとんどが経験してきたことですから、心配しすぎないでください。私も、初めはそうでした。相手の話をよく聞いて、自分の考えをきちんと伝えるようにすれば大丈夫。コミュニケーションしようという気持ち（　　　　　　）あれば、相手にもそれが伝わるはずですから。宿題の本もだんだん速く読めるようになって、寝る時間も増えますよ。でも、食べ物が食べられなくなるのは心配ですね。毎日きちんと食べること（　　　　　　）、今のＡさんに一番必要なことだと思います。体のためには栄養のあるものがいいですが、好きなものを食べるのもいいですよ。おいしいものを食べると、心も元気になりますから。

14

2）今あなたが大変だと感じていることを書いて、ペアの相手に相談しましょう。

1）の相談を参考に、「～さえ /～たびに /～のあまり」などが使えたら使ってみましょう。

? 私の相談
私が大変だと感じているのは ＿＿＿＿＿＿＿＿＿＿＿ です。 ＿＿＿＿＿＿＿＿＿＿＿＿＿＿＿＿＿＿＿＿＿＿＿＿＿ ＿＿＿＿＿＿＿＿＿＿＿＿＿＿＿＿＿＿＿＿＿＿＿＿＿ ＿＿＿＿＿＿＿＿＿＿＿＿＿＿＿＿＿＿＿＿＿＿＿＿＿ ＿＿＿＿＿＿＿＿＿＿＿＿＿＿＿＿＿＿＿＿＿＿＿＿＿ ＿＿＿＿＿＿＿＿＿＿＿＿＿＿＿＿＿＿＿＿＿＿＿＿＿ どうしたらいいでしょうか。

3）相手の相談を聞いて、アドバイスを考えましょう。

1）のアドバイスを参考に、「(～さえ) ～ば /こそ」などが使えたら使ってみましょう。

書けたら、ペアにアドバイスしましょう。

! (　　　　　　　　) さんへのアドバイス
それは大変ですね。 ＿＿＿＿＿＿＿＿＿＿＿＿＿＿＿＿＿＿＿＿＿＿＿＿＿ ＿＿＿＿＿＿＿＿＿＿＿＿＿＿＿＿＿＿＿＿＿＿＿＿＿ ＿＿＿＿＿＿＿＿＿＿＿＿＿＿＿＿＿＿＿＿＿＿＿＿＿ ＿＿＿＿＿＿＿＿＿＿＿＿＿＿＿＿＿＿＿＿＿＿＿＿＿ ＿＿＿＿＿＿＿＿＿＿＿＿＿＿＿＿ といいですよ。

14

意見を述べる－記述・小論文

　　无论是参加日本留学考试（EJU）需要面对的「記述問題」，还是参加日本各大学校内考需要完成的「小論文」，它们都类似于我们中文所说的"议论文"，通常需要对某件事或某个现象表示自己的观点并进行阐述。例如我们谈到"无现金支付（キャッシュレス決済）"，议论文并不是将自己所了解的关于"无现金支付"的内容罗列、记录下来，而是要去回答"无现金支付"到底是好还是坏；"无现金支付"带给我们的到底是利多还是弊大。

　　日语的「小論文」在书写时，一般会按照某种固定的"格式"去书写，尤其是在初学阶段，较为固定的"格式"可以帮助你将逻辑结构呈现得更清晰，将观点表达得更明确。

問題　キャッシュレス決済の拡大に賛成ですか、反対ですか。自分の意見を述べなさい。

类型1-两段型

如果是书写200-400字的短篇小论文，可以采用这种两段式的简单格式去书写。

提出观点……第一段将自己的观点明确表达出来。
展开论述……第二段对这一观点的论据进行详细阐述。

例　私はキャッシュレス決済の拡大に賛成である。

　　現在、世界各国で、キャッシュレス決済が利用されている。現金を持ち歩かなくても買い物ができ、特に外国人が日本に来たとき、気軽に買い物ができて便利だ。日本でも、交通機関のICカードを利用している人は多い。これもキャッシュレス決済の一つである。便利なものは、セキュリティなどの課題を乗り越えて、確実に広がる。デジタル化はすべての人の暮らしを便利にし、それによって社会はさらに豊かになるはずである。

类型2-四段型

如果是书写400字以上的小论文，可以采用四段式的方式来写。

提出问题……第一段先将所要论述的问题或话题提出来。
表明观点……第二段明确表述出自身的观点。
具体论述……第三段具体展开论述，通过有说服力的举例或说理等方式支撑自身观点。
总结归纳……第四段对前述的内容做出总结归纳，最终再一次重申自己的观点。

例 私はキャッシュレス決済の拡大に賛成である。なぜなら、キャッシュレス決済は現金決済よりも便利であり、デジタル化によってより良い社会をつくるのに役立つからである。

確かに、キャッシュレス決済には良くない点もある。スマートフォンなどの電子機器を使って買い物の料金を支払えるのが便利な点だが、バッテリーが切れると使えなくなる。地震などの災害が多い日本でキャッシュレス決済が広がらない理由は、電気が使えない状況のことを心配している人が多いからだという意見がある。しかし、私はそれでも、キャッシュレス決済には良い点があると思う。

私は2つの点を主張したい。まず、バッテリーの問題は、より良い技術によって改善できる。また、日本でも交通機関のICカードを利用している人は多いが、これもキャッシュレス決済の一種である。このカードはバッテリーなどの電源を使わない。スマートフォンを使わないキャッシュレス決済は、日本人にも受け入れやすいはずである。次に、多様性のある社会を実現する上で、デジタル化には役立つ点が多い。買い物などの決済を簡単にすることで、外国人の旅行者をより多く受け入れ、インバウンド消費によって経済を豊かにすれば、社会全体の利益になる。

以上の理由により、私はキャッシュレス決済を拡大することで、すべての人が暮らしやすい社会を実現すべきだと考える。

表达自身意见时常用的句末表达:

～だ	例 スマートフォンを使って買い物の料金を支払えるのは便利**だ**。
～である	例 私はキャッシュレス決済の拡大に賛成**である**。
～(だ)と思う／考える	例 私は、スマートフォンなどの電子機器を使って買い物の料金を支払えるのは便利**だと思う**。
～だろうと思う／考える	例 私は、キャッシュレス決済はこれからどんどん広がる**だろうと思う**。
～ではないかと思う／考える	例 買い物などの決済を簡単にすることで、外国人の旅行者がより増加する**のではないかと考える**。
～(だ)と思われる／考えられる	例 キャッシュレス決済は現金決済よりも便利であり、デジタル化によってより良い社会をつくるのに役立つと**考えられる**。
～ではないかと思われる／考えられる	例 多様性のある社会を実現する上で、デジタル化には役立つ点が多いの**ではないかと思われる**。
～ではないだろうか	例 バッテリーの問題は、より良い技術によって改善できるの**ではないだろうか**。
～ではなかろうか	例 インバウンド消費によって経済を豊かにすれば、社会全体の利益になるの**ではなかろうか**。

第 15 課

外国人の大学受験

話しましょう！

1. あなたは進路などの大事なことを決めるとき、誰かに相談しますか。なぜですか。

2. あなたはやりたいことがたくさんあるとき、どう選びますか。

3. 日本語の勉強で、何か困ったことがありますか。それはどんなことですか。

4. 後輩に「どうやって日本語を勉強すればいいですか」と聞かれたら、どう答えますか。

5. 人生の中で大きな選択をするのは、どのようなときだと思いますか。

⇒ 説明文

　日本語学校で「卒業生の話を聞く会」が行われました。張さん、詩瑶さん、トミーさんの3人は日本の大学の受験体験を話すために参加しました。3人は日本語の勉強方法や受験の前に準備しておくべきことなどをみんなに話しました。

　質問の時間には日本語学校の学生から学部の選択方法や大学生活についての質問があり、3人は丁寧に答えました。

💬 **会話文Ⓐ**

南先生：それでは、まずはトミーさんからお願いします。

トミー：みなさん、こんにちは。トミーと申します。日本の文化や歴史に興味があったので日本に来ました。1年半、日本語学校で勉強して、法学部に合格しました。今、2年生です。日本語の勉強は簡単ではありませんでした。文法はもちろん難しかったですが、漢字の勉強が特に大変でした。英語は26個のアルファベットさえ覚えれば、どんな文章でも書くことができます。でも、漢字は本当にたくさんあって、受験までに覚えられないのではないかと不安になりました。ですが、漢字には一つ一つ意味があることや、その漢字がどうやって作られたかを知ると、漢字を学ぶことがおもしろくなりました。また、漢字に慣れることが大切だと思い、買い物のついでに必ず周りにある漢字を読むようにしました。みなさんも、自分に合った方法を見つけて頑張ってみてください。

南先生：トミーさん、ありがとうございました。次は張さんです。

● ● ● ● ●

張　　：はじめまして。張です。中国からの留学生です。トミーさんと一緒に、1年半、日本語を勉強して政治経済学部に合格しました。今、2年生です。私はトミーさんとは違って、漢字のある国から来ているので、文字学習は難しくなかったです。でも、日本の漢字と中国の漢字は書き方が違うものがあるので、それは注意しなければなりませんでした。私が一番難しいと感じたのは、「が」「は」「に」「で」などの助詞です。使い方は理解しても、実際に作文を書くとよく間違えました。先生から、どんどん使うことが大事だと言われました。それで、作文を書いて先生にチェックしていただき、正しい使い方を覚えるという方法で勉強しました。時々、どうして違うのかを説明してもらいました。このような作文練習を1年ぐらい続けたおかげで、今はあまり間違えずに使えるようになりました。私は「継続は力なり」ということわざのように、続けることが大切だと思います。

南　　：張さん、ありがとうございました。それでは、詩瑶さん、お願いします。

● ● ● ● ●

詩瑶　：みなさん、こんにちは。張詩瑶です。兄からよく日本のことを聞いていたし、アニメや漫画が子供の頃から好きだったので、日本に留学することを決めました。高校を卒業した後、4月に日本へ来て1年間日本語学校で勉強して教養学部に合格しました。入学試験には、小論文と面接がありました。短い時間の中でこの小論文と面接の練習を一生懸命にしました。小論文は、過去の入試問題を使って練習して、どんなテーマの小論文でも困らないように準備しました。面接のためには、自分の考えをまとめて日本語で言う練習をたくさんしました。この練習のおかげで自信を持って受けられました。小論文でも面接でも練習をたくさんすることが大切だと思います。

南先生：詩瑶さん、ありがとうございました。

みなさん、こんにちは。トミーと申します。日本の文化や歴史に興味があったので日本に来ました。

1年半、日本語学校で勉強して、法学部に合格しました。今、2年生です。

それでは、まずはトミーさんからお願いします。

日本語の勉強は簡単ではありませんでした。文法はもちろん難しかったですが、漢字の勉強が特に大変でした。

英語は26個のアルファベットさえ覚えれば、どんな文章でも書くことができます。

でも、漢字は本当にたくさんあって、受験までに覚えられないのではないかと不安になりました。

ですが、漢字には一つ一つ意味があることや、その漢字がどうやって作られたかを知ると、漢字を学ぶことがおもしろくなりました。

また、漢字に慣れることが大切だと思い、買い物のついでに必ず周りにある漢字を読むようにしました。

みなさんも、自分に合った方法を見つけて頑張ってみてください。

トミーさん、ありがとうございました。次は張さんです。

はじめまして。張です。中国からの留学生です。トミーさんと一緒に、1年半、日本語を勉強して政治経済学部に合格しました。今、2年生です。

私はトミーさんとは違って、漢字のある国から来ているので、文字学習は難しくなかったです。

でも、日本の漢字と中国の漢字は書き方が違うものがあるので、それは注意しなければなりませんでした。

私が一番難しいと感じたのは、「が」「は」「に」「で」などの助詞です。

使い方は理解しても、実際に作文を書くとよく間違えました。先生から、どんどん使うことが大事だと言われました。

それで、作文を書いて先生にチェックしていただき、正しい使い方を覚えるという方法で勉強しました。

時々、どうして違うのかを説明してもらいました。

このような作文練習を1年ぐらい続けたおかげで、今はあまり間違えずに使えるようになりました。私は「継続は力なり」ということわざのように、続けることが大切だと思います。

みなさん、こんにちは。張詩瑠です。

兄からよく日本のことを聞いていたし、アニメや漫画が子供の頃から好きだったので、日本に留学することを決めました。

張さん、ありがとうございました。それでは、詩瑠さん、お願いします。

高校を卒業した後、4月に日本へ来て1年間日本語学校で勉強して教養学部に合格しました。

入学試験には、小論文と面接がありました。短い時間の中でこの小論文と面接の練習を一生懸命にしました。

小論文は、過去の入試問題を使って練習して、どんなテーマの小論文でも困らないように準備しました。

面接のためには、自分の考えをまとめて日本語で言う練習をたくさんしました。この練習のおかげで自信を持って受けられました。

小論文でも面接でも練習をたくさんすることが大切だと思います。

詩瑠さん、ありがとうございました。

💬 会話文B

南先生：次は、卒業生への質問の時間です。先輩に直接質問できるいいチャンスです。質問や相談があったら、この機会にぜひ聞いておきましょう。それでは、質問のある人いますか。

グエン：はい！

南先生：グエンさん。

グエン：はい。はじめまして。ベトナムから来たグエンと申します。私は将来教師になりたいと思っています。ベトナムはまだ貧富の差が大きいので、子供たちに教育をして、いい仕事ができるようにしたいです。ですから教育学部で教育学を学ぼうと思っています。でも、どうすれば貧富の差がなくなるかを学ぶことも重要だと考えています。やりたいことがたくさんあるとき、どうやって学部を選べばいいですか。

張　：まず、何が一番勉強したいかを決めるのが重要だろうと、私は考えます。グエンさんはやりたいことがたくさんありますから、学部を決める前にオープンキャンパスなどに行って、先生や先輩の話を聞いてみるといいのではないでしょうか。

詩瑶　：学部を選ぶに際しては、私は日本語学校の先生に相談するのが一番だと思います。私も先生にいろいろ相談して決めました。

グエン：はい、オープンキャンパスに参加してみます。先生にも相談してみます。

南先生：じゃあ今度相談しましょう。
ほかに質問のある人はいますか。

金　：はい！

南先生：次は、金さん、どうぞ。

金　：はい。私は韓国から参りました金と申します。日本で生命工学を勉強するために留学しました。私は、先輩方に大学生活について聞きたいです。受験はもちろんですが、大学に入ってからのことも心配なものですから、大学で何か困ったことがあったら教えていただきたいです。

張　：最初は日本語力も十分でなかったので、わからないことがたくさんありました。そんなときは、恥ずかしがらずに、周りの人に聞くようにしました。

詩瑶　：私は先生の話し方が速くてわからないこともありましたが、だんだん慣れてきました。

金　：ありがとうございます。勉強以外のことで何かほかにアドバイスがあったらお願いします。

張　：そうですね。勉強も大切ですが、いろいろな人と知り合うことも大切だと思います。私は国際交流サークルに入って、日本人や留学生、ほかの学部の人とも友達になりました。

トミー：そうですね。それから大学祭などのイベントに積極的に参加するのがいいだろうと思います。

詩瑶　：私もそう思います。私はダンスサークルに入って、大学祭でパフォーマンスをしました。すごく楽しかったです。

金　：サークルやイベントに参加したほうがいいということですね。ありがとうございました。

15

読解文

「受験はターニングポイント？ ― 将来に目を向けよう！」

　人生には将来を決める大きなターニングポイントがいくつかあります。進路を選ぶこともその一つです。受験に際して「どこの大学を受験するか」「今の自分の力で合格できるか」など、いろいろ悩むことも多いでしょう。みなさんは、自分の成績や興味を考え、文系を選ぶのか理系を選ぶのか、自分にはどんな適性があるのかを判断しながら、進路を選んでいると思います。

　ですが、特に大事なのは、大学でどんな勉強がしたいのか、将来どんな仕事につきたいのか、自分はどんな人生を送りたいのかを考えておくことです。なぜなら、大学生活を終える時点で次のステップが待っているからです。

　大学生活は「学ぶ」だけではなく「経験する」ことが次のステップへの準備となります。ゼミでの発表のための資料集め、プレゼンテーション、サークル活動、アルバイト経験などすべてが次のステップのために役立っているのです。

　現代社会は常に変化しています。AIが導入されたことで、社会の求める人材にも変化が現れています。昔は「基礎学力があって、まじめな人材」が必要とされていました。しかし現代社会では「応用力」「コミュニケーション力」「予想する力」「変化を受け入れ適応する力」「人間性」などが求められています。その意味では勉強以外の活動、友人関係や趣味も、その次のステップに必要とされる力につながります。

　大学受験は確かにターニングポイントの一つではありますが、人間として成長するための一つのステップに過ぎません。「受験」だけを考えるのではなく、将来に目を向けて勉強することが必要です。

✓ 理解度チェック

1 選びましょう。

1. 張さんが日本語の勉強で一番難しいと感じたのは、＿＿＿＿＿＿＿です。

　　①漢字　　　　　　　②助詞　　　　　　　③作文　　　　　　　④会話

2. 詩瑶さんは＿＿＿＿＿＿に合格しました。

　　①法学部　　　　　　②政治経済学部　　　③教養学部　　　　　④教育学部

3. グエンさんは大学で＿＿＿＿＿＿を学ぼうと思っています。

　　①教育学　　　　　　②生命工学　　　　　③法学　　　　　　　④政治経済学

4. グエンさんは＿＿＿＿＿＿について質問をしました。

　　①学部の選び方　　　②漢字の覚え方　　　③小論文の準備　　　④大学生活

5. 金さんは＿＿＿＿＿＿です。

　　①中国人　　　　　　②日本人　　　　　　③韓国人　　　　　　④ベトナム人

2 本文の内容に合っていたら〇を、違っていたら×を書きましょう。

1. （　　　　）張さんと詩瑶さんとトミーさんは日本語学校の受験体験を話すために、「卒業生の話を聞く会」に参加しました。

2. （　　　　）トミーさんは日本のアニメやマンガに興味があったので、日本に来ました。

3. （　　　　）詩瑶さんは1年半日本語学校で勉強しました。

4. （　　　　）張さんは中国から来ていますが、中国と日本の漢字の書き方が違うので漢字の書き方に注意していました。

5. （　　　　）金さんは生命工学について質問しました。

3 書きましょう。

1. 「卒業生の話を聞く会」で、3人は＿＿＿＿＿＿＿＿＿＿＿＿＿＿や＿＿＿＿＿＿＿＿
＿＿＿＿＿＿＿＿＿＿＿＿＿＿などをみんなに話しました。

2. トミーさんは漢字の勉強が大変でしたが、＿＿＿＿＿＿＿＿＿＿＿＿＿＿＿＿＿や
＿＿＿＿＿＿＿＿＿＿＿＿＿＿＿を知ると、漢字を学ぶことがおもしろくなりました。

3. 張さんは、大学でわからないことがあったとき、＿＿＿＿＿＿＿周りの人に＿＿＿＿＿しました。

4. 詩瑶さんが入学した大学の入学試験には、＿＿＿＿＿＿＿と＿＿＿＿＿＿＿がありました。

5. 社会の求める人材は昔は「＿＿＿＿＿＿＿＿＿＿＿＿＿＿＿＿＿＿」が必要とされて
いましたが、現代社会では、「＿＿＿＿＿＿＿」「＿＿＿＿＿＿＿」「＿＿＿＿＿＿＿」
「＿＿＿＿＿＿＿＿＿＿＿＿＿」「＿＿＿＿＿＿」などが求められています。

4 本文を読んで答えましょう。

1. トミーさんはどのように漢字の勉強をしましたか。

2. 張さんはどのように助詞の勉強をしましたか。

3. 詩瑶さんはどのように大学の入学試験の準備をしましたか。

4. 張さんたちはグエンさんの相談にどのようにアドバイスをしましたか。

5. 張さんたちは金さんの相談にどのようにアドバイスをしましたか。

📖 文法と表現

1　普通形（NAだな / Nだな）＋ のではないか / のではないだろうか

> 例　日本の人口はこれからも減り続ける**のではないだろうか**。
> 　　　　　　　　　　　　　　　　　　　V普

■ 模試の結果がよかったから、Ｎ１に合格できるのではないか。

■ 将来、CDやDVDはなくなっていくのではないかと思う。

■ しばらく物価は下がらないのではないでしょうか。

■ 自動で食品を処理する機械を作り出したら、料理が速くなって便利なのではないだろうか。

句子的简体形式（ナ形容词句和名词句把「だ」变成「な」）接「のではないか / のではないだろうか」，以否定疑问句的形式委婉地陈述所述事项，避免断定。用于委婉地表达说话人的推测、观点和意见等。

2　普通形（NAだ/Nだ）＋ だろう（と思う / と考える）

> 例　あの人はいつもスーツを着ているので、たぶん**学生じゃないだろう**と思います。
> 　　　　　　　　　　　　　　　　　　　　　　　　　N普

■ 明日の朝はとても冷えるらしいので、この湖は凍るだろうと思います。

■ 大地震のとき、ご両親は心配だっただろうと思います。

■ このみかんはまだ青いから、酸っぱいだろうと思います。

■ 教室にはもう誰もいないだろうと思います。

■ 明日までに全部直すのは無理だろうと思う。

■ Ａ：明日は晴れるでしょうか。

　Ｂ：ええ、晴れるだろうと思います。

句子的简体形式（ナ形容词句和名词句把「だ」去掉）接「だろうと思う / と考える」，通常表示说话人的推测。可译为"我想、我认为大概……吧"。

3　普通形（NAだな / Nだな）＋ もので / ものだから

> 例　コピー機が故障していた**もので**、印刷ができませんでした。
> 　　　　　　　　　　　　　　　V普

■ この言葉をなかなか思い出せないものだから、問題を解くのに時間がかかった。

■ 捨てるのが惜しかったものだから、持って帰ってしまいました。

■ Ａ：どうして今まで言ってくれなかったの？

　Ｂ：ごめん、君に知られたくなかったものだから、隠していたんだ。

■ 部下：すみません、子供が病気なもので、早退させていただけませんか。

　上司：え！　大変ですね。お子さんが心配ですから、早く帰ってください。

句子的简体形式（ナ形容词句和名词句把「だ」变成「な」）接「もので / ものだから」表示说话人没有预料到的、无可奈何的原因，常用于道歉时的理由陈述或辩解。道歉时，最好用「～ので」或「～もので」，用「～から」则会给人推卸责任的印象。

4 普通形（NAだ・である/Nだ・である）＋にすぎない

例 **私は彼を手伝ったにすぎません。彼が努力したので、成功したんです。**
　　　　V普

- 机に向かっているだけでは、時間を無駄にしているにすぎません。
- この料理は見た目がいいにすぎない。味は全然おいしくない。
- この作家が有名だといっても、国内で有名であるにすぎません。
- この話はただのうわさにすぎない。
- そんなに期待されても、私はただの素人にすぎないので、役に立てるか
わかりません。

句子的简体形式（ナ形容词句和名词句去掉「だ」或者把「だ」变成「である」）接「にすぎない」，强调事情的价值、状态的程度等很低，含有轻视的感情。可译为"只不过是……"。

5 V辞/Vた/Nの＋ついでに

例 **出張のついでに大阪に住んでいる友人の家を訪問した。**
　　　　Nの

出張のついでに
大阪に住んでいる友人の家を訪問した。

ついでだ
福岡
大阪
東京
ついでか

- 上野動物園へ行ったついでに、子供と公園で虫を捕まえた。
- 新宿で映画を見たついでに、買い物をして帰りました。
- 晩ご飯を作るついでに、明日のお弁当も作っています。
- 京都にある大学へ受験に行くついでに、少しだけ観光しようと思っています。
- 引っ越しのついでに古くなった布団を捨てた。

动词的基本形、た形、名词加「の」的形式接「ついでに」，表示在做某事时顺便做另一件事。可译为"顺便……"。

6 V辞/N＋に際して

例 **学部を選ぶに際して、先生からたくさんのアドバイスをいただきました。**
　　　　V辞

学部を選ぶに際して、先生からたくさんの
アドバイスをいただきました。

文学部　商学部　学部　教育

- 図書館を利用するに際して、まず利用規則を読んでください。
- 海外旅行に際して、ビザを取りに行ってきた。
- 入国に際して、空港で荷物の検査を受けた。
- 留学に際して、友達からいろいろアドバイスをしてもらった。

动词的基本形、名词接「に際して」表示在将要进行某个特别的事情的时候。可译为"当……的时候""值此……""……之际"。通常用于正式场合和书面语，较生硬。

15

新出語彙

会話文 Ⓐ

- アルファベット④[名] (印欧语言的)拼音字母
- 過去①[名] 过去、以前
  かこ
- 教養⓪[名] 教养
  きょうよう
- 助詞⓪[名] 助词
  じょし

- チェック①[名・他動Ⅲ] 核对、检查、确认
- ですが①[接続] 但是、可是
- 一つ一つ⑤④[名] 一一、一个一个、逐个地
  ひと　ひと
- 継続は力なり[表現] 坚持就是胜利
  けいぞく　ちから

会話文 Ⓑ

- オープンキャンパス⑤[名] 校园开放活动、校园开放日
- 生命工学⑤[名] 生命工学
  せいめいこうがく

- 直接⓪[名・副・ナ形] 直接
  ちょくせつ
- 貧富①[名] 贫富
  ひんぷ

読解文

- 現れる④[自動Ⅱ] 显露、露出
  あらわ
- 応用⓪[名・他動Ⅲ] 应用、运用
  おうよう
- 学力②⓪[名] 学力、学习能力
  がくりょく
- 基礎①②[名] 基础
  きそ
- 現代社会⑤[名] 现代社会
  げんだいしゃかい
- 時点①⓪[名] 时刻、时候
  じてん
- 人材⓪[名] 人才
  じんざい
- 進路①[名] 去向、出路
  しんろ
- ターニングポイント⑥[名] 转折点、转机

- つく①②[自動Ⅰ] 就职、就任
- つながる⓪[自動Ⅰ] 系、连接；关系到、有关联
- 常に①[副] 经常、常常；总是、任何时候
  つね
- 適応⓪[名・自動Ⅲ] 适合、适应
  てきおう
- 適性⓪[名] 适应性
  てきせい
- 導入⓪[名・他動Ⅲ] 导入、引入
  どうにゅう
- 人間性⓪[名] 人性、人的本性
  にんげんせい
- 役立つ③[自動Ⅰ] 有用、起作用
  やくだ
- 目を向ける[表現] 关注、着眼
  め　む

文法と表現

- 印刷⓪[名・他動Ⅲ] 印刷
  いんさつ
- うわさ⓪[名・他動Ⅲ] 传闻、传言
- 大地震③[名] 大地震
  おおじしん
- 惜しい②[イ形] 可惜
  お
- 隠す②[他動Ⅰ] 隐藏、遮掩；隐瞒、掩盖
  かく
- 規則①②[名] 规则
  きそく
- 凍る⓪[自動Ⅰ] 冻、冻结、结冰
  こお
- 食品⓪[名] 食品
  しょくひん
- 処理①[名・他動Ⅲ] 处理
  しょり
- 素人①②[名] 外行、门外汉
  しろうと
- 酸っぱい③[イ形] 酸
  す

- 早退⓪[名・自動Ⅲ] 早退
  そうたい
- 捕まえる⓪[他動Ⅱ] 捉拿、捕捉
  つか
- 作り出す④⓪[他動Ⅰ] 开始做；造出、做出
  つく　だ
- 動物園④[名] 动物园
  どうぶつえん
- 解く①[他動Ⅰ] 解、解开；解答
  と
- 入国⓪[名・自動Ⅲ] 入国、入境
  にゅうこく
- ビザ①[名] 签证
- 布団⓪[名] 被子、褥子、被褥
  ふとん
- 訪問⓪[名・他動Ⅲ] 访问
  ほうもん
- 無駄⓪[名・ナ形] 徒劳、白费
  むだ
- 模試①/模擬試験③④[名] 模拟考试
  もし　もぎしけん

タスク＆アクティビティー

新出語彙

- **いとこ**②① ［名］堂兄弟姐妹、表兄弟姐妹
- **活躍**⓪ ［名・自動Ⅲ］活跃、显身手
  かつやく
- **機関**①② ［名］机关、组织、机构
  きかん

- **農業**① ［名］农业
  のうぎょう
- **立派**⓪ ［ナ形］出色、优秀、极好
  りっぱ

---

① 聴解【🎧 ✍ 🔊】

1）ジャーナリストが高校生に話をしています。高校生に勧めていることに〇を書きましょう。

（　　　　）外国の映画や音楽を楽しむ

（　　　　）農業体験をする

（　　　　）いろいろな人に出会う

（　　　　）いろいろなところへ行く

（　　　　）自分とは違う価値観を知る

2）話を聞いた高校生、田中さんが書いた日記です。（　　）に ☐ から言葉を選んで入れましょう。必要な場合は適当な形に変えてください。

プラス	ついで	悩む	機会	体験	ジャーナリスト	不安	価値観

　　今日は高校の先輩が学校に来て話をしてくれた。今は立派な（　　　　　　　　）として活躍している先輩も、高校生のときには受験について（　　　　　　　　）に思ったり（　　　　　　　　）りしていたそうで、ちょっとほっとした。

　　先輩は私たちにいろいろな（　　　　　　　　）をするように勧めた。外に行った（　　　　　　　　）にそこの歴史を調べたりすることや、（　　　　　）があれば外国にも行ってみることなどだ。いろいろな人に出会うこと、自分と違う（　　　　　　　）を知ることが、将来の（　　　　　　　　）になると言っていた。

　　先輩の話を聞いて気持ちが明るくなった。今までは受験に関係ないことは諦めなくてはと思っていたけど、そんなことはないんだ。これからはいろいろなことにチャレンジしようと思う。

3）会話文、読解文を参考にして、勉強、勉強以外でやってみようと思うことを書きましょう。
書いたら発表してください。

勉強	例　日本語で作文を書いて先生にチェックしてもらう。 ・ ・ ・
勉強以外	例　いろいろな人と友達になる。 ・ ・ ・

15

2 読解・ことわざ【 】

1）次の５人の話を読んで「　」のことわざの意味を考え、線で結びましょう。

例

作文を書いて先生にチェックしてもらう練習を１年続けたら、苦手だった助詞を間違えなくなりました。「**継続(けいぞく)は力(ちから)なり**」だと思います。

仕事は、大丈夫だと思っても間違いがないように何度も確認しながら進めます。「**石橋(いしばし)をたたいて渡(わた)る**」ことが大切なのではないでしょうか。

会社に入ったとき、先輩に「**聞(き)くは一時(いっとき)の恥(はじ)、聞(き)かぬは一生(いっしょう)の恥(はじ)**」だから、わからないことは何でも質問するように言われました。

いとこは子供のときから魚が大好きだった。よく釣りに行ったり、魚のことを本で調べたりしていたけど、今は大学で魚の研究をしているんだ。「**好(す)きこそものの上手(じょうず)なれ**」とはこのことだろうと思う。

12歳です。将来、国際機関で働きたくて４月から毎日ラジオで英会話を勉強し始めました。「**千里(せんり)の道(みち)も一歩(いっぽ)から**」なのではないでしょうか。

例　継続は力なり ○		○ 好きなことは自分で努力するのでうまくなる
石橋をたたいて渡る ○		○ 続ければ成功する
聞くは一時の恥、聞かぬは一生の恥 ○		○ 何かをする際には安全だと思っても十分注意する
好きこそものの上手なれ ○		○ わからないときに人に聞くのは恥ずかしくても聞いたほうがよい。知らないでいると一生恥ずかしい
千里の道も一歩から ○		○ 大きな仕事も、まず簡単にできることの実行から始まる

2）あなたの国のことわざを紹介しましょう。書いたらクラスメートに発表しましょう。

私の国には ＿＿＿＿＿＿＿＿＿＿＿＿＿＿＿＿＿＿＿＿＿＿＿＿＿

（あなたの国の言葉で）ということわざがあります。

これは ＿＿＿＿＿＿＿＿＿＿＿＿＿＿＿＿＿＿＿＿＿＿＿＿＿＿＿

＿＿＿＿＿＿＿＿＿＿＿＿＿＿＿＿＿＿＿＿＿＿＿＿＿＿＿＿＿＿＿

＿＿＿＿＿＿＿＿＿＿＿＿＿＿＿＿＿＿＿＿＿＿＿＿＿＿＿＿＿＿＿

という意味です。

15

第 **16** 課

一人暮らし

話しましょう！

1. あなたは今一人暮らしをしていますか。
2. 一人暮らしのいい点とよくない点は何だと思いますか。
3. あなたの国では、部屋を借りるとき、どんな手続きが必要ですか。
4. あなたは一人暮らしをするなら、どんな部屋を借りたいと思いますか。
   どうしてですか。
5. あなたは自分で料理をしたことがありますか。どんな料理ですか。

⇒ 説明文

　一人暮らしをしている詩瑶さんは真悠子さんに頼んで、日本の家庭料理を教えてもらうことになりました。味噌汁と肉じゃがの作り方を習いました。料理を教えてもらいながら最近の生活について報告したり、材料の切り方や料理で使う言葉を覚えたりして、詩瑶さんは充実した時間を過ごしました。

　夕食時には、詩瑶さんの部屋探しのことが話題になりました。アパートを借りるときの保証人、敷金や礼金などの制度についてわからないことが多かったこと、日本のアパートには家具や電気製品が付いていないことに驚いたことなどを話しました。また、張さんが参加しているインターンシップについても話しました。

💬 会話文 Ⓐ

真悠子：詩瑶ちゃん、久しぶり。元気だった？
　　　　一人暮らしはどう？

詩瑶　：一人暮らしを始めて半年以上になります
　　　　が、なかなか慣れなくて……。

真悠子：そう。何が一番大変？

詩瑶　：そうですね……。食事です。一人暮ら
　　　　しになってから、お弁当を買うことが多
　　　　くなりました。

真悠子：料理、嫌いだっけ？

詩瑶　：いいえ。嫌いというわけではないんです。
　　　　でも、勉強が忙しかったり、ダンスサー
　　　　クルで疲れたりすると、近くのコンビニ
　　　　やスーパーでお弁当を買って帰ることが
　　　　多いです。

真悠子：コンビニやスーパーは、小さいパックの
　　　　料理があって便利だからね。

詩瑶　：はい。それに、安くておいしいものがた
　　　　くさんあります。でも、やっぱり野菜が
　　　　足りないんです。

真悠子：一人暮らしだから仕方ないね。じゃ、始
　　　　めましょう。今日は日本の家庭料理の
　　　　味噌汁と肉じゃがの作り方を教えるね。
　　　　どちらも簡単でおいしい、そして体にい
　　　　い料理で、野菜もたくさん食べられるよ。

詩瑶　：肉じゃがは難しそうですが……。

真悠子：大丈夫。奈津美でも作れるぐらい簡単！

詩瑶　：えっ、そうなんですか！

真悠子：まず、肉じゃがを作りましょう。
　　　　そこにあるじゃがいもとにんじん、玉ね
　　　　ぎを口に入る大きさに切って。

詩瑶　：口に入る大きさ……、これぐらいですか。

真悠子：そうね。鍋に油を入れて、中火にして温

めて。熱くなったら、肉を炒めるよ。肉
の色が変わったらそこに野菜を入れて
……。

詩瑶　：はい、あっ、色が変わってきたから、野
菜を入れます。

真悠子：少し炒めたら、水と砂糖と酒としょうゆ
を入れて、弱火で20分から30分ぐらい
煮ればできあがり！

奈津美：わあー。いい匂い！　早く食べたい！

真悠子：5分ぐらい置いておくとおいしくなる
から、もう少し待ってね。私も子供の
とき待っていられなくて、よく母に「我
慢して」って言われたものだなあ。じゃ
あ、待っている間に味噌汁を作ろう。

詩瑶ちゃん、久しぶり。
元気だった?
一人暮らしはどう?

一人暮らしを始めて
半年以上になりますが、
なかなか慣れなくて……。

そう。
何が一番大変?

そうですね……。
食事です。

一人暮らしになってから、
お弁当を買うことが
多くなりました。

料理、嫌いだっけ?

いいえ。嫌いという
わけではないんです。

でも、勉強が忙しかったり、
ダンスサークルで疲れたり
すると、近くのコンビニや
スーパーでお弁当を買って
帰ることが多いです。

コンビニやスーパーは、
小さいパックの料理が
あって便利だからね。

はい。それに、
安くておいしいものが
たくさんあります。
でも、やっぱり野菜が
足りないんです。

一人暮らしだから仕方
ないね。じゃ、始めましょう。

今日は日本の家庭料理の
味噌汁と肉じゃがの作り方を
教えるね。

どちらも簡単でおいしい、
そして体にいい料理で、野菜も
たくさん食べられるよ。

肉じゃがは
難しそうですが……。

大丈夫。奈津美でも
作れるぐらい簡単!

えっ、そうなんですか!

まず、肉じゃがを
作りましょう。

そこにあるじゃがいもと
にんじん、玉ねぎを口に入る
大きさに切って。

口に入る大きさ……、
これぐらいですか。

そうね。鍋に油を入れて、
中火にして温めて。熱く
なったら、肉を炒めるよ。

肉の色が変わったら
そこに野菜を入れて……。

はい、あっ、
色が変わってきたから、
野菜を入れます。

少し炒めたら、水と砂糖と酒と
しょうゆを入れて、弱火で20分から
30分ぐらい煮ればできあがり!

わあー。いい匂い!
早く食べたい!

5分ぐらい置いておくと
おいしくなるから、
もう少し待ってね。
私も子供のとき
待っていられなくて、よく母に
「我慢して」って言われたものだなあ。

じゃあ、待っている間に
味噌汁を作ろう。

16

会話文B

次郎　：キッチンで楽しげに何かやっていたようだね。

真悠子：詩瑶ちゃんに、味噌汁と肉じゃがの作り方を教えていたの。

詩瑶　：一人暮らしを始めてから、コンビニ弁当ばかり食べるようになってしまったので、簡単な和食の作り方を教えていただいたんです。

次郎　：そう。これが詩瑶ちゃんが作った肉じゃがかな？　ちょっと食べてみるね。うん、おいしくできたね。

詩瑶　：そうですか。よかったです。

次郎　：大学の生活はどう？　楽しい？

詩瑶　：はい、楽しいです。今の部屋を借りるときにはいろいろお世話になり、ありがとうございました。

真悠子：日本は外国の人がアパートを借りるのが難しくて、大変だよね。

詩瑶　：はい。保証人制度だけじゃなくて、敷金とか礼金とかわからないことがたくさんありました。

次郎　：でも、いいところが見つかってよかった。

詩瑶　：はい。大学にも歩いて行けるし、近くにコンビニやスーパーもあって便利です。それに、１DKに住みたいと思っていたので、希望通りのところに住むことができて幸せです。

奈津美：１DKって何？

次郎　：DKはダイニングキッチンのことだから、１つの部屋とダイニングキッチンのあるアパートっていう意味だよ。

奈津美：へー。そうなんだ。部屋は洋室？　和室？　広い？

詩瑶　：洋室。広いとは言えないけど、１人で住むにはちょうどいいかな。

真悠子：アパートを見に行ったとき、部屋にテーブルや椅子などの家具が何もないことに、詩瑶ちゃんびっくりしていたね。

詩瑶　：はい。中国では普通、家具や家電が付いているので……。何もない部屋を見て驚きました。

次郎　：張さんとリサイクルショップに行って、家具をそろえたんだよね。

詩瑶　：はい。買った物は兄と兄の友達に手伝ってもらって、部屋まで運びました。

真悠子：張さんは元気？

詩瑶　：はい、元気です。兄は今、インターンをしているんです。

次郎　：さすが張さん。２年生からインターンを始めているんだね。仕事は大変そう？

詩瑶　：はい。最初はデータ入力などの単純な作業だったけど、最近は資料を作ったり、複雑な作業もしているらしいです。いろいろな国の人と一緒に働くことで、視野が広がってきたそうです。

次郎　：頑張っているんだね。教科書の勉強も大切だけど、人は経験から多くのことを学ぶものだからね。張さんも詩瑶ちゃんも、日本に留学していろいろ経験して、ますます成長しているってことだね。

奈津美：ねえ、詩瑶ちゃん、一緒にゲームしようよ。

真悠子：奈津美、やりかけの宿題があるでしょ、まずは宿題をやりなさい！

奈津美：はあい。

16

キッチンで楽しげに
何かやっていたようだね。

詩瑠ちゃんに、味噌汁と
肉じゃがの作り方を
教えていたの。

一人暮らしを始めてから、
コンビニ弁当ばかり食べるように
なってしまったので、簡単な和食の
作り方を教えていただいたんです。

そう。これが詩瑠ちゃんが
作った肉じゃがかな?
ちょっと食べてみるね。

うん、おいしくできたね。

そうですか。
よかったです。

大学の生活はどう?
楽しい?

はい、楽しいです。
今の部屋を借りるときには
いろいろお世話になり、
ありがとうございました。

日本は外国の人が
アパートを借りるのが
難しくて、大変だよね。

はい。保証人制度だけじゃなくて、
敷金とか礼金とか
わからないことがたくさん
ありました。

でも、いいところが
見つかってよかった。

はい。大学にも歩いて行けるし、
近くにコンビニや
スーパーもあって便利です。
それに、1DKに住みたいと
思っていたので、希望通りの
ところに住むことができて
幸せです。

1 DKって何?

DKはダイニングキッチンの
ことだから、1つの部屋と
ダイニングキッチンのある
アパートっていう意味だよ。

へー。そうなんだ。

部屋は
洋室?和室?広い?

洋室。
広いとは言えないけど、
1人で住むにはちょうど
いいかな。

アパートを見に行ったとき、
部屋にテーブルや椅子などの
家具が何もないことに、
詩瑠ちゃんびっくりしていたね。

カラ〜ン

はい。中国では普通、
家具や家電が付いているので……。
何もない部屋を見て
驚きました。

張さんとリサイクルショップに
行って、家具をそろえたんだよね。

はい。買った物は兄と
兄の友達に手伝ってもらって、
部屋まで運びました。

張さんは元気?

はい、元気です。
兄は今、インターンを
しているんです。

さすが張さん。
2年生からインターンを
始めているんだね。
仕事は大変そう?

はい。最初はデータ入力などの
単純な作業だったけど、最近は
資料を作ったり、複雑な作業も
しているらしいです。

いろいろな国の人と
一緒に働くことで、視野が
広がってきたそうです。

頑張っているんだね。

教科書の勉強も大切だけど、
人は経験から多くのことを
学ぶものだからね。

張さんも詩瑠ちゃんも、
日本に留学していろいろ
経験して、ますます
成長しているってことだね。

ねえ、詩瑠ちゃん、
一緒にゲームしようよ。

奈津美、やりかけの宿題が
あるでしょ、まずは宿題を
やりなさい!

はあい。

読解文

日本で部屋を借りる

日本に留学して、まずしなければならないことの一つが自分の住む部屋を探すことです。

部屋を借りるとき何が大事だと思うかは人によって違います。広さ、学校までの距離、日当たり、家賃などいろいろあると思いますが、中でも大事なのは通学にかかる時間ではないでしょうか。もし、学校から遠い部屋を借りたとしたら、通学で疲れてしまって勉強に集中できないからです。

日本には独特の「部屋を借りるシステム」があります。日本の部屋を借りる制度を知ってからでなければ、不動産屋で契約するのは難しいので、不動産屋に行く前に日本人の友人や学校の先生に相談しましょう。

1.「敷金」
部屋を借りるとき、「敷金」といってだいたい家賃の1か月から2か月分の金額を払います。これは、部屋を出るときに返してもらえるお金です。しかし部屋に住んでいる間に、部屋を汚してしまったり、壊してしまったりして修理が必要になったら、借りる前の状態に戻すためのお金が必要になります。その場合、「敷金」から修理に使ったお金が引かれます。関西では「敷金」のことを「保証金」という場合もあります。

2.「礼金」
家賃の1か月分くらいの金額をオーナーに払う制度です。これは日本的な習慣でオーナーに「部屋を貸してもらうお礼」に払うものです。部屋を出るときも払ったお金は返ってきません。

3.「保証人」
日本で家や部屋を借りる場合は「保証人」が必要です。しかし、日本の生活に慣れてからでないと、「保証人」になってくれる人を探すのは大変です。留学生の中には「日本に来たばかりで保証人なんて見つかるわけがない」と思う人もいるかもしれません。それで、最近は「保証会社」を利用して部屋を借りる留学生も増えています。

4.「保証会社」
家を借りるときに保証人が見つからなかったら、保証会社がかわりに保証してくれます。その場合、保証会社に保証料を払う必要があります。

外国人が日本で部屋を探すときには保証人が見つからない、最初にかかる費用が高くて大変などいろいろな問題があるかもしれません。しかし、最近は外国人向けの不動産会社も増えていますし、敷金礼金ゼロ、つまり払わなくてもよいという部屋も多くなっています。不動産屋の説明をしっかり聞いてよく理解してから、契約しましょう。

16

✓ 理解度チェック

① 選びましょう。

1. 詩瑶さんは一人暮らしを始めて＿＿＿＿＿以上になりますが、まだ慣れていません。

① 1年半　　　② 1年　　　③ 半年　　　④ 5か月

2. 詩瑶さんは一人暮らしで一番大変なのは＿＿＿＿＿だと思っています。

① 食事　　　② お弁当作り　　　③ 通学　　　④ アパート探し

3. 真悠子さんは詩瑶さんに日本の家庭料理の＿＿＿＿＿の作り方を教えました。

① 味噌汁とカレー　　② うどんと肉じゃが　　③ 肉じゃがと味噌汁　　④ ハンバーグと豚汁

4. 肉じゃがの材料は、肉と＿＿＿＿＿です。

① じゃがいもと玉ねぎ　　　② じゃがいもとにんじん

③ にんじんと玉ねぎ　　　④ じゃがいもとにんじんと玉ねぎ

5. 詩瑶さんが今住んでいるアパートは＿＿＿＿＿で、大学にも歩いて行けるし、近くにコンビニやスーパーもあってとても便利です。

① 1LDK　　　② 1DK　　　③ 1K　　　④ 2LK

② 本文の内容に合っていたら〇を、違っていたら×を書きましょう。

1. (　　　) 肉じゃがは簡単でおいしいし、体にいい料理ですが、野菜が少ない料理です。

2. (　　　) 日本では、外国の人もアパートを借りるのが簡単です。

3. (　　　) できあがった肉じゃがは、すぐ食べたほうがおいしいです。

4. (　　　) 肉じゃがの作り方は、まず肉を炒めて、肉の色が変わったらそこに野菜を入れて、水と砂糖と酒としょうゆを入れて、弱火で20分から30分ぐらい煮ます。

5. (　　　) 1DKとは、1つの部屋とダイニングキッチンという意味です。

③ 書きましょう。

1. 詩瑶さんは料理が＿＿＿＿＿＿＿わけではないんですが、＿＿＿＿＿＿＿＿＿＿＿＿＿＿＿＿＿＿＿＿＿＿＿＿＿＿＿＿すると、近くのコンビニやスーパーでお弁当を買って帰ることが多いです。

2. 肉じゃがは＿＿＿＿＿でも＿＿＿＿＿ぐらい簡単だと、真悠子さんは詩瑶さんに言いました。

3. 真悠子：奈津美、＿＿＿＿＿＿＿宿題があるでしょう。＿＿＿＿＿＿宿題をやりなさい！

4. 真悠子さんと詩瑶さんたちは＿＿＿＿＿＿＿で＿＿＿＿＿＿げに料理を作っていました。

5. 真悠子：私も子供のとき、「＿＿＿＿＿＿＿＿＿＿＿」って、よく母に言われたものだな。

④ 本文を読んで答えましょう。

1. 日本に留学して、まずしなければならないことは何ですか。

2. 部屋を探すとき、通学にかかる時間を大事だと思うのはなぜですか。

3. 日本で家を借りるとき、家賃のほかにどんなお金が必要ですか。

4. 日本で家や部屋を借りる場合は、お金のほかに何が必要ですか。

5. 部屋を借りるときに利用できる「保証会社」とは、どのような会社ですか。

16

📖 文法と表現

1 普通形（NAだな・である／Nだの・な・である）＋わけではない
普通形（NA(だ)・N(だ)）＋というわけではない

> 例 料理ができない**というわけではありません**。
> 　　　　V普
>
> スポーツが嫌いだ**というわけではない**が、あまりしない。
> 　　　　　　NAだ

- 外国に住んでも、必ずその国の言葉が上手になるわけではない。
- 野菜は体にいいから食べるが、好んで食べているわけではない。
- 彼とは時々話しますが、特に親しいというわけではありません。
- この食べ物は独特な匂いがしますが、臭いわけではありません。
- ここは駅から10分くらい歩くが、不便なわけではない。
- 梅雨の間は雨の日が多いが、毎日雨というわけではない。

2 普通形（NAだな・である／Nだの・である）＋わけがない／わけはない

> 例 全然勉強しないで、試験に合格する**わけがありません**。
> 　　　　　　　　　　V普
>
> この服が本当にブランド品だったら、こんなに安い**わけはない**と思います。
> 　　　　　　　　　　　　　　　　A普

こんなに大きい船が沈むわけがない。

Joseph Bruce Ismay
1862〜1937
タイタニック号の所有者

- こんなに大きい船が沈むわけがない。
- 人気があるレストランだからおいしくないわけがない。
- 彼はカラオケによく行くし、歌が嫌いなわけがないです。
- A：Cさんは明日暇かな？
  B：Cさんは明日試験なんだから、暇なわけはないよ。
- A：あれ？　あそこにいるのはお父さん？
  B：今会社にいる時間だから、お父さんのわけがないよ。

「〜（という）わけではない」表示对某事的成立进行部分否定。可译为"并不都……""并不是……"。

「わけではない」前面接句子的简体形式（ナ形容词句把「だ」变成「な」或「である」，名词句去掉「だ」接「の／な／である」）。

「というわけではない」前面接句子的简体形式（ナ形容词句和名词句也可以把「だ」去掉）。

「〜ない（という）わけではない」表示部分肯定。可译为"也不是不……"。

句子的简体形式（ナ形容词句把「だ」变成「な」或「である」，名词句去掉「だ」接「の／である」）接「わけがない／わけはない」，表示说话人的主观判断，认为某事没有合理成立的理由。可译为"没有理由……""当然不能……""不可能……"。

3 　N（助詞）でも

例　この問題を解くのは**大人でも**難しい。
　　　　　　　　　　　N

　　　この国の人はバスや電車で**隣になった人にでも**気軽に話しかけてきます。
　　　　　　　　　　　　　　　N（助詞）

- こちらの家は冬でも暖かい造りになっております。
- 富士山の山頂は夏でも涼しい。
- この小説は言葉が難しくないので、子供でも読みやすい。
- あまりの寒さで、南極ではバナナででも釘が打てます。

名词或名词接助词的形式接「でも」表示举出成立的可能性较低的事例，暗含其他事例也全部符合所述情况。可译为"（甚至）连……"。

4 　普通形（NAだな/Nだ）＋くらい/ぐらい 〈限定・最低限〉

例　少し**歩いたぐらい**で疲れたと騒ぐのはやめなさい。
　　　V普

　　　自分の部屋ぐらい自分で掃除しなさい。
　　　　　N

- 1回失敗したくらいで諦めるな！
- ちょっと寒いくらいがちょうどいい。
- ちょっと買い物が不便なくらい、大丈夫だよ。ここは家賃も安いし、大学からも近いし。
- 人に会ったときは、あいさつぐらいしましょう。

句子的简体形式（ナ形容词句把「だ」变成「な」，名词句把「だ」去掉）接「くらい/ぐらい」提示程度低的事例。可译为"至少……、最起码……、只不过……"。

16

5 　Vた＋ものだ

例　子供の頃、よく風邪を**ひいたものだ**。
　　　　　　　　　　　Vた

子供の頃、よく風邪をひいた ものだ。

动词た形接「ものだ」表示回忆，含有怀念、感慨的感情。「～ものだ」通常不译出来。

- 小学生のとき、よく兄とけんかをして叩かれたものだ。
- 昔、駅前の本屋さんによく行ったものだ。
- 受験勉強していた頃、この歌をよく聞いていたものだ。
- 小さいとき、よく近所の川に木の葉で作った船を流したものだ。

6　V辞／Vない／A／NAな＋ものだ・ものではない
〈物事の本質・忠告〉

例　休むときは、連絡する<u>ものだ</u>。
　　　　　　　　　　V辞

　　誰でも残業は嫌な<u>ものだ</u>。
　　　　　　　　　NAな

- 人は見かけではわからないものだ。
- 年をとると、体が弱くなるものだ。
- 電車の中ではお年寄りに席を譲るものだ。
- 人の悪口を言うものではない。
- 年上の人にそんな言い方をするものではない。

动词的基本形、ない形、イ形容词的基本形、ナ形容词词尾「だ」变成「な」的形式接「ものだ」，表示事物本来的性质、倾向或者大家都认同的一般社会性常识。也可用于提醒和忠告。表示事物的本质时可以不译，表示一般社会性常识或者忠告时，可以译为"理应、应该……"。

否定的表达方式有「～ないものだ」「～ものではない」两种，前者表示"不……是常识或理所应当的"；后者表示"不应该，不可以……"。

7　Aい／NA＋げ

例　彼女は寂し<u>げ</u>に、１人で公園のベンチに座っていました。
　　　　　　Aい

　　彼は得意<u>げ</u>な顔で、お母さんにテストの結果を見せました。
　　　　　　NA

彼は得意げな顔で、お母さんに
テストの結果を見せました。

なぜ得意げ
なのかなあ

イ形容词和ナ形容词的词干接「げ」表示人物、动物呈现出的样子、状态。前面接表示人的心情、样子的形容词，是略带有古语色彩的表达方式。可译为"看着、看上去……"。

- 真悠子さんはキッチンで楽しげに詩瑶さんに料理を教えています。
- 怪しげな人が家の周りを歩いています。
- そのニュースを聞いて、彼は不安げな顔をした。
- Ａ：あの犬、迷子になったのかなあ？
  Ｂ：わからない。でも悲しげな目でこっちを見ているね。

8　Vますかける／Vますかけの＋N

① ～している途中

例　剛士さんは何かを<u>言いかけて</u>、どこかへ行ってしまった。
　　　　　　　　　　Vます

　　テーブルの上に<u>飲みかけ</u>のお茶が置かれている。
　　　　　　　　　Vます　　　　N

动词ます形去掉「ます」的形式接「かける／かけのN」具有以下两种用法：

①表示动作、变化开始后进行到中途，没有结束。可以译为"没……完"，例如"没说完""没喝完""没写完"。

- 父はネクタイを外しかけたまま、着替えずに寝てしまった。
- 彼女は彼の手を握ろうと手を伸ばしかけたが、彼はその手を避け、向こうを向いてしまった。

16

■近所に崩れかけた家がある。

■書きかけのレポートは本日中に仕上げるつもりです。

■風邪が治りかけのときは無理をしないようにね。

② ～しそうになる（直前）

> 例　彼女は小さい頃、車の事故で<u>死にかけた</u>そうだ。
> 　　　　　　　　　　　　　Vます

■スマホを見ながら歩いていたら、階段から落ちかけた。

■合格は無理だと諦めかけたが、友達や先生に応援されて最後まで頑張った。

■忘れかけていたが、今日は母の誕生日だ。

②表示某事即将发生。通常「～かける」用た形，表示差一点就发生，实际上没有发生的事情，可译为"差一点就……"。

9　普通形＋としたら

> 例　ここから<u>歩くとしたら</u>、駅までどのくらいかかりますか。
> 　　　　　　V普
>
> 彼の情報が<u>本当だとしたら</u>、大変なことです。
> 　　　　　　N普

■外国に行けるとしたら、どこへ行きたいですか。

■小学生の子供を2人養うとしたら、1年にいくらくらい必要ですか。

■もし、留学しなかったとしたら、私の成功はなかったです。

■こちらの数字が正しいとしたら、あちらの資料が間違っています。

■この日が無理だとしたら、今月はたぶん会えないだろう。

■明日雨だとしたら、試合は中止になるかもしれません。

句子的简体形式接「としたら」表示假设。需要注意的是，表示反事实假设时，前面要用た形，表示结果的句子也要用た形。可译为"假设……""如果、要是……的话"。

10　Vて／N＋からでないと／からでなければ
※Nは時間に関係するもの

> 例　20歳に<u>なってからでないと</u>、お酒を飲むことができません。
> 　　　　　　　Vて
>
> 今日は<u>午後からでないと</u>、外出できません。
> 　　　　　N

■チケットを買ってからでないと、入ることができません。

■旅行の予定は友達に聞いてからでなければ、決められません。

■A：まだ帰らないんですか。

　B：この資料をコピーしてからでないと帰れないんです。

■A：この靴が欲しいんだ。

　B：いいね。でも実際にはいてみてからでないと、サイズが合うかわからないよ。

■A：来週のパーティー、出席できますか。

　B：はい。ただ、18時からでなければ出席できないんです。

动词的て形、表示时间的名词接「からでないと／からでなければ」用来规定事情的起点，表示前项动作没完成或前项时间没到达的话，后项就没办法开始。后项通常接「～ことができない」或者动词可能形的否定形式。句子通常可译为"不到……，不能……""不先……，不能……"。

新出語彙

説明文

● 敷金②[名] 押金
しききん

● 製品⓪[名] 制品
せいひん

● 肉じゃが⓪[名] 日式土豆炖肉
にく

● 報告⓪[名・他動III] 告知、通知；汇报
ほうこく

● 保証人⓪[名] 保证人、担保人
ほしょうにん

● 礼金⓪[名] 礼金、酬金
れいきん

会話文Ⓐ

● 油⓪[名] 油
あぶら

● 炒める③[他動II] 炒
いた

● 仕方ない④[イ形] 没有办法、无可奈何
しかた

● 中火⓪[名] 中火
ちゅうび

● できあがり⓪[名] 完成、做出来

● パック①[名・他動III] 盒、包；包装、打包

● 弱火⓪[名] 文火、微火
よわび

会話文Ⓑ

● 家電⓪[名] 家电
かでん

● ショップ①⓪[名] 店、商店

● そろえる③[他動II] 备齐、凑齐

● ダイニングキッチン/ＤＫ⑥[名] 厨房兼餐厅、厨房餐间
ディーケイ
(dining＋kitchen)

● 単純⓪[名・ナ形] 单纯、简单
たんじゅん

● 洋室⓪[名] 西式房间
ようしつ

● 和室⓪[名] 日式房间
わしつ

● 世話になる [表現] 受人帮助
せわ

読解文

● オーナー①[名] 所有者、物主

● 返る①[自動I] 返回、还原
かえ

● 契約⓪[名・他動III] 契约、合同
けいやく

● 状態⓪[名] 状态
じょうたい

● 独特⓪[ナ形] 独特
どくとく

● 日当たり⓪[名] 采光、阳光
ひあ

● 不動産②⓪[名] 房地产、不动产
ふどうさん

● ～分[接尾] 分量；份儿
ぶん

● 保証⓪[名・他動III] 保证、担保
ほしょう

● 保証金⓪[名] 保证金、担保金
ほしょうきん

文法と表現

● 怪しい⓪③[イ形] 可疑、样子奇怪的
あや

● 外出⓪[名・自動III] 外出
がいしゅつ

● 釘⓪[名] 钉、钉子
くぎ

● 臭い②[イ形] 臭
くさ

● 崩れる③[自動II] 崩塌、倒塌
くず

● 好む②[他動I] 喜欢、热爱
この

● 避ける②[他動II] 躲避、避开
さ

● 支える⓪③[他動II] 支撑、维持
ささ

● 仕上げる③[他動II] 做完、完成
しあ

● 沈む⓪[自動I] 沉、下沉；(太阳、月亮等)落、降
しず

● 叩く②[他動I] 敲、打、拍
たた

● 造り③[名] 建造、结构
つく

● 梅雨⓪[名] 梅雨
つゆ

● 流す②[他動I] 使流动、冲走
なが

● 握る⓪[他動I] 握、抓、攥
にぎ

● 伸ばす②[他動I] 伸开、拉直；增长(才能、能力等)
の

● 外す⓪[他動I] 解开、取下、摘下
はず

● ベンチ①[名] 长椅、长凳

● 見かけ⓪[名] 外表、外观
み

● 向く⓪[自動I] 向、朝、对
む

● 養う③⓪[他動I] 养育、抚养；照料、照管
やしな

● 譲る⓪[他動I] 转让、让给
ゆず

● 悪口②[名] 坏话
わるぐち

● 南極⓪[固] 南极
なんきょく

タスク＆アクティビティー

新出語彙

- **ＬＤＫ⑤**［名］一个空间融合了客厅、厨房和餐厅(living+dining+kitchen)
  エルディーケイ
- **腐る②**［自動Ⅰ］腐烂；腐臭
  くさ
- **シェアハウス③**［名］合租房
- **ソファー①**［名］沙发

- **登場人物⑤**［名］出场人物
  とうじょうじんぶつ
- **ひどい②**［イ形］残酷的；严重的；恶劣的
- **ワンルーム③**［名］(房屋格局)一个房间包含卧室和厨房
- **迷惑をかける**［表現］添麻烦
  めいわく

---

1 聴解【 🎧 ✍ 】

1）会話を聞いて、内容が合っていたら〇を、違っていたら×を書きましょう。

（　　　）香織さんは昨日、10時に帰って、お父さんに叱られた。

（　　　）昨日の晩、香織さんは家の手伝いをしなかったので、お父さんに叱られた。

（　　　）ハインさんも、夜遅く家に帰って、両親に叱られたことがある。

（　　　）香織さんはワンルームは狭いと思っている。

（　　　）ハインさんは寂しいので、シェアハウスに住みたいと思っている。

2）あなたは次の中のどの部屋に住んでみたいと思いますか。それはどうしてですか。理由も書きましょう。

a.ワンルーム
（15m²・6万円）

b.1DK
（25m²・10万円）

c.シェアハウス
（個室10m²・8万円）

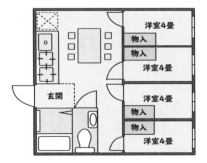

私は〈1〉_____に住みたいと思います。

【理由】

〈1〉_____のいいところは_____です。

もちろん〈1〉_____にも_____

というよくないところがありますが、私は_____

_____ので、〈1〉_____に住みたいと思います。

2 読解・劇【◈ ✓ ✑】

1）クラスで劇を作っています。 ☐☐☐☐ から言葉を選んで、〈　　　　かけ〉、【　　　げ】を使って書きましょう。

楽しい　悲しい　苦しい　飲む　書く　言う　食べる　腐る　読む

〈登場人物〉**学生A**：田中、**学生B**：佐藤、**学生C**：山田

説明の文：シェアハウスのリビングルームに学生Cが【　　　　　　　　げ】な様子で入ってくる。

学生A　：どうしたの？

学生C　：お腹が痛いんだ。昨日の晩ご飯が悪かったのかもしれない。ちょっと変な匂いがしたから、〈　　　　　　　かけ〉ていたのかもしれない。

学生B　：何を食べたの？

学生C　：おととい作ったカレー。

学生B　：ちゃんと冷蔵庫に入れておいた？　山田くんはよく〈　　　　　　　かけ〉の料理や〈　　　　　　　かけ〉の牛乳をテーブルの上に置いたままにして出かけちゃうでしょう？

学生A　：そうそう。山田くんはもっとちゃんとしたほうがいいよ。〈　　　　　　　かけ〉の新聞や〈　　　　　　　かけ〉のレポートをソファーの上に置いたままにして片づけないから、みんな迷惑しているんだよ。リビングルームは山田くん1人のリビングじゃないんだから。キッチンの壁に貼ってあるシェアハウスのルールを守らなくちゃ。

学生C　：えーっ、みんなひどいな。田中くんだって、佐藤くんだって……。

説明の文：学生Cは何か〈　　　　　　かけ〉て、やめてしまった。2人から強く注意されて元気がなくなった学生C。【　　　　　　げ】な学生Cの様子を見て、学生BとAが謝る。

学生B　：ごめん。ちょっと言いすぎた。僕も時々使ったコップを片づけないときがあるし、夜遅く大きな音で音楽聞いて注意されたことあるし。

学生A　：僕も悪かった。ごめん。山田くんだけが悪いというわけじゃないよね。僕もリビングの電気をつけたまま出かけちゃったことがあるし、リビングのソファーで寝ちゃったこともあるし。

学生C　：ううん。そんなに迷惑をかけてたなんて、僕、全然気がつかなかった。これから気をつけるよ。

学生A　：あっ、お腹はまだ痛い？　薬を飲んだら？

学生C　：2人に怒られたら、治っちゃったみたい。

学生A,B：よかったね。

学生A　：話は変わるけど、来週みんなでキャンプに行かない？

学生B　：いいね。行こう！

学生C　：うん、行こう！　川で魚釣ったり、バーベキューしたりしよう！

説明の文：【　　　　　　　　げ】に話し合う学生たち。

2）4人グループで、説明の文を読む人、学生A、学生B、学生Cの台詞を読む人になって、読んでみましょう。

応用文：手紙・メール・便箋

应用文是我们在日常生活中处理各种事务时经常使用的一种实用性的文体，例如书信或邮件等，都属于应用文的范畴。应用文是人际交往中必不可少的重要文体，准确、流畅、合理地写作可以保证人们日常生活和工作的正常运转。用日语书写应用文，需要了解其固定的格式及写作习惯。

①书信的写作

日语的书信格式较为传统和固定，需要严格按照规定的格式进行书写。

例　以下是大学毕业刚就职不久的中国留学生李华写给大学老师——田中老师的一封信。李华在信中汇报其自身近况，并对田中老师在自己就职期间给予的帮助表示感谢。

❶ 田中先生

❷ 拝啓

❸ 　新緑が気持ちの良い季節になりました。田中先生におかれましてはいかがお過ごしでしょうか。

❹ 　就職の際は大変お世話になり、ありがとうございました。おかげさまで社会人生活にも少しずつ慣れてきたところです。仕事の方はまだまだ学ぶことばかりですが、まだ入社二か月目、焦らずに一歩ずつ進んでいきたいと思っています。
　今日はお礼と近況報告を兼ねてお便りをさせていただきました。学校で学んだことや卒論で取り組んだことは、必ず仕事の上でも活かしていくことができると思っています。

❺ 　どうかこれからも変わらぬご指導をよろしくお願い申し上げます。季節の変わり目ですので、どうぞお体にお気をつけください。

敬具

❻ 　　2023年5月10日

❼ 李華

❶称呼顶格写。

❷另起一行顶格写日语中所说的「頭語」，一般写「拝啓」两个字。

❸另起一行空一格写问候语，一般内容为体现季节特色的惯用表达以及对对方的问候。

❹接下来写正文部分，每一段起始均空一格。

❺正文结束后写结束语。结束语一般为对对方的祝福、祝愿等。结束语写完后，另起一行靠右空
一格写「敬具」两个字。

❻另起一行空两格写日期。

❼另起一行靠右空一格署名。

②邮件的写作

　　　现代生活中很多场合都需要用到邮件。用日语书写邮件通常有较为固定的格式，需要按照格式将各类要素书写完整。

例　以下是小张在收到实习面试合格通知后给对方回复的邮件。

❶ バリューワン株式会社
　　人事部
　　木村和雄様

❷ メールをいただき、ありがとうございます。

❸ この度は、貴社のインターンシップへの参加を受け入れていただき、ありがとうございます。
これから一生懸命に頑張ります。そして、少しでも多くのことを学びたいと思います。

❹ どうぞよろしくお願いいたします。

❺ 張　辰宇（チョウ　シンウ）
　　○○大学　政治経済学部政治学科
　　TEL：000-0000-0000
　　Mail：zhangchenyu@***.com

❶首先写收件人，一般按照"公司名、部门名、人名、职务"的顺序写。

❷接下来写寒暄语。

寒暄语常用例子：お世話になっております。

ご連絡ありがとうございます。

ご無沙汰しております。

❸另起一段写邮件正文。

❹正文结束后另起一行写结语。

结语常用例子：よろしくお願いいたします。

今後とも、どうぞよろしくお願いいたします。

何卒よろしくお願い申し上げます。

❺最后写上发件人信息。一般会写上自己的姓名、公司及部门名（学校及专业名）、电话、邮箱等。

③ 便条的书写

便条通常用于向别人传达或转达某些信息，在书写时没有硬性规定的格式，但需要注意将时间、地点、人物、事件等要点简洁、准确地写清楚。

例　李华是一名正在日本人家短期寄宿（ホームステイ）的留学生，房东田中太太现在不在家，李华在外出时给田中太太留了一个便条，告知的内容如下：

❶晚上6点之前回来。

❷房东交办的去图书馆还CD和去超市买西红柿、白菜、葱这两件事均已办妥。蔬菜已经放入了冰箱。

❸有个叫山口的人来电话说原定明天中午一起吃饭的事因故取消，并且已经通知了其他相关人员，晚上会再打电话过来。

田中さんへ

　李華です。ちょっと用事で出かけますが、午後6時までに帰ります。

　頼まれたことについてですが、図書館に行ってCDを返しました。スーパーにも行き、トマトと白菜とねぎを買ってきました。冷蔵庫に入れてあります。

　そして、山口さんという方から電話がかかってきました。明日の昼食の予定ですが、急なご都合のため中止になったそうです。あと、ほかの方々にもすでにお伝えしたので、ご安心くださいとのことでした。夜もう一度電話をくださるそうです。

　以上です。行ってきます。

　2022年11月20日

　　　　　　　　　　　　　　　　　　　　　李華

第 17 課

お見舞い

話しましょう！

1. あなたは救急車を呼んだことがありますか。
2. あなたは入院したことがありますか。
3. あなたの国では、お見舞いのときどんなものを持っていきますか。
4. あなたの国では、お見舞いに持っていってはいけないものがありますか。
5. 日本の医療制度について、何か知っていますか。どんなことですか。

⇒ 説明文

　李さんは大学での授業が終わった後、立ち上がれないほどお腹が痛くなりました。一緒にいた張さんが救急車を呼び、李さんは病院へ運ばれました。診断の結果、李さんは急性虫垂炎であることがわかり、すぐに手術することになりました。保険証を持っていなかったため、張さんが李さんの自宅に保険証を取りに行きました。

　数日後、張さん、剛士さん、詩瑶さん、葵さんは李さんのお見舞いに行きました。李さんは手術直後はトイレに行くこともできず大変でしたが、順調に回復しています。入院生活について話したり、みんながお見舞いの品を渡したりしました。

会話文 Ⓐ

張：李さん、授業が終わったから昼ご飯を食べに行こうか……、どうしたの?! 李さん！

李：うう。お腹が痛い……。

張：えっ、急に痛くなったの？

李：授業中ずっと我慢していたんだけど、終わったら痛みが激しくなって……。

張：どうしてそんなに我慢してたの？

李：先生が試験についての大事な話をしていたから、途中で教室を出るわけにはいかないと思って……。うう。

張：じゃ、今から病院へ行こう！

李：うう。歩くの無理かも……。

張：わかった。じゃ、救急車呼ぶね。

● ● ● ● ●

（数分後、救急隊員が到着）

張　　　：すみません。こちらにお願いします！

救急隊員：お名前と年齢をお願いします。

李　　　：イソンウです。20歳です。

救急隊員：どこが痛みますか。

李　　　：お腹……、右の下の方です。

救急隊員：いつ頃から痛みがありましたか。

李　　　：3日ぐらい前から痛くなったり、治ったりしていたので、ちょっと様子を見ていました。今日は、朝から少し痛みがあったんですが、さっき急に歩けないぐらいの痛みになって……。

救急隊員：持病やかかりつけの病院、普段飲んでいる薬などがありますか。

李　　　：いいえ、ありません。

救急隊員：それでは、今から、病院に運びます。

張　　　：僕も一緒に行きます。

救急隊員：あなたは？

張　　　：友人です。

● ● ● ● ●

医師　　：急性虫垂炎です。もう少し病院へ来るのが遅かったら、虫垂に穴があいてしまうところでしたよ。今からすぐに手術をしなければなりません。

李　　　：はい、わかりました。お願いします。

看護師：留学生とのことですが、国民健康保険に入っていますか。

李　　　：はい、入っていますが、今、保険証を持っていません。

看護師：保険証がないと、手術代や入院費の全額を支払わなければなりません。保険証があれば、3割でいいのですが……。

李　　　：こんなときに限って持ってない……。張さん、悪いんだけど、保険証を家まで取りに行ってくれる？

張　　　：うん、いいよ。すぐ取ってくるね。

李さん、授業が終わったから
昼ご飯を食べに行こうか……、

どうしたの？！
李さん！

うう。
お腹が痛い……。

えっ、急に
痛くなったの？

どうしてそんなに
我慢してたの？

授業中ずっと
我慢していたんだけど、
終わったら痛みが
激しくなって……。

先生が試験についての
大事な話をしていたから、
途中で教室を出るわけには
いかないと思って……。

うう。

じゃ、今から
病院へ行こう！

うう。
歩くの無理かも……。

わかった。
じゃ、救急車呼ぶね。

ピーポー

ピーポー

すみません。
こちらにお願いします！

お名前と年齢を
お願いします。

イソンウです。
20歳です。

どこが痛みますか。

お腹……、
右の下の方です。

いつ頃から
痛みがありましたか。

持病やかかりつけの病院、
普段飲んでいる薬などが
ありますか。

3日ぐらい前から痛くなったり、
治ったりしていたので、
ちょっと様子を見ていました。
今日は、朝から少し痛みが
あったんですが、さっき急に
歩けないぐらいの痛みになって……。

いいえ、
ありません。

それでは、今から、
病院に運びます。

あなたは？

僕も一緒に
行きます。

友人です。

急性虫垂炎です。

今からすぐに手術を
しなければなりません。

もう少し病院へ来るのが
遅かったら、虫垂に穴が
あいてしまうところでしたよ。

はい、わかりました。
お願いします。

留学生とのことですが、
国民健康保険に入っていますか。

保険証がないと、
手術代や入院費の全額を
支払わなければなりません。
保険証があれば、
3割でいいのですが……。

はい、入っていますが、
今、保険証を持っていません。

こんなときに限って
持ってない……。

張さん、悪いんだけど、
保険証を家まで取りに
行ってくれる？

うん、いいよ。
すぐ取ってくるね。

17

247

💬 会話文B

剛士・葵：李さん、こんにちは。

李　　：わあ！ 来てくれたんだ、うれしい！

詩瑶　：李さんが入院したって兄から聞いてびっくりしちゃった。どうですか、まだ痛みはありますか。

李　　：だいぶ痛みはなくなったんだけど、立つときにお腹に力を入れたり、笑ったりすると少し痛いかな。昨日は、テレビを見て笑って痛がっているところに看護師さんが来て、ちょっと恥ずかしかったよ。

葵　　：じゃ、今日は、笑わせないようにしないと。

李　　：ううん、大丈夫だよ。

剛士　：入院しているって聞いたから、動くこともできないぐらい大変な姿を想像していたんだ。思っていたより顔色もいいし、元気そうだね。

李　　：手術直後はトイレにも行けなくて大変でしたが、今はリハビリのためにできるだけ動くようにしています。

葵　　：手術の後は、歩いたほうが回復が早いって聞いたことがある。

李　　：外には出られないから、病室の前の廊下を行ったり来たりして、少しずつ歩く練習をしている。

剛士　：病院の食事はどう？

李　　：ご飯、味噌汁、おかず、それにサラダとデザートが付いているから、家よりずっとバランスがいい食事をしていると思います。それに、おいしいんですよ。

剛士　：病院食はバランスがいいのは当然だけど、デザートまで付いているんだ。すごい！

張　　：順調に回復しているようで、よかった。

李　　：今回は、張さんには本当に感謝しているんだ。保険証を取りに行ってもらったり、必要なものを届けてもらったりしてすごく助かっている。

張　　：友達として、当然のことをしているだけだよ。あっ、そうだ。今日は頼まれていたスマホの充電器を持ってきたよ。

李　　：ありがとう。入院生活にスマホは必需品だからね。
　　　　ここで、みなさんに質問です。入院のとき、病室に何か1つしか持っていけないとします。何を持っていきますか？

剛士：僕はギター！

葵　　：やっぱりスマホかな。

李　　：そうだよね。スマホがあれば、本を読んだり、音楽を聞いたり、ゲームもしたりできるよね。

張　　：それに、動画も見られるし、SNSも使えるから、スマホが1台あれば、入院生活も楽しく過ごせるというわけだね。

葵　　：小説もスマホで読めるけど、私は紙の本を読むほうが好き。今日は、お見舞いに本を持ってきたから、よかったら読んで。

李　　：ありがとう。僕も紙の本のほうが好きだな。スマホで読むと、目が疲れるし……。

詩瑶：私は「ハーバリウム」を持ってきたんです。

剛士：「ハーバリウム」？

詩瑶：瓶に植物と特別な油を入れたものです。ネットの説明では、枯れないし、お花の色もずっと変わらないとのことなんです。退院してからも飾れると思って、これにしました。

李　　：ありがとう。わあ、きれいだね。ここに飾ろう。

李さん、こんにちは。

わあ！来てくれていたんだ、うれしい！

李さんが入院したって兄から聞いてびっくりしちゃった。

どうですか、まだ痛みはありますか。

だいぶ痛みはなくなったんだけど、立つときにお腹に力を入れたり、笑ったりすると少し痛いかな。

昨日は、テレビを見て笑って痛がっているところに看護師さんが来て、ちょっと恥ずかしかったよ。

あっ

じゃ、今日は、笑わせないようにしないと。

入院しているって聞いたから、動くこともできないぐらい大変な姿を想像していたんだ。思っていたより顔色もいいし、元気そうだね。

ううん、大丈夫だよ。

手術直後はトイレにも行けなくて大変でしたが、今はリハビリのためにできるだけ動くようにしています。

手術の後は、歩いたほうが回復が早いって聞いたことがある。

外には出られないから、病室の前の廊下を行ったり来たりして、少しずつ歩く練習をしている。

病院の食事はどう？

ご飯、味噌汁、おかず、それにサラダとデザートが付いているから、家よりずっとバランスがいい食事をしていると思います。

それに、おいしいんですよ。

病院食はバランスがいいのは当然だけど、デザートまで付いているんだ。すごい！

今回は、張さんには本当に感謝しているんだ。保険証を取りに行ってもらったり、必要なものを届けてもらったりしてすごく助かっている。

順調に回復しているようで、よかった。

友達として、当然のことをしているだけだよ。

あっ、そうだ。今日は頼まれていたスマホの充電器を持ってきたよ。

ありがとう。入院生活にスマホは必需品だからね。

ここで、みなさんに質問です。入院のとき、病室に何か1つしか持っていけないとします。何を持っていきますか？

僕はギター！

そうだね。スマホがあれば、本を読んだり、音楽を聞いたり、ゲームもしたりできるよね。

やっぱりスマホかな。

それに、動画も見られるし、SNSも使えるから、スマホが1台あれば、入院生活も楽しく過ごせるというわけだね。

小説もスマホで読めるけど、私は紙の本を読むほうが好き。今日は、お見舞いに本を持ってきたから、よかったら読んで。

ありがとう。僕も紙の本のほうが好きだな。スマホで読むと、目が疲れるし……。

私は「ハーバリウム」を持ってきたんです。

瓶に植物と特別な油を入れたものです。ネットの説明では、枯れないし、お花の色もずっと変わらないとのことなんです。

「ハーバリウム」？

退院してからも飾れると思って、これにしました。

ありがとう。

わあ、きれいだね。ここに飾ろう。

17

249

読解文

日本の医療制度

　日本の医療制度の特徴の一つは「国民皆保険制度」です。日本の国民はすべて公的医療保険に入ることになっています。1961年以来60年以上の歴史があり、保険証があれば、いつでもどの医療機関でも公的保険を使って医療が受けられます。

　日本に３か月以上滞在する外国人も、公的医療保険の一つである「国民健康保険」に入る義務があります。自分の住む市町村で住民登録し、申し込みをします。入っていれば、けがをしたり病気になったりした場合でも、かかった費用の３割を払うだけでいいのです。残りの７割は日本の政府が負担します。

　保険料は前年の収入によって計算されます。前年に収入がない場合は、申告すれば保険料は減額されます。

　しかし、どんな場合でも保険が使えるというわけではありません。例えば歯医者で歯の治療をするとき、普通は保険が使えますが、より丈夫できれいに見える高額な材料を使ってほしいときなどは保険が使えません。「全額自己負担」といって自分で全部の費用を払います。病気の治療や入院でも、保険が使えない場合もあります。しかし医療機関に相談すれば、保険が使える治療を選ぶことができます。治療や入院の費用が高額になってしまうときのために負担を少なくする制度もあります。

　若いから入院することなどないというものでもありません。日本の医療制度をよく調べて備えておくことも留学生にとって大事なことです。

✔ 理解度チェック

1 選びましょう。

1.李さんは＿＿＿＿＿＿、立ち上がれないほどお腹が痛くなりました。

①授業の前 　　②授業中 　　③授業の後 　　④病院へ行く途中

2.張さんがしなかったのは＿＿＿＿＿＿です。

①救急車を呼ぶこと 　　　　②李さんと一緒に病院へ行くこと

③李さんに薬について聞くこと 　　④李さんの自宅に保険証を取りに行くこと

3.李さんのお見舞いに行ったのは＿＿＿＿＿＿です。

①2人 　　②3人 　　③4人 　　④5人

4.看護師は李さんに＿＿＿＿＿＿について聞きました。

①持病 　　②かかりつけの病院 　　③普段飲んでいる薬 　　④国民健康保険

5.葵さんはお見舞いに＿＿＿＿＿＿を持っていきました。

①スマホ 　　②ギター 　　③本 　　④ハーバリウム

2 本文の内容に合っていたら〇を、違っていたら×を書きましょう。

1.（　　　）李さんはお腹が痛くなったので、張さんが電話で救急車を呼びました。

2.（　　　）李さんは自宅に保険証を取りに行った後で、病院へ行きました。

3.（　　　）李さんは急性虫垂炎で手術しました。

4.（　　　）李さんは虫垂に穴があいてしまいました。

5.（　　　）外国人は日本の国民ではないので、国民健康保険に入ることができません。

3 書きましょう。

1.李さんは朝から＿＿＿＿＿＿＿＿＿＿＿＿＿＿＿＿＿＿＿＿＿が、急に

＿＿＿＿＿＿＿＿＿＿＿＿＿＿＿＿＿になりました。

2.保険証がないと、＿＿＿＿＿＿＿＿＿＿＿＿＿＿＿＿＿なければなりません。

保険証があれば、料金が＿＿＿＿＿＿＿＿＿になります。

3.李さんは手術直後は＿＿＿＿＿＿＿大変でしたが、今は＿＿＿＿＿＿＿ようにしています。

4.李さんが入院している病院の食事は＿＿＿＿＿＿、＿＿＿＿＿＿、＿＿＿＿＿＿、

それに、＿＿＿＿＿＿＿、＿＿＿＿＿＿＿が付いているから、バランスがいいです。

5.「国民皆保険制度」は、＿＿＿＿＿＿＿＿＿＿＿＿＿＿＿＿という制度です。

4 本文を読んで答えましょう。

1.李さんは授業中お腹が痛かったのに、なぜずっと我慢していましたか。

2.剛士さんはお見舞いに行く前、李さんのどんな姿を想像していましたか。実際はどうでしたか。

3.日本では、保険証があれば、どんなことができますか。

4.日本では、公的医療保険に入っている人が医療を受けた場合、費用はどうなりますか。

5.どんな場合でも保険が使えますか。

17

📖 文法と表現

1　Ｖ辞／Ｖない＋わけにはいかない

例　頭が痛いですが、明日は大事な試験なので休むわけにはいきません。
　　　　　　　　　　　　　　　　　　　　　Ｖ辞

- これは大切なものなので、人にあげるわけにはいきません。
- 母がテレビ番組に出て、歌を歌うそうだ。何だか恥ずかしくて見たくないが、見ないわけにはいかないだろう。
- 早く寝たいが、明日の準備をしないわけにはいかない。
- Ａ：帰りに飲みに行きませんか。
  Ｂ：すみません。明日、健康診断なので、お酒を飲むわけにはいかないんです。

|　|　動詞的基本形、ない形接「わけにはいかない」表示虽然想做某事，但是由于某种社会上、道德上或心理上的客观原因，从情理或道理上讲，不能按照自己的想法去做某事。可译为"不能……"。|

2　Ｖ辞／Ｖない＋ところだった

例　家を出るのが遅かったので遅刻するところでした。
　　　　　　　　　　　　　　　Ｖ辞

- もう少しで人にぶつかるところでした。
- 火をつけたままで寝てしまい、もう少しで火事になるところでした。
- あと１分遅かったら、新幹線に乗れないところでした。
- もう少し着くのが遅かったら、商品が買えないところだった。
- Ａ：よかった。間に合ったね。
  Ｂ：うん、この電車に乗れなかったら、帰れないところだったよ。

動詞的基本形、ない形接「ところだった」表示差一点发生、实际却没有发生的事情。可译为"差一点就……了"。

3　Ｖ普＋ところに／ところへ

例　日本語の勉強をしているところに、友達が遊びに来た。
　　　　　　　　　Ｖ普

動詞句的简体形式接「ところに／ところへ」表示某个行为的某个阶段。整个句子意为刚要、正在、刚刚做某事的时候，发生了某事。可译为"刚要……的时候，……""正在……的时候，……""刚刚……的时候，……"。

- 帰宅したところへ、配達員が荷物を持ってきた。
- 困っていたところに、ちょうど先生が来て、助けてくれました。
- 私が一生懸命問題を解いているところへ、彼が邪魔しに来た。

4 普通形（NA（だ）/N（だ））＋というわけだ

例　A：来週は祝日で授業がありません。
　　B：じゃあ、次の授業は2週間後というわけですね。
　　　　　　　　　　　　　　　　　　　N

句子的简体形式（ナ形容词句和名词句也可以省略「だ」）接「というわけだ」表示自然而然的结论或推理。可译为"也就是说……"。

- A：12時の電車に乗らないといけないんだ。
　B：じゃあ、今11時だから、あと1時間ぐらいはいられるってわけだ。
- A：明日から旅行へ行ってきます。
　B：いいですね。その間、仕事のことが忘れられるというわけですね。
- A：ロサンゼルスと東京の時差って何時間なの？
　B：16時間だよ。
　A：じゃあ、今向こうは深夜というわけだね。

5 普通形＋とのことだ

例　佐藤さんから電話があって、会議に少し遅れるとのことです。
　　　　　　　　　　　　　　　　　　　　　　　　V普

句子的简体形式接「とのことだ」表示传闻。可译为"说是……""据说、听说……"。

- 調査によれば、未婚の男性が増えているとのことだ。
- お子さんがお生まれになったとのことで、本当におめでとうございます。
- 政府の発表によると、今年の夏は電力が足りなくなる可能性があるとのことだった。
- A：この荷物はどこに置けばいいですか。
　B：そこに重ねて積んでおけばいいとのことです。

6 普通形（NA（だ）/N（だ））＋というものではない／というものでもない

例　新聞の情報がすべて正しいというものでもない。
　　　　　　　　　　　　　　A普

句子的简体形式（ナ形容词和名词句子也可以省略「だ」）接「というものではない／というものでもない」表示某事不一定成立。可译为"不一定……""不能说……"等。

- 日本にいるだけで日本語が上手になるというものではない。
- 安全性を考えると、何でも安ければいいというものではない。
- 人生は結婚できれば幸せだというものではない。
- 子供の言うことを何でも聞く親がいい親というものでもない。

7 Vて＋まで／N＋まで（して）

例 **カンニングしてまでいい点をとっても、自分のためにはならない。**
　　　　Vて

- お金を借りてまで旅行に行きたくない。
- 私の結婚式に大学時代の先生まで来てくださいました。
- 犯罪までしてお金を手に入れようと思わない。
- 借金までして彼は新しいスマホを購入した。
- Ａ：ラーメン屋、あそこだね。でも、すごく並んでるよ。１時間ぐらい
　　　待つって。
- Ｂ：１時間も並んでまで、食べたくないな。

动词て形接「まで」或者名词接「まで（して）」表示举出极端的例子。

「Vてまで」「Nまでして」多强调行为或手段极端，多用于表示说话人对某事的负面评价和不认同。可译为"到……的地步""甚至、连……"。

8 Nとする

例 **今度の説明会は、２年生までの学生を対象とします。**
　　　　　　　　　　　　　　　　　　N

- 試験のとき、名前を書いていない人は、０点とする。
- パーティーの参加費は１人2000円とします。
- 少子高齢化をテーマとして、レポートを書いてください。
- この講義は３回遅刻したら、１回欠席とする。

名词接「とする」表示决定的结果。可译为"看作／视作……""算作……"等。其中，「～をNとする」表示"以……作为……"。

9 Nに限って 〈不運〉

例 **忙しい日に限って、いろいろ用事を頼まれる。**
　　　　　N

名词接「に限って」的后面接说话人不期望发生的事，表示偏偏在某个关键、特殊的场合发生不好的事情。用来表达说话人的不满。可译为"偏偏……"。

試験の日に限って、体調が悪くなります。

- 試験の日に限って、体調が悪くなります。
- 急いでいるときに限って、道が混んでいます。
- 傘を持っていないときに限って、雨が降ってくる。
- 今すぐ必要な物に限って、売り切れている。

復習 新発見日本語③ 第10課 文法項目5「N＋に限って（限定）」

17

新出語彙

説明文

- 回復⓪[名・自他動Ⅲ] 恢复
  かいふく
- 救急車③[名] 救护车、急救车
  きゅうきゅうしゃ
- 急性虫垂炎⑦[名] 急性阑尾炎、急性盲肠炎
  きゅうせいちゅうすいえん
- 自宅⓪[名] 自己的住宅、自己家
  じたく
- 品⓪[名] 物品、东西
  しな

- 手術①[名・他動Ⅲ] 手术
  しゅじゅつ
- 立ち上がる⓪④[自動Ⅰ] 起立、站起来；振奋起来
  た あ
- 直後①[名] 刚～之后；紧接着
  ちょくご
- 見舞い⓪[名] 看望、探视、问候；慰问
  み ま

会話文Ⓐ

- 穴②[名] 孔、眼、坑
  あな
- 痛む②[自動Ⅰ] 痛、疼；痛苦、悲痛
  いた
- かかりつけ⓪[名] 经常就诊
- 救急隊員⑤[名] 急救队员
  きゅうきゅうたいいん

- 国民健康保険⑨[名] 国民健康保险
  こくみんけんこうほけん
- 支払う③[他動Ⅰ] 支付、付款
  しはら
- 持病⓪[名] 宿疾、老毛病、慢性长期病
  じびょう
- 全額⓪[名] 全额
  ぜんがく

- ～代[接尾] ～费用
  だい
- 虫垂⓪[名] 阑尾
  ちゅうすい
- ～費[接尾] ～费
  ひ
- 割⓪[名] (比值、比率的单位)～成
  わり

会話文Ⓑ

- 顔色⓪[名] 脸色
  かおいろ
- 看護師③[名] 护士
  かんごし
- サラダ①[名] 沙拉
- 充電器③[名] 充电器
  じゅうでんき

- 退院⓪[名・自動Ⅲ] 出院
  たいいん
- 助かる③[自動Ⅰ] 得救；省事、负担减轻
  たす
- ハーバリウム④[名] 植物标本
- 必需品⓪[名] 必需品
  ひつじゅひん

- 病院食③[名] 医院餐、病号餐
  びょういんしょく
- 病室⓪[名] 病房
  びょうしつ
- リハビリ⓪[名] 康复训练、康复治疗

読解文

- 以来①[名] 以来、从某时开始至今
  いらい
- 義務①[名] 义务
  ぎ む
- 減額⓪[名・他動Ⅲ] 减额、削减
  げんがく
- 高額⓪[名・ナ形] 高额
  こうがく
- 公的⓪[ナ形] 公共的、官方的
  こうてき
- 国民⓪[名] 国民
  こくみん

- 国民皆保険⑦[名] 国民全民保险
  こくみんかいほけん
- 自己①[名] 自己、自我
  じこ
- 市町村②[名] (日本行政区划的)市、町和村
  しちょうそん
- 収入⓪[名] 收入
  しゅうにゅう
- 申告⓪[名・自動Ⅲ] 申报、呈报
  しんこく
- 前年⓪[名] 前一年、上一年
  ぜんねん

- 備える③②[他動Ⅱ] 备、准备
  そな
- 滞在⓪[名・自動Ⅲ] 逗留、居留
  たいざい
- 治療⓪[名・他動Ⅲ] 治疗
  ちりょう
- 歯医者①[名] 牙医
  は いしゃ
- 負担⓪[名・他動Ⅲ] 承担、负担
  ふたん
- 保険⓪[名] 保险
  ほけん

文法と表現

- あと①[副] 再、更加

- 安全性⓪[名] 安全性
  あんぜんせい
- 売り切れる④[自動Ⅱ] 售完、售罄
  う き
- 重ねる⓪[他動Ⅱ] 摞、搭；反复、重复
  かさ
- 可能性⓪[名] 可能性
  かのうせい
- カンニング⓪[名・自動Ⅲ] 考场作弊
- 帰宅⓪[名・自動Ⅲ] 回家
  きたく
- 購入⓪[名・他動Ⅲ] 购入、采购
  こうにゅう
- 時差①[名] 时差
  じ さ
- 借金③[名・自動Ⅲ] 借款、借钱
  しゃっきん

- 邪魔⓪[名・ナ形・他動Ⅲ] 妨碍、打扰
  じゃま
- 対象⓪[名] 对象、目标
  たいしょう
- 積む⓪[他動Ⅰ] 堆积、垒砌；载、装
  つ
- 電力①⓪[名] 电力
  でんりょく
- 配達員④[名] 投递人、配送人
  はいたついん
- 犯罪⓪[名] 犯罪
  はんざい
- 未婚⓪[名] 未婚
  みこん
- ロサンゼルス④[固] 洛杉矶(美国地名)
- 手に入れる[表現] 到手、据为己有
  て い

🖐 タスク＆アクティビティー

新出語彙

- アレルギー②③［名］过敏
- インフルエンザ⑤［名］流行性感冒
- うつす②［他動Ⅰ］挪动、移动；传染（疾病）
- 腕②［名］胳膊；本事、才干
  うで
- 肩①［名］肩、肩膀
  かた
- 下痢⓪［名・自動Ⅲ］腹泻、拉肚子
  げ り
- 腰⓪［名］腰
  こし

- 寒気③［名］发冷、发寒
  さむ け
- 自国⓪①［名］本国、自己所属的国家
  じ こく
- 湿疹⓪［名］湿疹
  しっしん
- 咳②［名］咳嗽
  せき
- 背中⓪［名］后背、脊背
  せ なか
- だるい②［イ形］懒倦的、乏力、酸软
- 〜度（温度、体温）［接尾］（温度、体温）〜度
  ど おん ど たいおん

- 測る②［他動Ⅰ］测量、称、量
  はか
- 吐き気③［名］恶心
  は け
- 母親⓪［名］母亲
  ははおや
- 膝⓪［名］膝盖；大腿
  ひざ
- 胸②［名］胸、胸部
  むね
- めまい②［名］眩晕、头晕
- やけど⓪［名・自動Ⅲ］烧伤、烫伤

---

1 聴解【🎧 ✍】

1）会話を聞いて、男子学生の今の体調を＿＿＿＿＿＿に書きましょう。

・＿＿＿＿＿＿＿＿＿＿＿＿＿ と ＿＿＿＿＿＿＿＿＿＿＿＿＿ が痛い

・熱が ＿＿＿＿＿＿＿＿＿＿＿＿＿ 度ある

2）男子学生がこれからすることを順番に並べましょう。（しないことが1つ入っています。）

（　　　　　）➡（　　　　　）➡（　　　　　）➡（　　　　　）

ア．病院の予約をする

イ．グループ発表をする

ウ．病院に行く

エ．保険証を探す

オ．木村くんに連絡する

3）木村くんにメールをします。あなたがこの男子学生なら、どのようなメールを書きますか。

```



```

4）あなたが木村くんなら、先生にどのように相談しますか。「〜とのことです」を使いましょう。

---

② 体の名称【 🔍 ✍ 】

1）言葉の意味を調べて表に書きましょう。

だるい　　　　めまい　　　　吐き気　　　　寒気　　　　やけど

けが　　　　咳　　　　湿疹　　　アレルギー　　下痢

日本語	意味（自国の言葉）
だるいです。	
めまいがします。	
吐き気がします。	
寒気がします。	
やけどしました。	
けがをしました。	
咳が出ます。	
湿疹が出ています。	
アレルギーがあります。	
下痢です。	

2) ☐ の中から言葉を選んで、下の図の（　）に入れましょう。

喉　　お腹　　腕　　背中　　肩　　膝　　腰　　胸

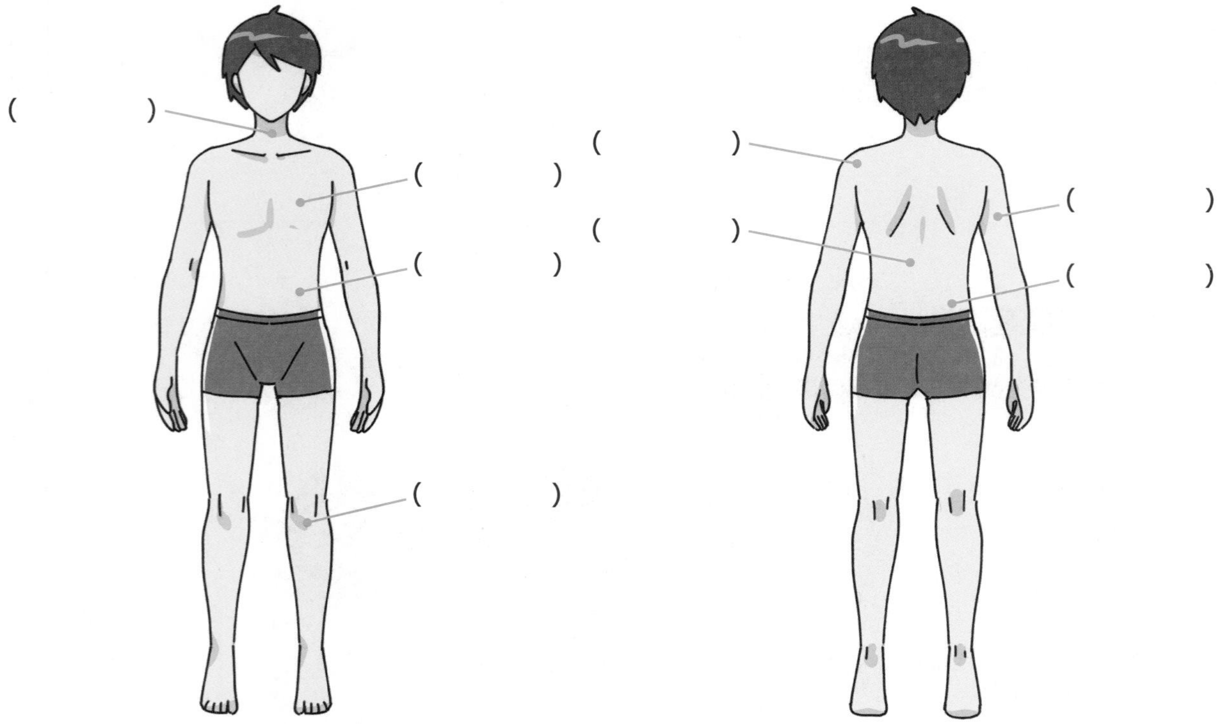

（　　）　　（　　）　　（　　）

（　　）　　（　　）　　（　　）

（　　）　　（　　）

（　　）

③ ペアワーク【✍ 💬】

次の質問の答えを書きましょう。書けたら、ペアで質問し合いましょう。

・有名な人と１日一緒に過ごせるとします。誰がいいですか。なぜですか。

　一緒に過ごしたい有名な人：＿＿＿＿＿＿＿＿＿＿＿＿＿＿＿＿＿＿＿＿

　理由：＿＿＿＿＿＿＿＿＿＿＿＿＿＿＿＿＿＿＿＿＿＿＿＿＿＿＿＿＿＿＿

　＿＿＿＿＿＿＿＿＿＿＿＿＿＿＿＿＿＿＿＿＿＿＿＿＿＿＿＿＿＿＿＿＿＿

・１つだけ願いが叶うとします。あなたは何を願いますか。なぜですか。

　願うこと：＿＿＿＿＿＿＿＿＿＿＿＿＿＿＿＿＿＿＿＿＿＿＿＿＿＿＿＿＿

　理由：＿＿＿＿＿＿＿＿＿＿＿＿＿＿＿＿＿＿＿＿＿＿＿＿＿＿＿＿＿＿＿

　＿＿＿＿＿＿＿＿＿＿＿＿＿＿＿＿＿＿＿＿＿＿＿＿＿＿＿＿＿＿＿＿＿＿

第 **18** 課

友人の帰国

話しましょう！

1. あなたは外国へ行ったことがありますか。
2. あなたはどんなとき、飛行機を利用しますか。
3. 飛行機に搭乗する前に、どんな手続きが必要ですか。
4. あなたは将来、大学院に進みたいですか。それはなぜですか。
5. あなたの国では、大学生はいつ頃から就職活動をしますか。

⇒ 説明文

　張さん、葵さん、李さん、剛士さんの4人が、空港へ帰国する徐さんを見送りに行きました。徐さんがチェックインを済ませた後、4人は徐さんに1年間の日本での留学生活の感想や、帰国後のことについて聞きました。中国の大学4年生の徐さんは、帰国後に就職活動をする予定でしたが、今回の留学により計画を変更することにしました。

　出発の時間になり、徐さんは4人に別れを告げて去っていきました。その後ろ姿を見て少し寂しくなった張さんを葵さんと剛士さんが励ましました。

会話文 Ⓐ

徐　：チェックインを済ませてきますから、ちょっと待っていてもらえますか。

剛士：OK！

●　●　●　●　●

係員：パスポートとチケットをお願いいたします。

徐　：はい。お願いします。

係員：お預けになるお荷物は、こちらのスーツケースお１つですか。

徐　：はい、そうです。

係員：貴重品や壊れやすいものなどは入っていませんか。

徐　：はい。大丈夫です。

係員：パスポートをお返しします。こちらが搭乗券です。35列の窓側A席でございます。こちらに書いてある搭乗ゲートに30分前までにお越しください。10分前を過ぎますと、お乗りになれない場合がございますので、ご注意ください。本日、大変混雑しておりますので、早めの保安検査、出国審査のお手続きにご協力をお願いしております。

徐　：わかりました。

係員：何かご質問など、ございますか。

徐　：いいえ。

係員：それでは、行ってらっしゃいませ。

●　●　●　●　●

徐　：お待たせ。

張　：17：30の便だから、出発までにはまだ２時間以上あるね。

徐　：うん。でも、今日は混んでいるから早めに手続きするようにって言われた。

李　：本当に今日は人が多いね。

葵　：１年の留学生活はどうだった？

徐　：そうだね……。頑張って勉強したから日本語も上達したと思うし、国ではできないような経験もいっぱいして、あっという間の１年だった。

剛士：何が一番楽しかった？

徐　：楽しかったこともたくさんあったけど、私にとっては、みんなに会えたことがこの留学の一番の宝物です。

剛士：やっぱり！　僕に会えたことはラッキーだったね。

徐　：本当にそうです。剛士さん、いろいろありがとうございました。

葵　：国へ帰ってから、どうするの？

徐　：私は国の大学では４年生なので、留学前の計画では、帰国したら就職活動をする予定だったんです。でも、日本へ来てたくさんの人に出会っていろいろな話を聞いているうちに、就職より大学院に進みたいという気持ちが強くなって。

張　：最初に立てた計画に沿って人生を送る必要はないから、大学院に進むという選択もいいと思うよ。

李　：大学院では、何を専攻するの？

徐　：今回の自分自身の留学経験や、先日の葵さんのアメリカ留学の話を聞いたことで、異文化に関して研究したいなって思うようになったんだ。

羽田空港 出発ロビー

チェックインを済ませて
きますから、ちょっと
待っていてもらえますか。

OK!

パスポートとチケットを
お願いいたします。

はい。
お願いします。

お預けになるお荷物は、
こちらのスーツケース
お1つですか。

はい、
そうです。

貴重品や壊れやすいものなどは
入っていませんか。

はい。
大丈夫です。

パスポートをお返しします。
こちらが搭乗券です。

35列の窓側A席でございます。
こちらに書いてある搭乗ゲートに
30分前までにお越しください。
10分前を過ぎますと、お乗りに
なれない場合がございますので、
ご注意ください。

本日、大変混雑して
おりますので、早めの保安検査、
出国審査のお手続きに
ご協力をお願いしております。

わかりました。

何かご質問など、
ございますか。

いいえ。

それでは、
行ってらっしゃいませ。

お待たせ。

17:30の便だから、
出発までにはまだ
2時間以上あるね。

うん。
でも、今日は混んでいるから
早めに手続きするようにって
言われた。

1年の留学生活は
どうだった？

そうだね……。

本当に今日は
人が多いね。

頑張って勉強したから
日本語も上達したと思うし、
国ではできないような経験も
いっぱいして、あっという間の
1年だった。

何が一番楽しかった？

楽しかったことも
たくさんあったけど、
私にとっては、みんなに
会えたことがこの留学の
一番の宝物です。

やっぱり！
僕に会えたことは
ラッキーだったね。

本当にそうです。
剛士さん、いろいろ
ありがとうございました。

国へ帰ってから、
どうするの？

私は国の大学では
4年生なので、留学前の
計画では、帰国したら
就職活動をする予定
だったんです。
でも、日本へ来て
たくさんの人に出会って
いろいろな話を聞いているうちに、
就職より大学院に進みたい
という気持ちが強くなって。

最初に立てた計画に沿って
人生を送る必要はないから、
大学院に進むという
選択もいいと思うよ。

大学院では、
何を専攻するの？

今回の自分自身の留学経験や、
先日の葵さんのアメリカ留学の
話を聞いたことで、異文化に関して
研究したいなって思うように
なったんだ。

18

葵　：それはいいと思うよ。世界で活躍するには、自分の国だけでなく、世界中の国々の文化や社会を知っておいたほうがいいよね。

徐　：そうだよね。葵さんにそう言ってもらってうれしいよ。ありがとう。国へ帰ったら、すぐに進学の準備を始めるつもり。

葵　：頑張って！

張　：徐さん、そろそろ行ったほうがいいかも……。

徐　：あっ、そうだね！　みなさん、１年間本当にありがとうございました。

葵　：近いうちにまた必ず会えると信じているからね。それまで、お互いに頑張ろう！

張・李・剛士：頑張ろう！

徐　：はい。頑張りましょう！　じゃ、またね。みなさん、元気でね。

● ● ● ● ●

張　：ああ、帰っちゃったなあ。

李　：徐さんと張さんは中国にいたときから友達だから、ちょっと寂しくなるね。

張　：うん。でもそれだけじゃなくて、徐さんが来てからの１年は本当にあっという間だったし、春からは僕も３年生になるから、大学の４年間なんてすぐ終わっちゃうのかなって……。

剛士：僕は、春から４年生だけど、まだまだ大学生活を楽しもうと思っている。

張　：来年は剛士さんを見送るなんて、まったく想像できませんね。

葵　：「別れがあっての出会い」って言われているよね。一つの別れがあれば、新しい出会いもまたあるはず。

剛士：さすが葵ちゃん！

張　：それに、徐さんや剛士さんとの別れは、永遠の別れではなくて、またどこかで会えるという別れだよね。いつか成長した姿で会えるという楽しみにもなるし、次に会うまでにもっと成長しようって頑張れるね。

剛士：そうだよ。頑張ろう！

読解文

将来の進路を考え始めるとき

　大学2年生というのは大学生活の中間地点であり、将来に向けての進路を考え始めるときです。授業やゼミ、サークル活動などに慣れるに従って、興味・関心のあることや自分の適性がだんだんわかってくると思います。

　さまざまなことにチャレンジしてきた中で、何に興味を持てたでしょうか。どんなことに夢中になれたでしょうか。専門科目の勉強や課題の論文を読んでレポートを書くのがおもしろくて夢中になった人もいるでしょう。それなら、大学院に進んで専門の勉強を続けるのも一つの選択肢です。大学院に進みたいなら、今から授業のテキストや課題以外の本や論文を読んだり、学会に参加したりするといいと思います。

　一方、早く就職したいと思うようになった人もいるでしょう。そのような人は、関心のある業界について詳しく調べる、インターンシップに参加するなどをしてはどうでしょうか。

　どんな進路を選んでも、興味を持ったことについて深く知り、「なぜそうなるのか」「○○するためにはどうしたらいいのか」といった疑問を持ち続けること、つまり「探求心」を持つことが大切です。挑戦を続け、たとえ失敗しても、なぜ失敗したかを考えることで、失敗をプラスに変えることができます。探求心を持って、挑戦を続けていきましょう。

✓ 理解度チェック

① 選びましょう。

1.徐さんは＿＿＿＿＿＿の日本交換留学生活を終えて、帰国することになりました。

　①１年半　　　　　②１年間　　　　　③半年　　　　　④３か月

2.徐さんの預ける荷物は、＿＿＿＿＿＿１つだけです。

　①スーツケース　　②カウンター　　　③ゲート　　　　④チェックイン

3.葵：＿＿＿＿＿＿また必ず会えると信じているから、それまで、お互いに頑張ろう。

　①近いうちで　　　②近いうちから　　③近いうちに　　④近いうちまで

4.張：来年は剛士さんを見送るなんて、＿＿＿＿＿＿想像できませんね。

　①めったに　　　　②すべて　　　　　③まったく　　　④だいたい

5.徐さんは自分＿＿＿＿＿＿、葵さんたちに会えたことが交換留学の一番の宝物だと思っています。

　①にとって　　　　②として　　　　　③に対して　　　④について

② 本文の内容に合っていたら〇を、違っていたら×を書きましょう。

1.（　　　）張さん、葵さん、剛士さんの３人が帰国する徐さんを空港へ見送りに行きました。

2.（　　　）徐さんは、１年間の留学生活はとても長く感じたと言いました。

3.（　　　）徐さんは帰国したら、就職活動をする予定です。

4.（　　　）張さんと李さんは春から３年生になります。

5.（　　　）葵さんはアメリカから帰国して、就職より大学院に進みたいという気持ちが強くなりました。

③ 書きましょう。

1.張さんは、「最初に＿＿＿＿＿＿＿＿＿＿＿＿＿＿＿に沿って、人生を送る必要はないから、

＿＿＿＿＿＿＿＿＿＿＿＿＿＿＿＿＿という選択もいいと思うよ」と言いました。

2.徐さんは今回の＿＿＿＿＿＿＿留学経験や、先日の葵さんのアメリカ留学の話を聞いたこ

とで、＿＿＿＿＿＿＿に関して研究したくなりました。

3.張：来年は剛士さんを見送るなんて、まったく＿＿＿＿＿＿＿＿＿＿＿＿＿＿＿ね。

4.徐さんは日本へ来てたくさんの人に出会って＿＿＿＿＿＿＿＿＿＿＿＿＿うちに、

就職より＿＿＿＿＿＿＿＿＿＿＿＿＿という気持ちが強くなってきました。

5.専門科目の勉強やレポートを書くのがおもしろくて夢中になった人は、＿＿＿＿＿＿＿

＿＿＿＿＿＿＿＿＿＿＿＿＿のも一つの選択肢です。一方、早く就職したいと思う人は、

＿＿＿＿＿＿＿について詳しく調べたり、＿＿＿＿＿＿＿に参加したりするといいです。

④ 本文を読んで答えましょう。

1.なぜ大学２年生というのは、将来に向けての進路を考え始める時期なのですか。

2.大学院に進みたい人はどんなことをするといいですか。

3.就職したい人はどんなことをするといいですか。

4.どんな進路を選んでも大切なことは何ですか。

5.葵さんは、世界で活躍するには、どんなことをしたほうがいいと思っていますか。

18

📖 文法と表現

1 ～うちに

① V辞書形・ている形・ない形/A/NAだな/Nの＋うちに
〈～の状態が変わる前に…・～間に…〉

例 **日本にいるうちに、富士山に登りたいです。**
　　　V辞

料理が温かいうちに、食べてください。
　　　　　A

料理が温かいうちに、食べてください。

すぐ冷たくなっちゃう
からね…

- 母が出かけているうちに、誕生日のケーキを準備します。
- 雨が降らないうちに、帰ります。
- 外が涼しいうちに、出かけようと思います。
- 元気なうちに、いろいろなところへ行きたい。
- 学生のうちに、たくさん勉強したほうがいいです。

② V辞書形・ている形・ない形＋うちに
〈～している間に（自然に）状況や状態の変化〉

例 **毎日運動するうちに、体の調子がよくなりました。**
　　　　　　V辞

映画を見ているうちに寝てしまいました。
　　　　　V ている

映画を見ているうちに寝てしまいました。

- 何回も聞くうちに歌詞を覚えました。
- 話しているうちに、顔が真っ赤になった。

「～うちに」具有以下两种用法：

①动词的基本形、ている形、ない形、イ形容词的基本形、ナ形容词把「だ」变成「な」的形式、名词接「の」的形式接「うちに」，表示趁着某个状态持续的期间做某事，否则相反的情况下将难以实现。可译为"趁着……"。

②动词的基本形、ている形、ない形接「うちに」表示在某个期间（自然而然地）发生了某个变化。后项的发生与说话人的意志无关。可译为"……（的过程中）就……"，例如"每天运动（的过程中）身体就变好了""看着电影（的过程中）睡着了"。

18

■遊んでいるうちに、太陽が西に傾いてきた。

■濡れた服を乾かしているうちに、体が冷えてきた。

■先生：しばらく会わないうちに日本語が上手になりましたね。

学生：ありがとうございます。

2　Nに沿って

① 並行

> 例　この道に沿って歩けば、駅が見えてきます。
> 　　　　　N

■この川に沿って桜の木が植えられています。

■この線に沿って木を削って模様を作ってください。

■海岸に沿って白い道が続いています。

② 基準

> 例　テーマに沿って、作文を書いてください。
> 　　　　N

■夏休みの計画に沿って、勉強しています。

■明日の会議は資料に沿って進めますから、読んでおいてください。

■お客様のご希望に沿った商品を、ご紹介します。

■みんなの期待に沿えるように、頑張ります。

3　Nに関して/に関する

> 例　環境問題に関してレポートをまとめています。
> 　　　　N
>
> 　　この町の歴史に関する本を読みたい。
> 　　　　　　　　N　　　　　N

■事故の原因に関して、調査しているところです。

■若者のインターネット利用に関してアンケートを行った。

■コンピューターに関する知識は、彼がクラスで1番です。

■私は新しい薬に関する論文を読んでいます。

4　まったく/少しも/めったに＋〜ない

> 例　彼はまったく勉強しない。
>
> 　　口座にお金が少しもありません。
>
> 　　彼女は週末はめったに家にいません。

■昨日見た映画はまったくおもしろくなかった。

名詞接「に沿って」具有以下两种用法：

①表示沿着路、河等。可译为"沿着……"。

②表示按照某个基准做某事。也可接「希望」「期待」等词，表示满足愿望、期待等。可译为"按照、根据……""满足……"。修饰名词时使用「に沿った」的形式。

名词接「に関して/に関する」表示与某个话题相关。常用于书面语、正式的谈话、演讲中或学术相关的内容。

「Nに関して」用在句中修饰动词，「Nに関する」用于修饰名词。可译为"关于……（的）""与……相关（的）""针对……（的）"。

副词「まったく/少しも」与「〜ない」搭配使用，表示完全否定。可译为"完全不……""一点也不……"。

副词「めったに」与「〜ない」搭配使用，表示很少发生、几乎不

- 最近まったく雨が降っていません。
- 優秀な彼があの有名な大学に合格したのは少しも不思議ではありません。
- 10年ぶりに帰ったが、町は少しも変わっていなかった。
- 最近はめったにテレビを見なくなった。
- 東京から富士山が見えることはめったにない。
- Ａ：足が赤くなってるよ。痒いんじゃない？
  Ｂ：まったく痒くないよ。

发生。可译为"几乎不……""很少……"。

5　普通形＋と言われている/見られている

例　あの不動産会社はもうすぐ**倒産すると見られています**。
　　　　　　　　　　　　　V普

　　　日本は安全な**国だと言われている**。
　　　　　　　N普

- 自分で学習時間を計ることで、学習意欲が上がると言われています。
- あのドラマはとてもおもしろいと言われています。
- 日本で牛肉を食べ始めたのは明治時代からだと言われています。
- 石油の価格はしばらく下がらないと見られています。
- 日本の人口減少はさらに進むと見られている。

句子的简体形式接「と言われている/見られている」表示人们的一般观点、预测等。可译为"大家都说……""一般认为、普遍认为……"。

6　V辞/N＋にしたがって

例　時間が経つ**にしたがって**、嫌なことも忘れますよ。
　　　　　　V辞

　　　時代の変化**にしたがって**、流行の服装も変わる。
　　　　　　N

時代の変化にしたがって、流行の服装も変わる。

- 父は年をとるにしたがって、いろいろ忘れることが多くなってきた。
- 寒くなるにしたがって、風邪をひく人が多くなってきた。
- AI技術の発展にしたがって、私たちの生活も変化してきた。
- 電子マネーの普及にしたがって、現金は使われなくなってきた。

动词的基本形和名词接「にしたがって」表示随着某事的变化、发展，渐渐地发生某种变化。可译为"随着……，（渐渐地）……"。

7　普通形（NAだな・である/Nだである）＋一方（で）〈対比〉

例　近年、子供の数は減っている一方で、高齢者の数はどんどん増えている。
　　　　　　　　　　　　V普

近年、子供の数は減っている一方で
高齢者の数はどんどん増えている。

一方

減　▷▷▷　　増

- オンラインでの売り上げが上がる一方で、店舗での売り上げが落ちている。
- 経済が発展し、生活が豊かになる一方で、公害に関する問題も多くなってきている。
- 留学は楽しい一方で、不安なことも多くある。
- 彼は聴解が得意な一方で、読解はあまり得意ではない。

　句子的简体形式（ナ形容词句把「だ」变成「な」或「である」，名词句把「だ」变成「である」）接「一方（で）」表示对比。前后的事例情况相反。可译为"……，另一方面，……"。

8　V辞/Nの　＋一方だ　〈一方向への変化〉

例　この村の人口は減少する一方です。
　　　　　　　　　V辞

- 環境問題は深刻になる一方です。
- 物価が上がる一方で、困ります。
- 新年のあいさつをメッセージなどで済ませる人が増え、年賀状を出す人は減る一方です。
- 最近、ゲームばかりしているので、成績は下降の一方だ。

　动词基本形和名词加「の」的形式接「一方だ」表示变化一直朝向某一个方向发展。既可以用于积极内容，也可以用于消极内容，但通常多用于负面、消极的变化。可译为"一个劲儿地……""越来越……"。

18

VOCABULARY

新出語彙

説明文

- 去る① [自動Ⅰ] 去、离去
  さ
- 済ます② [他動Ⅰ] 做完、弄完
  す
- チェックイン④③ [名・自動Ⅲ] 办理住宿手续;办理登机手续
- 告げる⓪ [他動Ⅱ] 告、告知
  つ
- 励ます③ [他動Ⅰ] 鼓励、勉励
  はげ
- 見送り⓪ [名] 送行、送别
  みおく

会話文 Ⓐ

- 永遠⓪ [名・ナ形] 永远
  えいえん
- 貴重品⓪ [名] 贵重物品
  きちょうひん
- 混雑① [名・自動Ⅲ] 混杂、拥挤
  こんざつ
- 出国⓪ [名・自動Ⅲ] 出国
  しゅっこく
- 審査① [名・他動Ⅲ] 审查、审核
  しんさ
- 宝物⓪④⑤ [名] 宝物、宝贵财富
  たからもの
- 搭乗ゲート⑤ [名] 登机口
  とうじょう
- 搭乗券③ [名] 登机牌
  とうじょうけん
- 早め⓪③ [名・ナ形] 提前、提早
  はや
- 便① [名] (飞机)班次
  びん
- 保安検査④ [名] 安检
  ほあんけんさ
- 見送る⓪③ [他動Ⅰ] 送行、送别
  みおく
- ～列 [接尾] 列、排、队
  れつ
- 行ってらっしゃいませ [表現] 路上小心
- お待たせ [表現] 久等了
  ま
- 別れがあっての出会い [表現] 离别是为了更好地重逢
  わか　　　　　　　であ

読解文

- 学会⓪ [名] 学会、学术研讨会
  がっかい
- 選択肢④③ [名] 选项
  せんたくし
- 探求心③ [名] 探索精神
  たんきゅうしん
- 中間地点⑤ [名] 中间地点、中点
  ちゅうかんちてん
- テキスト①② [名] 教科书、课本
- 向ける⓪ [自他動Ⅱ] 向、朝、对
  む
- 夢中⓪ [名・ナ形] 入迷、沉迷
  むちゅう

文法と表現

- オンライン③ [名] 在线、线上
- 価格⓪ [名] 价格
  かかく
- 下降⓪ [名・自動Ⅲ] 下降
  かこう
- 傾く③ [自動Ⅰ] 倾斜、偏
  かたむ
- 痒い② [イ形] 痒
  かゆ
- 乾かす③ [他動Ⅰ] 晾干、晒干、烘干
  かわ
- 関する③ [自動Ⅲ] 有关、关于
  かん
- 近年① [名] 近年
  きんねん
- 削る⓪ [他動Ⅰ] 削减、删去;削、刮
  けず
- 現金③ [名] 现金
  げんきん
- 減少⓪ [名・自他動Ⅲ] 减少
  げんしょう
- 公害⓪ [名] 公害
  こうがい
- 口座⓪ [名] 账户、户头
  こうざ
- 高齢⓪ [名] 高龄
  こうれい
- 石油⓪ [名] 石油
  せきゆ
- 沿う①⓪ [自動Ⅰ] 沿着、顺着
  そ
- 店舗① [名] 店铺
  てんぽ
- 倒産⓪ [名・自動Ⅲ] 倒闭、破产
  とうさん
- 読解⓪ [名] 阅读理解
  どっかい
- 計る② [他動Ⅰ] 测定、测量
  はか
- 服装⓪ [名] 服装
  ふくそう
- 真っ赤③ [名・ナ形] 通红、鲜红
  ま　か
- めったに① [副] (后接否定)不常、几乎不发生
- 流行⓪ [名・自動Ⅲ] 流行
  りゅうこう

18

タスク＆アクティビティー

- 管理①［名・他動Ⅲ］管理
  かんり
- 小遣い①［名］零花钱
  こづか
- 新社会人④［名］初入社会的新人
  しんしゃかいじん
- 同僚⓪［名］同事
  どうりょう

- 人柄⓪［名］人品
  ひとがら
- ヒント①［名］提示、暗示
- 習慣をつける［表現］养成习惯
  しゅうかん

---

1 聴解【🎧 🖊】

１）会話を聞いて、内容が合っていたら○を、違っていたら×を書きましょう。

（　　　）女子学生はインターンシップで自分の力の無さがわかった。

（　　　）男子学生も就職するつもりだ。

（　　　）大学院の進学は文系のほうが理系よりも多い。

（　　　）男子学生は自分の大学の大学院だけ試験を受ける。

（　　　）女子学生は男子学生に１人で考えたほうがいいと言った。

２）大学院受験について、女子学生の意見をまとめました。＿＿＿＿＿には適当な言葉、〜〜〜には下の ☐ の中から言葉を選んで入れましょう。

うちに	対して	一方で	と言われている

大学院受験について：

大学院の進学は理系が多いのに 〜〜〜〜〜〜〜〜〜〜、文系は少ない。そして、ほかの大学の

大学院受験はもっと難しい 〜〜〜〜〜〜〜〜〜。男子学生は自分の大学の大学院で勉強したい

と思っているが、〜〜〜〜〜〜〜〜〜、ほかの大学の大学院で勉強したいという気持ちもある。

女子学生の意見：

まずは自分の大学の先生に相談したほうがいい。

先生にほかの大学院の受験についても ＿＿＿＿＿＿＿ をもらったり、大学院の ＿＿＿＿＿＿＿

を紹介してもらったりすればいい。

まだ２年生だから、＿＿＿＿＿＿＿ の時間はたくさんあるので、大学院の ＿＿＿＿＿＿＿

を集めたほうがいい。調べている 〜〜〜〜〜〜〜〜〜 何をしたらいいかわかるようになると思う。

18

② 読解・インタビュー 【◈ ◢ ◲】

1）社会人のインタビューです。学生にアドバイスをしています。＿＿＿＿＿ に適当な言葉を入れて、それぞれの人の発言をまとめましょう。

Aさん
新社会人

就活の準備についてよく聞かれますが、1、2年生のうちは、いろいろな経験をしたほうがいいと思います。そうするうちに自分のやりたいことや適性もわかってきます。就職の面接では「大学時代に力を入れたこと」について必ず聞かれると言われています。この質問は人柄やスキルを判断するのに重要だと見られているらしいです。

Bさん
社会人10年

何といっても、大学生のうちにたくさん旅行をすることです。社会人になるとめったに長い休みはありませんから、自由な時間がある学生のうちにあちこちに行っておくといいと思います。

Cさん
社会人20年目

若いうちから運動する習慣をつけておくことです。最近医者に運動をするように言われたんですが、年をとるにしたがって体力がなくなってきてるし、年をとってから運動を始めるのは大変です。同僚は、中学生の頃からジョギングをずっと続けています。それを聞いて私も運動習慣をつけておけばよかったと思います。

Dさん
社会人15年

私も習慣をつけることは大事だと思います。中でも大事なのは子供のうちから貯金することです。私は子供のときはお小遣いの1割を貯金し、今も収入の1割を貯金しています。使えるお金が1割減っても、まったく困ったことはありません。

Eさん
社会人30年目

私もお金についてですが、小中学生のうちからお金に関する知識を身につけることが必要だと思います。最近は高校で金融教育が必修になりましたが、私もそんな教育を受けたかったです。そうしたら、今もっと生活が楽だったのではないかと……。

Aさん：＿＿＿＿＿＿＿＿＿＿＿＿＿＿＿＿ のうちにいろいろな経験をする

　　　　←「学生時代に力を入れたこと」は就職の面接で必ず聞かれると ＿＿＿＿＿＿＿＿＿＿＿＿＿＿

　　　　←「学生時代に力を入れたこと」は学生の人柄やスキルの判断に重要だと ＿＿＿＿＿＿＿＿＿＿＿

Bさん：①大学生 ＿＿＿＿＿＿＿＿＿＿＿＿＿ たくさん旅行をする

　　　　←社会人はめったに長い休みは ＿＿＿＿＿＿＿＿＿＿＿＿＿＿＿＿＿＿＿＿＿＿＿＿＿＿

Cさん：若いうちに運動する ＿＿＿＿＿＿＿＿＿＿＿＿＿＿ をつける

　　　　←年をとるに ＿＿＿＿＿＿＿＿＿＿＿＿ 体力がなくなってきている ＝ 運動を始めるのは大変だ

Dさん：子供 ＿＿＿＿＿＿＿＿＿＿＿＿＿＿ から ＿＿＿＿＿＿＿＿＿＿＿＿＿＿ する習慣をつける

　　　　……収入の1割を貯金しているが、＿＿＿＿＿＿＿＿＿＿＿＿ 困らない

Eさん：小中学生 ＿＿＿＿＿＿＿＿＿＿＿＿＿＿ お金に ＿＿＿＿＿＿＿＿＿＿＿＿＿ 知識を身につける

2）下のテーマについて、1）で読んだ内容やヒントの言葉を参考にグループで話しましょう。

テーマ：

・子供／小中学生のうちからやってよかったこと／やればよかったこと

・学生のうちにやりたいこと

読書	勉強	外国語	日記
楽器	スポーツ	アルバイト	インターンシップ
時間の管理	人生計画		

スクリプト

第**1**課

山田：新聞に「制服はいるか、いらないか」の記事が載っていたよ。「いらない」と答える人が多かった。田
　　　中くんはどう思う？

田中：へえ。僕もその意見に賛成だな。制服はいらないよ。着る服を決められているのは、子供のようだよ。
　　　高校生になったら、自分で考えて決めるべきだと思うんだ。制服はやめて、自由な服で学校に通うべ
　　　きだよ。

山田：そうかなあ。私は制服は必要だと思う。自由な服だったら、朝、服を選ぶのに時間がかかりそうだし、
　　　勉強にも集中できなくなりそう。

田中：山田さんが言うこともわかるけど、みんな同じ制服だからつまらないし、制服は高いし、いらないと
　　　思う。

山田：確かにそうだよね。でも、初めてこの制服を着て、入学式に参加したとき、「ああ、私もこの学校の
　　　生徒になったんだ。」ってうれしくなったなあ。

田中：でも、2022年の4月から成人年齢が20歳から18歳になったんだよ。高校に入学したら、自分で考える
　　　ことに慣れていかなきゃいけないと思う。

山田：さっきから何も言わないけど、鈴木くんはどう思う？

鈴木：僕はどっちでもいいんだけど……。
　　　朝、何着ようか考えなくてもいいから、制服のほうが楽だよね。服についていろいろ考えるのは面倒
　　　くさいよ。

第**2**課

（ナレーション：日本人のたかしさんとベトナム人のバンさんは、一緒に住んでいます。2人は今夜の晩ご
飯について話しています。）

バン　：たかしさん、今日の晩ご飯は何にする？

たかし：鶏肉と卵があるから、親子丼でも作ろうか。

バン　：親子丼？

たかし：ニワトリと卵って、親子だから。

バン　：へえ〜、おもしろい名前。どんな味がするの？

たかし：お店の親子丼と僕が作る親子丼とは少し違うと思うけど、僕のは砂糖を使うから甘いよ。それと
　　　　しょうゆの味だね。

バン　：日本の料理って、砂糖としょうゆを使うものが多い気がする。僕は辛い料理のほうが好きだけど、

　　　　日本の料理を覚えたいから、親子丼の作り方を教えて。

たかし：いいよ。

（ナレーション：たかしさんが親子丼を作り始めました。）

たかし：バンさん、何してるの？

バン　：友達のアンさんも日本の料理を覚えたがっていたから、スマホで撮って送ろうと思って。

たかし：じゃあ、説明も入れたほうがいいね。

　　　　では、たかしの料理教室を始めます。今日は親子丼です。まず、鶏肉を食べやすく切ります。次に玉ねぎを薄く切ります。それを鍋に入れて、水と砂糖としょうゆで煮ます。5分煮たら、上から卵を入れます。火を止めて蓋をして2分ぐらい待ちます。

　　　　OK！　では、ご飯の上に乗せます。はい、親子丼ができました！

バン　：いい匂いがして、おいしそう！

第3課

（ナレーション：カンボジアでボランティアをしている中村さんへのインタビューです。）

インタビュアー：こんにちは。中村さん。中村さんは今、カンボジアでボランティアをしているんですね？

中村　　　　　：はい、そうです。

インタビュアー：どんなことをしているんですか。教えてください。

中村　　　　　：はい、私は学校へ行けない子供たちに勉強を教えています。

インタビュアー：学校へ行けない子供？

中村　　　　　：はい。カンボジアでは、子供は親にとって労働力ですから、親としては学校より家の手伝いをさせたり小さい子供の世話をさせたりしたいんです。

インタビュアー：そうなんですか。中村さんはなぜカンボジアでボランティアを始めたのですか。

中村　　　　　：まず、中学生のときに世界の子供の貧困について知ったからです。

　　　　　　　　世界の子供の5人に1人が学校に行っていません。その一番大きい理由は貧困です。今まで私の周りにそのような人はいなかったので、これは私にとってショックな数字でした。もう一つの理由は、2歳上の兄が大学生のときにカンボジアにボランティアとして行ったことです。兄からカンボジアのことを聞いて、私もボランティアに参加したいと思いました。

インタビュアー：なるほど。お兄さんはどんなボランティアをしたのですか。

中村　　　　　：はい。兄は、きれいな水が飲めるようにその地域の人たちに対して技術を教えるボランティアでした。

インタビュアー：へえ、そうですか。では、中村さんの活動について、もう少し教えてください。

中村　　　　　：はい、世界中から若者がボランティアとして来て、学校をつくったり英語を教えたりして

います。それからいろいろな技術も教えています。その学校では、世界中のボランティアの力によって、貧しい子供たちが教育を受けられるんです。

インタビュアー：わかりました。これからも活動頑張ってください。本日はありがとうございました。

第4課

香織：お兄ちゃん、ちょっと教えてくれる？

兄　：何？

香織：インターンシップに応募しようと思って、メールを書いたんだけど、正しいかどうか自信がないんだ。見てくれる？

兄　：いいよ。
　　　あっ、ここに大学名と名前も書かなくちゃだめだよ。応募する人がたくさんいるから、会社の人がわからないと思うよ。件名の最後に大学名と自分の名前を入れるんだよ。

香織：そうか。わかった。じゃ、「インターンシップ参加の申し込み」って書いてから、大学名と自分の名前だね。

兄　：それから、ここ。会社名だけじゃなくて、インターンシップの担当者の名前を書かなくちゃ。

香織：でも、ホームページに担当者の名前が書いてないよ。

兄　：そのときは「ご担当者様」と書けばいいんだよ。

香織：ふうん。

兄　：ここまでわかった？　それから、ビジネスでは、相手の会社は「御社」とか「貴社」と言うんだよ。

香織：うん。わかった。

兄　：ほかにも間違いがあるよ。

香織：えーっ、ほかにはどこが間違っているの。

兄　：少しは自分で考えたら？

第5課

ガイド：みなさま、本日は京都観光にご参加いただき、ありがとうございます。ガイドの田中と申します。よろしくお願いいたします。
　　　　本日、ご案内するのは、京都のお寺の中でも特に有名な清水寺でございます。では、清水寺について、少しご説明いたします。清水寺の始まりは780年頃です。
　　　　全体の広さは約13万平方メートルです。東京ディズニーランドの4分の1ぐらいです。清水寺といえば、「清水の舞台」と呼ばれる高い舞台が有名です。今ある舞台は江戸時代の初め頃に造られたものです。

客　：舞台の広さや高さはどのくらいありますか。

ガイド：舞台の広さは約190平方メートルで、テニスコートより少し狭いと思います。高さは約13メートル
　　　　で、ビルの４階ぐらいあります。舞台の上からは京都の街のすばらしい景色がご覧になれます。

客　　：この滝は？

ガイド：この音羽の滝も有名です。滝の高さは約４メートルです。滝の水を飲むと、健康や勉強についての
　　　　願いがかなうと言われています。
　　　　はい、まもなく到着いたします。ごゆっくりお楽しみください。

第6課

インタビュアー：まず、どのような会社か教えていただけますか。

おり屋社長　　　：「おり屋」は和服に使われる絹織物を作っております。父が始めた会社ですので、ほかの
　　　　　　　　　織物会社に比べると新しいと思います。

インタビュアー：以前に比べて和服を着る人が少なくなったようですね。

おり屋社長　　　：はい、その通りです。ですから、和服用の絹織物でインテリア用品や洋服を作ったことが
　　　　　　　　　あります。最近は、新しいことに挑戦しようと思うようになりました。

インタビュアー：新しいこととは何ですか。

おり屋社長　　　：絹が持っている性質に注目したのです。絹には肌を美しくする効果があることがわかりま
　　　　　　　　　した。

インタビュアー：絹が肌にいいというのは聞いたことがありますが、本当だったのですね。

おり屋社長　　　：はい、織物を作るときに、帯や着物といった商品には使えない絹糸が出ます。今までは捨
　　　　　　　　　てていたのですが、それをお風呂用の商品にしました。つまり、アップサイクルしたのです。

インタビュアー：アップサイクルとは何ですか。

おり屋社長　　　：アップサイクルというのは、捨てられるものを使って新しいものを作ることです。使えな
　　　　　　　　　くて捨てる絹糸が、肌を美しくするという新しい商品になったのです。

インタビュアー：アップサイクルとは、すばらしいことですね！

おり屋社長　　　：企業は利益ばかりでなく、環境についても考えなければいけませんから。

インタビュアー：今日は大変勉強になりました。お話、ありがとうございました。

第7課

（ナレーション：留学生のトムさんとクラスメートの山田さんが話しています。）

山田：トムさん、奈良時代に日本からたくさんの人が中国に留学したって知っている？

トム：奈良時代って今からどのぐらい前？

山田：1300年ぐらい前かな。

トム：へえ、そんな前から留学生がいたんだね。

山田：うん。みんなとっても苦労して船で中国に行ったんだって。中国まで行けたのは船に乗った留学生の
　　　３分の１ぐらいだったらしい。

トム：そんなに危険なのに、それでも留学したいという人がいたんだね。

山田：うん。たくさんの人がたとえ危険でも、留学を希望したらしいよ。中国の学問や文化を勉強したかっ
　　　たんだと思う。

　　　留学生たちはだいたい11年ぐらい中国で勉強して、日本にたくさんの本や資料を持って帰ってきた
　　　んだって。

トム：そんなに長く？　みんなすごくまじめだったんだね

山田：うん。仏教の本や資料のほかにも中国からいろいろなものが日本に伝えられたんだよ。

トム：例えば？

山田：例えば食事のことなら、箸やスプーンを使う習慣。

　　　それから肉を食べることを禁止するという仏教の教えも、この頃日本に入ってきたんだよ。

第 8 課

（ナレーション：香織さんが先輩の由美子さんと話しています。今日は由美子さんの最後のダンスパフォーマンスです。）

香織　：由美子先輩、最後のパフォーマンス、お疲れ様でした。

由美子：お疲れ様。香織さんも頑張ったね。

香織　：由美子先輩、２年間ありがとうございました。

　　　　私、１年生のときは上手に踊れなくて悩んでいました。３年生の先輩に注意されてばかりいたし、
　　　　私が失敗したせいで、全員が同じところを何度も何度も踊らされてしまって。

由美子：そうそう。そうだったね。

香織　：でも、由美子先輩が私にもっとダンスを楽しめばいいって言ってくれて。
　　　　由美子先輩のアドバイスのおかげで、私、悩んでばかりいないで、ダンスを楽しもうって思える
　　　　ようになったんです。本当にありがとうございました。

由美子：これからも、ダンスを楽しむ気持ちを忘れないでほしいな。次は香織さんがリーダーなんだよね。
　　　　頑張ってね。

香織　：はい。楽しみながら、一生懸命頑張ります。

（ナレーション：大学1年生が先輩にインターンシップについて聞いています。）

男子学生：先輩、インターンシップってよく聞きますけど、何ですか。

女子学生：簡単に言えば、学生が会社で働く体験をするってこと。1日とか3日の短いものもあれば、6か月といった長いものもある。

男子学生：1日とか3日って、短すぎませんか。

女子学生：働くというより会社や仕事の内容を知ることを目的としているインターンシップが多いんだ。

男子学生：そうなんですか。

女子学生：長いインターンシップの場合は、もっとよく会社のことがわかるよ。短くても長くても会社のことを知るのにインターンシップくらいいい機会はないと思う。社員として入ってから、この会社に入らなければよかったっていう人、多いらしいから、入る前に会社のことを知っておくことはとても大切だよ。

男子学生：ほかには、インターンシップにはどんなメリットがあるんですか。

女子学生：会社でのマナーやコミュニケーションを体験することができるよ。会社は学校といろいろ違うから。例えば、会社では敬語が必要だとされているでしょう？　インターンシップに参加すると、これからの学生生活で何が必要かわかってくるんだ。

男子学生：いいことばかりですね。

女子学生：そう。だから参加するといいよ。

男子学生：はい、わかりました。ところでたくさんのインターンシップの中から、どうやって会社を選べばいいんでしょうか。

女子学生：そうだね。やりたい仕事が決まっているなら、その仕事ができるインターンシップを探せばいいよ。もし何をしたいか決まっていないなら、1日とか3日とかのインターンシップにいくつか参加してみたら？

男子学生：そうですか。

女子学生：うん。インターンシップは会社にとっても自分たちの会社を学生に知ってもらえるメリットがあるとされているよ。

男子学生：そうなんですか。ありがとうございました。

男子学生：このドラマ、おもしろいね。

女子学生：うん。山田さんの部屋からお金を盗んだのは誰だと思う？

男子学生：僕は山田さんの隣の部屋の男だと思うな。彼の部屋のベランダから山田さんの部屋に簡単に入れるみたいだよ。

女子学生：隣の部屋の木村さん？　でも、お金が盗まれたのは12日の夜だと思うんだけど、木村さんはその日は大阪で友達の結婚式に出席していたんだよ。結婚式が終わったのが夜9時頃だから、その日は大阪に泊まったはずだよ。お金を盗めるはずがないよ。

男子学生：山田さんがお金を盗まれたことに気づいたのは、13日の朝9時頃だったでしょう？　木村さんは夜行バスを使えば、13日の朝7時前には東京に戻って来られるよ。山田さんは寝ていたから、気づかれずにお金を盗むことができたかもしれない。あなたは誰が盗んだと思う？

女子学生：私は山田さんの大学の友達だと思う。

男子学生：えっ、佐藤さん？

女子学生：うん。佐藤さんは毎日アルバイトをしなきゃならないくらいお金が足りないって言ってたじゃない。

男子学生：でも、山田さんと佐藤さんは同じ高校の出身で、親友だって言ってたよね。3年間一緒にサッカーをしてきた仲間だよ。親友のお金を盗むはずがないと思う。

第11課

男子学生：夏休みに北海道に行って雄大な自然を楽しんでくるつもりなんだ。それで北海道の自然について調べたんだ。北海道には「ジオパーク」がたくさんあるんだよ。

女子学生：「ジオパーク」って？

男子学生：僕も覚えたての言葉なんだけど、英語のgeologyとparkを組み合わせた言葉なんだって。簡単に言うと、「自然について学ぶ公園」だよ。

女子学生：へえ、そうなんだ。

男子学生：山や湖に行って、それがどうやってできたかや、そこに住む動物や植物、人間との関係などについて学んで楽しむことができるんだって。

女子学生：私も行ってみたいな。

男子学生：ジオパークは全国のいろいろなところにあるらしいから、調べてみたら？

女子学生：でも、自然を感じられる場所に行って、見て、楽しんで、学ぶって、近くの場所でもできるんじゃない？

男子学生：そう？

女子学生：私は最近、毎朝ウォーキングをしているの。ウォーキング中に珍しい鳥や植物を見るとスマホで調べるんだ。そうすると、名前だけじゃなくその鳥や植物についてのいろいろなことがわかるんだよ。ウォーキングするようになってから、自分の周りの自然に興味を持つようになった。

男子学生：毎朝？　すごいね。どこを歩いているの？

女子学生：毎朝といっても、雨の日は行かないけどね。家の近くの川沿いを中心に毎朝1時間ぐらい。1年を通して川沿いの自然の変化を感じられて楽しいよ。

男子学生：毎朝自然と触れ合っているんだね。

（ナレーション：先生が「消滅の危機にある言語」について話しています。）

ユネスコが認定した「消滅の危機にある言語」ですが、いくつぐらいあるのでしょうか。日本ではアイヌ語だけでしょうか。また、世界ではどうでしょう。

日本では、アイヌ語を入れて8つの言語、世界では2000以上の言語が「消滅の危機にある言語」としてユネスコに認定されています。みなさんの予想より多かったと思います。実際に最近消滅してしまった言語もあります。

では、なぜ言語の消滅の危機が起こるのでしょう。人の移動や自然災害など、原因は複雑です。現代では、テレビやSNSの影響もあるでしょう。親の話す言語のかわりに、学校で使う言葉やテレビなどの言葉だけを話す人々も増えています。けれども、話す人が少ないと必ずその言語が消滅するとは限りません。少数の人が話す言葉が公用語となっている国もあります。危機感を持った人々や政府が保護をしたのです。

このように、言語を消滅させないためには、その言語を話す人はもちろん、みんなが「消滅の危機にある言語」に関心を持ち、守っていくことが必要だと、私は思っています。

女子学生：日本に来るまで、相撲になんて興味がなかったけど、日本に来てから友達とテレビで見て、好きになっちゃった。体の小さい力士が自分よりずっと大きい力士に勝ったのを見て、かっこいいと思ったんだ。日本にいる間に国技館で取り組みを見てみたい。それに相撲の稽古を見てみたいけど、誰でも見学できるのかなあ。クラスメートに聞いたら、相撲部屋に知っている人がいないと無理かもしれないって言ってた。

男子学生：僕も見たいと思って調べてみたんだけど、見られないことはないみたい。

今は相撲部屋が43あるらしいんだけど、稽古が見られるのは4つぐらい。朝7：00から10：00頃までらしいよ。

女子学生：へえ。行ってみたいな。詳しいこと、わかる？

男子学生：うん、このAの部屋はどう？　稽古は建物の外からしか見られないらしいんだけど、予約がいらないから、行きたいときに行ける。それに写真を撮ってもいいって書いてあるよ。

女子学生：予約がいらないのは便利だね。でも、やっぱり力士たちの稽古をすぐ近くで見てみたいな。

男子学生：じゃ、BとCの部屋はどう？　予約が必要だけど、部屋の中で見られるし、写真も撮れるって。

女子学生：そうか。でも、今月はゼミの予定がまだ決まっていないんだ。予約して行けなくなったら、申し訳ないし。

男子学生：ちょっと待って。それなら、Cがいいんじゃない。10人以上なら予約がいるけど、そうじゃなければ予約はいらないって書いてあった。

女子学生：じゃ、一緒にその部屋を見学しない？　見に行くときに何か注意することがある？

男子学生：見学している間は、写真は撮ってもいいけれど、話してはいけないよ。

女子学生：そう。じゃ、Cにしよう。

第14課

（ナレーション：男子学生と女子学生は5人で旅行に行く予定で、キャンピングカーレンタルのサイトを見ています。）

男子学生：去年、友達にキャンピングカーでの旅行に誘われたけど行けなかったから、今年こそキャンピングカーで旅行してみたいんだ。

女子学生：キャンピングカーって中はどうなっているの？

男子学生：キャンピングカーにはリビングやキッチンがあって、リビングにはテーブルと椅子、キッチンには水道はもちろん、冷蔵庫や電子レンジなども付いているんだよ。

女子学生：そうなんだ。私たち5人が1台の車の中で寝るって、あまりにも狭いんじゃない？

男子学生：これはどう？　このキャンピングカーは2段ベッドもあって、6人まで寝られるんだ。エアコンも付いているよ。夜に外の光が入ってこないようにするカーテンが付いているし。

女子学生：すごいね。でも、レンタル料が高いんじゃない？

男子学生：曜日や期間によって値段が違うんだ。見て。やっぱり土曜、日曜は高いよ。夏休み中はもっと高い。利用したい人が多いからね。

女子学生：今は夏休みじゃないから、月曜日から金曜日は1日2万円。4日間で8万円か。5人だから……、1人1万6千円だね。

男子学生：ううん、土曜と日曜は3万円だよ。出発は金曜日だから4日間で10万円だよ。あ、3日以上借りると10％安くなるから、つまり全部で9万円になるね。それなら、ええと、1人1万8千円になるよ。

女子学生：そうだね。これにしようか。寝るときにちょっと狭いのさえ我慢すればいいんだね。

男子学生：じゃあ、ほかの3人がいいって言ったら、これを予約しよう。

第15課

　みなさんは、変化の速い時代を生きていると言えるのではないでしょうか。将来のことや、受験について不安に思ったり悩んだりしている人もいるだろうと思います。私が高校生のときも同じでした。そんな中で外国の映画や音楽を楽しんだり、農業体験をしたりしました。それで、学校の友達以外の人と出会いました。また、留学して、日本では当然のことが海外では当然ではないことを知りました。自分とは違う価値観があるということに気づいたのです。私はジャーナリストという仕事をしていますが、このような体験が今の私の力になっていると思っています。

ですから、みなさんにもさまざまな体験をしてほしいと思います。外に出て、いろいろなところへ行きましょう。そしていろいろな人に会いましょう。外に行ったついでに、その場所について、本を読んだり歴史を調べるのもいいでしょう。機会があったら、ぜひ外国にも行ってみてください。高校生の間に知らない場所に行って、いろいろな人に出会い、自分とは違う価値観を知ることが重要です。それによって自分の考えを広げてほしいと思います。それが将来必ずみなさんのプラスになると信じています。

第16課

香織　：ハインさんはいいなあ。うらやましい。私も一人暮らしをしたいな。

ハイン：どうしたの。

香織　：昨日の夜、家に帰るのが遅くなって、お父さんに叱られちゃった。遅くなったって言っても、9時だよ。

　　　　私はもう大学生なんだし、サークルのミーティングが終わってから食事に行ったりしたら、そんなに早く帰れるわけがないよ。

　　　　うちのお父さんは考え方が古いんだ。最近は小学生でも携帯を持っているでしょう？　私が携帯を買ってもらったのは高校生になってからだよ。

ハイン：香織さんのお父さんはちょっと厳しいね。でも、僕も高校生のときに、帰ってくるのが遅いって、お父さんやお母さんによく叱られたものだよ。僕の場合は11時を過ぎていたけれどね。

香織　：へえ、そうなんだ。うちのお父さんは「学生は学校が終わったら、すぐに家に帰ってきて、勉強するものだ」とか「早く帰って家の手伝いをするものだ」とかいつも言うんだ。

ハイン：じゃ、香織さんも1人で住んだら？

香織　：無理だよ。大学を卒業して働くようになってからじゃないと、できないよ。部屋を借りるとしたら、お父さんやお母さんに家賃を出してもらわなきゃならないから。敷金、礼金を合わせると、最初に30万円ぐらいは用意しなければいけないって聞いたよ。

ハイン：ワンルームなら、そんなに高くないよ。礼金がいらない部屋もあるし。

香織　：うん。でも、ワンルームはちょっと狭いでしょう？　私はリビングがある1LDKで、駅から近いところがいいなあ。

ハイン：そんな部屋、大学生1人で借りるのは無理。でも、シェアハウスならできるかも。

香織　：シェアハウス？

ハイン：うん。シェアハウスは、住んでいる人それぞれに個室があるんだけど、キッチンやリビングルームやお風呂はみんなで使うようになっているんだよ。学生や会社員、日本人や外国人などいろいろな人が住んでいるらしいよ。僕も引っ越そうかなと思っているんだ。1人で暮らしていて、寂しいわけではないけれど、時々誰かと話したくなるんだ。

香織　：へえ。シェアハウスか。私も住んでみたいな。

（ナレーション：朝、男子学生と母親が話しています。）

母親　　　：具合が悪そうだね。どうしたの？

男子学生：頭と喉が痛いんだ。

母親　　　：風邪かな？　熱は測ったの？

男子学生：さっき測ったら39度だった。

母親　　　：高いね。インフルエンザかもしれないから、今日の授業は休んで病院に行ったほうがいいよ。

男子学生：でも、今日の授業は休むわけにいかないんだ。

母親　　　：体調が悪いのを我慢してまで出席しなくちゃいけないの？

男子学生：今日は僕たちのグループが発表する番なんだ。こんな日に限って熱が出るなんて……。

母親　　　：先生に理由を話して発表は次の週にしてもらえば？

男子学生：でもほかのメンバーは今日発表する準備をしているから、僕が休んだら迷惑をかけちゃうよ。

母親　　　：気持ちはわかるけど、もしインフルエンザだったら、クラスの人たちにうつしてしまうかもしれ
　　　　　　ないから、そっちのほうが迷惑でしょう？　それに、熱があるのに行ったら、みんなが心配する
　　　　　　でしょう。

男子学生：そうだね。クラスのみんなに迷惑をかけるところだった。リーダーの木村くんに連絡して、ほか
　　　　　　のメンバーだけで今日発表するか、次の授業にしてもらうか、先生に相談してもらうよ。

母親　　　：それがいいと思う。連絡したら、すぐに病院に行ったほうがいいよ。

男子学生：でも、予約しないで行くと時間がかかるから、まずネットで予約できる時間を調べないと。あれ、
　　　　　　そういえば保険証、しばらく使っていないけど、どこかな。予約した後、探さなくちゃ。

（ナレーション：男子学生と女子学生が進路について話しています。）

男子学生：ねえ、インターンシップどう？

女子学生：うん、初めは覚えることが多くて大変だったけど、今はできることも増えてきておもしろいよ。
　　　　　　会社の人からいろいろ教えてもらったからね。でも、できることが増えた一方、自分の力の無さ
　　　　　　もわかってきたよ。もっといろいろ勉強しなきゃ。

男子学生：そうなんだ。勉強することは増える一方だね。僕はどうしようかな。

女子学生：えっ？　大学院に進学するって言ってなかった？

男子学生：うん、そうなんだけど……。大学院に進学する人は理系が多いのに対して、文系は少なくてね。
　　　　　　僕は文系だから、なかなか相談できる大学院の先輩もいなくて……。大学院進学に向けて、準備
　　　　　　をしたいんだけど、何からしたらいいのかわからないんだ。今いる大学の大学院ももちろん試験

を受けるんだけど、ほかの大学の大学院も受験しようと思っていて。でも、ほかの大学の大学院を受ける場合は、もっと難しいと言われているし……。

女子学生：そうなんだ。うーん、まずは自分の大学の先生に相談してみたら？　大学院の先輩も紹介してくれるかもしれないよ。

男子学生：そうだね。先生に相談してみるよ。

女子学生：そうだよ。まだ時間はあるんだから、先生とよく話して、ほかの大学の大学院受験についてもアドバイスをもらったら？

男子学生：先生にほかの大学の大学院の受験についてアドバイスを聞いていいのかな？

女子学生：大丈夫だよ。

男子学生：そうだよね。この大学の大学院で勉強したい気持ちはあるんだよ。でも、一方でほかの大学の大学院で勉強してみたいという気持ちもあって迷っているんだ……。

女子学生：心配なことは先生や先輩に話したらいいよ。話しているうちに気持ちも変わっていくかもしれないし。受けたい大学院の資料も集めたほうがいいね。

男子学生：うん。そうだね。

女子学生：まだ２年生だから準備の時間は十分あるよ。資料を見たり、大学院受験について調べているうちに何をしたらいいか、もっとはっきりわかるようになるかもしれないよ。

男子学生：そうだね。ありがとう。

◆ 単語索引

説…説明文	A…会話文Ⓐ	B…会話文Ⓑ　読…読解文
文…文法と表現	タ…タスク＆アクティビティー	

◆ 文法索引

索
引

◆ 品詞活用表

動詞の形 ▶▶▶

		辞書形	ます形	て形	ない形	た形
Ⅰグループ		買う	買います	買って	買わない	買った
		待つ	待ちます	待って	待たない	待った
		売る	売ります	売って	売らない	売った
		呼ぶ	呼びます	呼んで	呼ばない	呼んだ
		飲む	飲みます	飲んで	飲まない	飲んだ
		死ぬ	死にます	死んで	死なない	死んだ
		書く	書きます	書いて	書かない	書いた
		急ぐ	急ぎます	急いで	急がない	急いだ
		話す	話します	話して	話さない	話した
Ⅱグループ		食べる	食べます	食べて	食べない	食べた
		寝る	寝ます	寝て	寝ない	寝た
		起きる	起きます	起きて	起きない	起きた
		見る	見ます	見て	見ない	見た
Ⅲグループ		来る	来ます	来て	来ない	来た
		する	します	して	しない	した
		相談する	相談します	相談して	相談しない	相談した

丁寧形と普通形 ▶▶▶

動詞		丁寧形		普通形	
		肯定	否定	肯定	否定
Ⅰグループ	非過去	行きます	行きません	行く	行かない
	過去	行きました	行きませんでした	行った	行かなかった
	非過去	始まります	始まりません	始まる	始まらない
	過去	始まりました	始まりませんでした	始まった	始まらなかった
	非過去	あります	ありません	ある	ない
	過去	ありました	ありませんでした	あった	なかった
Ⅱグループ	非過去	食べます	食べません	食べる	食べない
	過去	食べました	食べませんでした	食べた	食べなかった
	非過去	起きます	起きません	起きる	起きない
	過去	起きました	起きませんでした	起きた	起きなかった
	非過去	います	いません	いる	いない
	過去	いました	いませんでした	いた	いなかった
Ⅲグループ	非過去	来ます	来ません	来る	来ない
	過去	来ました	来ませんでした	来た	来なかった
	非過去	します	しません	する	しない
	過去	しました	しませんでした	した	しなかった

▶ ▶ ▶

可能形 （かのうけい）	意向形 （いこうけい）	ば形 （けい）	受身形 （うけみけい）	命令形 （めいれいけい）	使役形 （しえきけい）
買（か）える	買（か）おう	買（か）えば	買（か）われる	買（か）え	買（か）わせる
待（ま）てる	待（ま）とう	待（ま）てば	待（ま）たれる	待（ま）て	待（ま）たせる
売（う）れる	売（う）ろう	売（う）れば	売（う）られる	売（う）れ	売（う）らせる
呼（よ）べる	呼（よ）ぼう	呼（よ）べば	呼（よ）ばれる	呼（よ）べ	呼（よ）ばせる
飲（の）める	飲（の）もう	飲（の）めば	飲（の）まれる	飲（の）め	飲（の）ませる
死（し）ねる	死（し）のう	死（し）ねば	死（し）なれる	死（し）ね	死（し）なせる
書（か）ける	書（か）こう	書（か）けば	書（か）かれる	書（か）け	書（か）かせる
急（いそ）げる	急（いそ）ごう	急（いそ）げば	急（いそ）がれる	急（いそ）げ	急（いそ）がせる
話（はな）せる	話（はな）そう	話（はな）せば	話（はな）される	話（はな）せ	話（はな）させる
食（た）べられる	食（た）べよう	食（た）べれば	食（た）べられる	食（た）べろ	食（た）べさせる
寝（ね）られる	寝（ね）よう	寝（ね）れば	寝（ね）られる	寝（ね）ろ	寝（ね）させる
起（お）きられる	起（お）きよう	起（お）きれば	起（お）きられる	起（お）きろ	起（お）きさせる
見（み）られる	見（み）よう	見（み）れば	見（み）られる	見（み）ろ	見（み）させる
来（こ）られる	来（こ）よう	来（く）れば	来（こ）られる	来（こ）い	来（こ）させる
できる	しよう	すれば	される	しろ（せよ）	させる
相談（そうだん）できる	相談（そうだん）しよう	相談（そうだん）すれば	相談（そうだん）される	相談（そうだん）しろ（せよ）	相談（そうだん）させる

▶ ▶ ▶

		丁寧形（ていねいけい）		普通形（ふつうけい）	
		肯定（こうてい）	否定（ひてい）	肯定（こうてい）	否定（ひてい）
【イ形容詞】 （けいようし）	非過去 （ひかこ）	忙（いそが）しいです	忙（いそが）しくないです 忙（いそが）しくありません	忙（いそが）しい	忙（いそが）しくない
	過去 （かこ）	忙（いそが）しかったです	忙（いそが）しくなかったです 忙（いそが）しくありませんでした	忙（いそが）しかった	忙（いそが）しくなかった
【ナ形容詞】 （けいようし）	非過去 （ひかこ）	きれいです	きれいではないです きれいではありません	きれいだ	きれいでは（じゃ）ない
	過去 （かこ）	きれいでした	きれいではなかったです きれいではありませんでした	きれいだった	きれいでは（じゃ）なかった
【名詞】 （めいし）	非過去 （ひかこ）	雨（あめ）です	雨（あめ）ではないです 雨（あめ）ではありません	雨（あめ）だ	雨（あめ）では（じゃ）ない
	過去 （かこ）	雨（あめ）でした	雨（あめ）ではなかったです 雨（あめ）ではありませんでした	雨（あめ）だった	雨（あめ）では（じゃ）なかった

后　记

为了帮助以日本留学为目标的日语学习者打好基础，培养对日语的兴趣，做好国内阶段学习和在日学习的衔接，赴日后快速融入在日生活，并最终以过硬的语言能力在日本留学考试中取得好成绩，我们策划并开发了《新发现 日语》系列教材。从最初的构思开始，历经三年的精心打磨，我们于2022年顺利出版了系列教材的第一册和第二册。两本书一经问世就收到了众多学习者的兴趣和关注，也获得了不少业界专家和同行的认可，让我们不但感受到了付出所带来的成就，也让我们收获了做好后续的编辑和出版工作的信心。同时从大家的反馈中我们也吸取了很多新的灵感和建议，让我们这一次的编写能够更加全面、顺利、高效。

在第三册的编写过程中，为了话题的进一步拓展和场景的进一步丰富，我们引入了更多的出场人物，同时伴随大家的成长，在内容上我们也开始导入一些诸如教育比较、文化比较、科技发展等专业话题的讨论。另外，结合现状为了帮助学生们适应未来必经的实习及就业，我们也让主人公的小张成长为一名进入公司的实习生，以小张的视点帮助学习者理解和学习不同场景下的语言表达，同时也建立对企业环境和文化的初步了解，并思考自身的未来职业发展。上述的内容变化以及增加，均希望学习者可以在前两册学习的基础上，通过本册书的学习，由"谈论身边及日常的话题"成长为"可以简单理解并谈论一定程度的专业内容"。

另外在教材构成方面，随着基础词汇和语法的积累，我们也开始关注学习者对文章和语句的全面理解，所以特别增加了「理解度チェック」的部分，以引导学习者养成良好的阅读习惯，切实提高阅读能力。课后练习的「タスク&アクティビティー」方面，也逐步提高难度，关注学习者"听、说、读、写"综合运用能力的培养。另外，着眼于学习者将要面对的日语记叙文、应用文、小论文的书写，特别增加了九个部分的「ライティング」内容，从最基础的内容开始一步步带领大家熟悉日语的写作。

本册书籍继续由名校教育集团附属各日本语学校的日语教学研发团队和国内高等院校（东北师范大学外国语学院）的日语教学团队进行全方位合作，在整合双方对于不同环境下日语教学要求特点的基础上进行了主题的设定、内容的编排以及讲解的编写；并融合了日本和中国国内日语教育各自的优势，取长补短，为各位学习者呈现风格崭新又扎实详尽的日语学习教材。

在编写的过程中，我们得到了名校教育集团附属各日本语学校、大学日语教育专业教授团队等的大力支持和协助，得以能够使本书在专业性、准确性及前瞻性方面保持较高水平，在此表示衷心感谢。另外要特别感谢在编写过程中给予了莫大支持和严格意见指导的徐一平教授和佐佐木瑞枝教授，可以说两位主审教授作为中日两国日语教育学界的泰斗，是我们编写过程中最强大的后盾和最有力的支援。最后我们要感谢所有在书籍编写过程中给予了我们莫大支持和帮助的各位业界同仁、各位老师和同学、各位设计、绘画、配音、审校的专家，衷心感谢诸位的关爱和付出。

编者才疏学浅，难免差谬和缺陷，望各位老师同学批评指正！

图书在版编目（CIP）数据

新发现日语．3 / 宋衡，（日）横谷千佳，李飒主编
．-- 上海 ：上海交通大学出版社，2023.10
日本留学考试（EJU）标准教材
ISBN 978-7-313-29178-3

Ⅰ．①新… Ⅱ．①宋… ②横… ③李… Ⅲ．①日语－
教材 Ⅳ．①H36

中国国家版本馆CIP数据核字(2023)第143603号

新发现日语3

XIN FAXIAN RIYU 3

主　　编：宋衡　[日]横谷千佳　李飒
出版发行：上海交通大学出版社
邮政编码：200030
印　　制：苏州市越洋印刷有限公司
开　　本：890mm×1240mm 1/16
字　　数：414千字
版　　次：2023年10月第1版
书　　号：ISBN 978-7-313-29178-3
定　　价：118.00元

地　　址：上海市番禺路951号
电　　话：021-64071208
经　　销：全国新华书店
印　　张：20.25
印　　次：2023年10月第1次印刷